DARCY RIBEIRO

ENSAIOS
ETNOLÓGICOS
SOBRE O SABER,
O AZAR
E A BELEZA

São Paulo
2019

global
editora

© **Fundação Darcy Ribeiro**
2ª Edição, Global Editora, São Paulo 2019

Jefferson L. Alves – diretor editorial
Gustavo Henrique Tuna – gerente editorial
Flávio Samuel – gerente de produção
Helô Beraldo – editora assistente
Caroline Fernandes – assistente editorial
Flávia Baggio – preparação de texto
Jefferson Campos – assistente de produção
Alice Camargo e Tatiana F. Souza – revisão
Mauricio Negro – capa
Tathiana A. Inocêncio – projeto gráfico

Obra atualizada conforme o
NOVO ACORDO ORTOGRÁFICO DA LÍNGUA PORTUGUESA.

CIP-BRASIL. CATALOGAÇÃO NA PUBLICAÇÃO
SINDICATO NACIONAL DOS EDITORES DE LIVROS, RJ

R368k

Ribeiro, Darcy, 1922-1997
    Kadiwéu : ensaios etnológicos sobre o saber, o azar e a beleza / Darcy Ribeiro. - [3. ed.] - São Paulo : Global, 2019.
    280 p. : il. ; 23 cm.

    Inclui bibliografia
    ISBN 978-85-260-2430-4

    1. Etnologia. 2. Antropologia. 3. Índios Kadiwéu - História. 4. Índios Kadiwéu - Usos e costumes. I. Título.

19-56738   CDD: 306
                                                           CDU: 316.7

Leandra Felix da Cruz — Bibliotecária — CRB-7/6135

Direitos Reservados

global editora e distribuidora ltda.
Rua Pirapitingui, 111 – Liberdade
CEP 01508-020 – São Paulo – SP
Tel.: (11) 3277-7999
e-mail: global@globaleditora.com.br
www.globaleditora.com.br

Colabore com a produção científica e cultural.
Proibida a reprodução total ou parcial desta obra sem a autorização do editor.

Nº de Catálogo: **3715**

Sumário

Prefácio 11
Introdução 17

Mitologia: a busca do saber 29
    Patrimônio mítico 31
    Temas e personagens 34
    Cosmologia 40
    Gênesis 44
    O criador e o *trickster* 48
        Paraíso perdido 48
        Comportamento senhorial 49
        Destribalização 53
        O pastoreio, a caça e a coleta 60
    O sobrenatural 65
    Literatura 72
    Conclusão 76
    Documentação mítica 78
        Mitos e contos 78
            Cosmologia 78
            Gô-noêno-hôdi e o *Caracará* 84
            Os heróis-xamãs 94
            Contos de *Gü-ê-krig* 104
            Histórias de animais 113

Religião: o controle do azar 117
    Observações preliminares 119
    Crenças e cerimoniais 123
        Gô-noêno-hôdi — o criador 123

Nibetád – O herói pleiadar 125
Cerimoniais lunares 130
Práticas rituais 131
Fetiches 140
Animismo 141
Os vivos e os mortos 144
Sepultamento 144
Luto 149
Além-túmulo 153
Xamanismo 156
Formação 161
Atribuições e retribuições 166
Concepção da doença e da cura 173
Conclusões 180
Documentação religiosa 182
Cantos xamanísticos 182
Cantos de Morcego 182
Cantos de Vicença 191

Arte: a vontade de beleza 209
Patrimônio artístico 211
Estilo 216
Pintura 222
Cerâmica 235
Entalhe – metais – modelagem 243
Descrição das fotografias e ilustrações 252
Ilustrações não numeradas..259
Padrões de desenho Kadiwéu 261
Bibliografia 263

KADIWÉU

ENSAIOS
ETNOLÓGICOS
SOBRE O SABER,
O AZAR
E A BELEZA

1. Mulheres Kadiwéu.

Prefácio

Reúno, neste livro, três estudos resultantes de uma pesquisa de campo realizada há trinta anos junto aos índios Kadiwéu. Desde então, eles terão mudado como mudaram entre minha visita e a estadia de Claude Lévy-Strauss, uma década antes. Entretanto, quem visitar hoje suas aldeias encontrará, certamente, muito do que aqui se descreve sobre sua mitologia, sua religião e sua arte. É certo que algumas crenças, instituições e costumes parecerão degradados se não forem vistos como uma tradição atuante que sobrevive justamente porque se altera. Mas serão, também, deteriorações, porque esta tradição não se transforma conduzida por impulsos internos e preservando sua autenticidade, mas sob a pressão das terríveis compulsões que exerce sobre os Kadiwéu a expansão da sociedade nacional.

O modo de ser dos Kadiwéu é, hoje, essencialmente, uma variante do modo de ser dos brasileiros. Andam vestidos como a gente mais pobre da região onde vivem, quase todos os homens adultos se exprimem bem em português e muitos deles trabalham, por temporadas, nas fazendas vizinhas. Constitui, porém, uma variante singular, porque recheada de valores culturais próprios e, sobretudo, porque os Kadiwéu não se identificam como "brasileiros" e sim como uma entidade étnica em si, distinta de todas as demais: como um povo oprimido pelo grande mundo dos brancos que os cerca e os hostiliza por todos os lados e de todas as formas.

Tal como os descrevemos aqui, os Kadiwéu são uma ilha cultural de origem indígena, resistente à dominação e à assimilação, em que cada geração repete a seus filhos legendas de tempos passados quando os Guaikuru dominavam todo o mundo que conheciam e em que tudo e todos demonstravam, à evidência, a preferência de Deus por eles, dentre todos os povos.

Estes relatos se alteram dia a dia precisamente porque não são um repertório mítico morto e sim uma ideologia viva. Nos velhos mitos intervêm, agora, homens brancos armados de espingardas ou personagens indígenas que já não são guerreiros, mas peões das fazendas do pantanal. A religião antiga também se transfigura, fazendo surgir xamãs (pajés) que se parecem cada vez mais com sacerdotes católicos. Estes novos "padres-feiticeiros" pretendem adivinhar e curar como os antigos, mas não querem pagar o preço do prestígio que recaía sobre os xamãs bem-sucedidos do passado, que era o seu assassinato no momento de maior glória.

A arte se transforma, por igual, incorporando cantos e motivos de desenho que em nada a enriquecem aos olhos dos etnólogos mas a tornam mais bela a seus próprios olhos de gente colocada entre dois mundos e marginalizada de ambos: o mundo da velha tradição, tornada inviável, e o mundo do contexto nacional que os cerca, mas onde eles não têm lugar, nem papel, senão pela negação de si próprios.

Apesar de todos estes percalços e em virtude deles, a antiga tradição Kadiwéu sobrevive pelo único modo possível, que é alterando-se continuamente. Por esta razão, quem os visitar daqui para o futuro, documentará expressões cada vez mais distintas das que registramos há tantos anos, de sua criatividade no controle do azar e na busca do saber e da beleza. Mas também sempre parecidas com elas por sua natureza essencial de esforço por explicar suas próprias experiências à base de redefinição constante da mesma vetusta tradição; por exercerem sempre a função de instrumentos ideológicos que lhes conferem segurança diante da vida sempre azarosa; e por seu caráter de modos de expressão artística, através dos quais eles dão contentamento à mesma velha vontade de beleza. Assim será até que se extinga, com o último Kadiwéu, esta tradição que já bruxuleia e desapareça, com ele, uma das faces singulares do fenômeno humano.

Quase nada tenho a acrescentar aos registros aqui reproduzidos, exceto um comentário externo aos temas, mas concernente à investigação, e uma comunicação sobre perfis de personalidades que não incluí na redação original destes estudos.

A primeira se refere à imagem que os Kadiwéu fizeram de mim, quando da primeira visita às suas aldeias. Ela teve uma importância decisiva para a pesquisa e foi a razão principal da compreensão que consegui alcançar sobre seus modos de sentir e de pensar.

Eu era então um etnólogo recém-formado que fazia sua primeira pesquisa de campo. Atrasei três meses minha chegada à primeira aldeia Kadiwéu com temor de enfrentar o que seria "meu povo", em virtude do despreparo que sentia para a tarefa. Desejando vê-los mais objetivamente do que seria possível pela simples leitura da bibliografia etnológica pertinente, decidi passar aqueles meses visitando outros grupos indígenas da região. Neles pensava experimentar meus dotes de etnólogo bisonho, afinar minha capacidade de observação e fixar as "abordagens" que adotaria.

As visitas aos Kaiwá e Terena não serviram muito para aqueles propósitos. Tiveram o mérito, porém, de dar-me uma visão do denominador comum que unia a todos estes povos como indígenas submetidos à sociedade brasileira, por ela expostos a certas compulsões elementares, dentre as quais o impedimento de exprimir suas próprias tradições, sobretudo aquelas que mais se opunham aos valores da cultura nacional. Os efeitos da introdução dos produtos da civilização em suas aldeias, na forma da lataria que utilizam para cozinhar e para comer; das roupas andrajosas que vestem etc. A contingência de se fazerem assalariados, ao menos periodicamente, ou produtores de artigos vendáveis para poderem adquirir aquela tralha, além do sal, da aguardente, da erva-mate, das ferramentas de trabalho que já não podiam dispensar. A sua incorporação, tornada compulsória por estas necessidades, no sistema ocupacional da região, como seu contingente mais miserável. E, finalmente, os efeitos da intervenção estatal que os protege, assegurando-lhes a posse das terras em que vivem, mas que introduz um outro fator básico de perturbação: a presença em suas aldeias de um burocrata do Serviço de Proteção aos Índios que concebe seu papel como o de protetor paternal, generoso e devotado que deve ser servido pelos índios com devoção igualmente filial e desinteressada.

Com esta experiência prévia, cheguei à primeira aldeia Kadiwéu, assentada junto ao posto do SPI. Nos primeiros momentos de convívio não pude entender bem a algazarra de índios e índias de todas as idades que me rodeavam e seguiam por todas as partes, pidões e solícitos. Esta realidade contrastava tanto com a imagem do povo senhorial descrita na bibliografia que, a não ser pela experiência que me proporcionaram aqueles contatos prévios junto a outros grupos indígenas da região, jamais teria percebido, exatamente nela, um resto do orgulho e da soberbia tribal. Comparados com os demais índios aculturados que conhecera até então, sobressaía, como uma peculiaridade, precisamente aquela falta de cerimônia com que me tratavam, fortemente contrastante com o sentimento de distância social e de respeito que minha presença infundia aos Terena e aos Kaiwá.

Nestas circunstâncias, eu me sentia condenado a devotar-me à tarefa de coletar recordações da antiga cultura com algum ancião de boa memória, fazendo esta etnologia ingênua de reconstituição do passado, com base na tradição oral. Sobreveio, então, o episódio de que resultaria o nome tribal que os Kadiwéu me deram e a fixação de sua atitude básica para comigo e de minha própria postura diante deles. Tudo sucedeu rapidamente e se resolveu ao instante, diante das respostas irresponsáveis, mas fecundas, que dei a um jorro de indagações.

Reconstituamos a cena. Eu estava recostado numa rede rodeado como sempre por eles, folheando o livro clássico, maravilhosamente ilustrado, de Guido Boggiani, sobre os Kadiwéu, escrito na última década do século passado. Já havia percebido a perturbação provocada nos índios pelo livro. Um dia, umas velhas, vendo o livro, afastaram as crianças e os jovens para se acercarem mais e olharem de perto, comentando animadamente, em sua própria língua, cada figura. Seu interesse especial se explica porque, entre os Kadiwéu, o desenho é uma arte feminina. Passei, então, a folhear o livro mais espaçadamente, deixando-as ver cada uma das ilustrações que reproduzia seus antigos desenhos, até que chegamos a um retrato.

Imediatamente uma das velhas gritou: *É Ligui*. Tomou-me o livro, sentou-se no chão rodeada pelas outras, falando e gesticulando com emoção crescente. Então um homem aproximou-se para perguntar quem me dera aqueles papéis com tantas coisas deles e com o retrato da venerável Ligui. Tentei explicar que era um livro. Depois falei do autor: um etnólogo italiano que meio século antes vivera algum tempo entre os Kadiwéu. O homem traduzia minhas palavras e conversava com as velhas até que uma delas, Anoã, exclamou: *Mas é Bet'rra*. Daí em diante, num diálogo confuso em português e guaikuru, a situação foi-se esclarecendo e confundindo. O resultado final no entendimento deles é que eu era uma espécie de sobrinho-neto de Boggiani que assim voltava, décadas depois, a visitar os Kadiwéu.

2. Mulher Xaraye pintada, xilogravura de Ulrich Schmidel – 1540.

Nesta altura, eu lhes contei que Boggiani fora morto pelos índios Chamacoco logo depois de deixar as aldeias Kadiwéu. Aqui também, sem qualquer intenção, provoquei a maior exaltação. Anoã se levantou, colocou-se na postura hierática para a dança cerimonial (os braços colados ao corpo, e o antebraço e as mãos livres) e começou a cantar rodeada por um círculo respeitoso. O livro estava longe, levado pelos índios à aldeia. Eu, abandonado na rede, olhava ainda perplexo.

Só muito tempo depois compreendi o que sucedera. Morrer nas mãos dos Chamacoco, inimigos tradicionais dos Kadiwéu e sua principal fonte de escravos, era, de certo modo, a consagração de um guerreiro. E eles ignoravam, até então, que Bet'rra – tido por eles como um Kadiwéu porque incorporado à sua tradição como um dos brancos que vivera em suas aldeias e ali se casara – tivera aquela sorte de morte heroica. Daí o canto solene, sempre composto de improviso por uma mulher, como um poema cantado, no momento em que experimenta fortes emoções. Alguns destes cantos se fixam e em qualquer ocasião alguém pode pedir a uma velha que repita o canto que compôs em certa eventualidade, como quando sua neta entrou em menarca, ou quando chegou tal expedição, depois de uma caçada trágica. O canto de Boggiani seria repetido muitas vezes, sempre que Anoã e eu estávamos presentes e que levava o livro, tornado um salvo-conduto. Passei a ser chamado Bet'rra-yegi.

Jamais me esforcei para esclarecer este assunto com os meus amigos Kadiwéu. Era cômodo o papel e o nome de cria do Bet'rra que me fazia ser recebido festivamente em cada aldeia; que permitia romper o formalismo das relações entre índios e funcionários ou doutores, substituindo-o por um convívio humano e cordial, ainda que, por vezes, exageradamente pessoal e protetor. Para os Kadiwéu era como se eu fosse um Kadiwéu bem-sucedido no mundo dos brancos, mas completamente ignorante das coisas do seu povo, embora, felizmente, curioso de tudo que dizia respeito às suas tradições. Era também um Kadiwéu inepto para as façanhas das caçadas e pescarias organizadas como prélios desportivos. E, lamentavelmente, um Kadiwéu mais esquivo que meu avô porque não me decidia a casar com uma das jovens da tribo.

Recordados, tantos anos depois, estes episódios me parecem mais relevantes que a maioria dos dados inseridos nestes estudos, tanto para compreender os Kadiwéu como para ilustrar como trabalham os antropólogos e porque, em certas circunstâncias, eles chegam a identificar-se tão profundamente com os povos que estudam. Mais que um objeto de observação e estudo, os Kadiwéu foram meus professores de metodologia etnológica. Com eles aprendi que só uma identificação emocional profunda pode romper as barreiras à comunicação, permitindo a um estranho penetrar a intimidade da visão do mundo de um povo. Na verdade, meus estudos sobre os Kadiwéu só não são melhores porque minhas próprias qualificações de antropólogo eram muito precárias. Alcancei, com muitos deles, tão alto grau de comunicação e intimidade que atingia praticamente o máximo a que pode aspirar um antropólogo no seu esforço por ver o mundo com os olhos do povo que estuda.

A outra comunicação que desejo registrar aqui refere-se a uma instituição kadiwéu da qual só tive conhecimento quando já me encontrava fora das aldeias, visitando, em companhia de meu melhor informante, o capitão Laureano Aristides, um outro grupo Guaikuru. Falando das suas preocupações com a cerimônia de nominação (batismo) de um neto, ele se referiu a uma opção que devia fazer entre duas formas de cortar o cabelo. Indagando mais, eu soube que os Kadiwéu antigos tinham duas formas de nominação dos filhos varões, designadas com nomes distintos referentes à forma de fazer o primeiro corte de cabelo. Sua significação era, contudo, enormemente maior porque cada forma de corte era correlacionada com um perfil de personalidade. Assim, cortava-se os cabelos do menino por um procedimento, se se desejava que ele crescesse para ser um guerreiro audaz que teria como única preocupação na vida dar combate às tribos inimigas, com o fim de prear cativos e aumentar sua glória. Se, ao contrário, os pais desejavam um filho operoso e dedicado, cortavam o cabelo pelo segundo procedimento.

As preocupações do meu informante eram, primeiro, a de não deixar morrer este costume como faziam outros Kadiwéu despreocupados com as antigas tradições; segundo, a de optar entre as duas formas de corte. Em um caso, me dizia, o menino seria terrivelmente difícil de criar, exigindo extrema dedicação e paciência de todos os parentes porque estaria sempre quebrando coisas, matando bichos domésticos, agredindo pessoas, fugindo de casa. No outro caso, seria uma criança tranquila e dócil e, mais tarde, um sustentáculo da família, como bom caçador e bom lavrador.

Aprofundando minhas indagações verifiquei, com surpresa crescente, a perfeita correlação entre os tipos de personalidade dos Kadiwéu que conhecera e aquelas duas cerimônias. Assim, segundo o depoimento de Laureano, haviam sido batizados, de acordo com um dos dois modos, todos os tipos viris, enérgicos, avalentados, rebeldes e preguiçosos que tanto chamavam minha atenção. Perambulavam pelas aldeias sempre desocupados, contando casos e cantando, enquanto as mulheres e os velhos se matavam de trabalhar para sustentá-los. E confirmando suas afirmações Laureano me dizia que os poucos tipos mansos, efeminados, dóceis, diligentes e operosos que eu conhecera haviam sido batizados da outra forma.

Antes eu havia suposto que os primeiros eram da velha cepa dos guerreiros Guaikuru que permaneciam inativos na aldeia porque estavam culturalmente destinados a pelejar em guerras. Como estas foram tornadas impossíveis – ao estabelecer-se a paz com os brancos e proibirem estes o ataque às outras tribos –, os guerreiros Kadiwéu permaneceram cumprindo seu antigo papel embora já fosse inviável. Supunha também que os tipos mansos e trabalhadores seriam descendentes de cativos, culturalmente condicionados a um processo generacional de assimilação que só lhes permitia performar o ideal de valentia ociosa dos Kadiwéu, depois de esquecida sua origem servil.

Agora se apresentava uma explicação nova, à qual Laureano acrescentava que os antigos *cudinas* eram sempre pessoas batizadas de acordo com o segundo procedimento. Estes *cudinas*, descritos por toda a documentação etnológica sobre os antigos Guaikuru, eram homossexuais que adotavam quase inteiramente a conduta feminina: vestiam-se como mulheres, andavam e se sentavam como elas, simulavam a menstruação, dedicavam-se às artes femininas chegando a ser grandes "virtuoses" e até se casavam.

Ainda que a correlação não chegue a ser tão remarcada como a descrita por meu informante, parece certo que os Kadiwéu contavam com cerimônias de nominação que eles acreditavam serem capazes de induzir as pessoas a se conformarem segundo dois perfis básicos de personalidade. Dentro de um grupo tribal, cuja cultura homogênea permite forçar cada pessoa com todo o peso de um consenso unânime, bem pode ser que a expectativa de que um menino fosse dócil ou indomável e crescesse como um homem tímido ou temerário tivesse o poder de conformar sua personalidade segundo estes dois perfis.

É igualmente verossímil que, combinando o poder da indução do consenso expresso nas duas formas de nominação com certas pautas bem fixadas (como o padrão ideal do guerreiro e o do *cudina* ou o do cativo laborioso e frouxo), os Kadiwéu pudessem conformar a maior parte das personalidades segundo certas linhas predeterminadas. No caso dos Xamãs, sempre de acordo com o testemunho de Laureano, não intervinham os cerimoniais porque tanto os batizados de um ou do outro modo poderiam transformar-se em *nidjienigi* ou *otxikonrigi*. Esta seria uma destinação sobrenatural, como veremos adiante, independente da vontade individual ou grupal.

Lamentavelmente, não pude verificar no campo, conforme desejava, todas as hipóteses sobre a indução da conduta, levantadas por estas informações. Elas são registradas aqui porque já não tenho esperança de rever os Kadiwéu; e são apresentadas em sua qualidade de dados *intencionais* e não *funcionais*, ou seja, de informações obtidas por referência verbal de um informante idôneo sobre formas de conduta não observadas diretamente pelo pesquisador. Não resisto, porém, ao desejo de comunicá-las, tal a fecundidade das hipóteses que elas levantam, sobretudo para psicólogos e educadores.

Elas nos advertem sobre o enorme poder do consenso na configuração da personalidade humana. Indicam que uma criança, vista por seus familiares como rebelde ou dócil, viril ou efeminada e talvez também como bronca ou inteligente, tem enorme possibilidade de vir a ser tal, independentemente de fatores genéticos, pelo próprio peso da expectativa, desde que esta seja unânime e congruente.

Reapresento aqui os três estudos, publicados anteriormente quase na mesma forma. Os de religião e mitologia foram editados, originalmente, pelo Conselho Nacional de Proteção aos Índios (1950); o de Arte Kadiwéu, na revista *Cultura*, do Ministério da Educação e Cultura (1951). Entre meus projetos mais caros incluo o de escrever uma obra de conjunto focalizando o impacto da civilização sobre os índios cavaleiros, com base nas minhas anotações inéditas sobre os Kadiwéu e na copiosa bibliografia existente sobre os Guaikuru. Se este meu exílio for suficientemente longo para que eu possa concluir alguns estudos mais instrumentais e urgentes sobre nossa própria tribo brasileira, talvez me seja possível voltar ao estudo dos índios com que primeiro exerci meu ofício de etnólogo, para escrever o livro que lhes devo.

Lima, 1974.

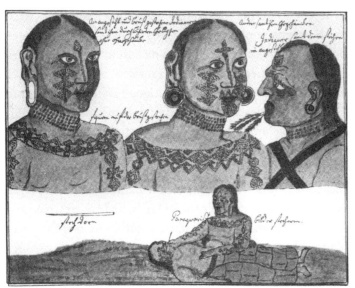

3. Índios Guaikuru, desenho de Florian Paucke – 1750.

Introdução

Os Kadiwéu[1] são os remanescentes no Brasil atual dos índios de língua Guaikuru. Constituem a última tribo dos célebres Mbayá ou índios cavaleiros, notabilizados pela tenaz resistência que opuseram a espanhóis e portugueses na bacia do Paraguai.

As tribos Guaikuru eram as mais extensamente distribuídas no Grande Chaco, compreendiam os Abipón, Mocovi, Toba, Pilagá, Payaguá e os Mbayá, que ocupavam o território mais setentrional. Estes últimos dividiam-se em várias subtribos,[2] uma das quais, os *Cadiguegodis*, têm como representantes contemporâneos os Kadiwéu.[3]

Somente em fins do século XVIII os *Cadiguegodis* começaram a deslocar-se do Grande Chaco para as barrancas do Rio Paraguai, acampando ora junto às fortificações portuguesas, ora junto às espanholas, vindo a fixar-se, definitivamente, por volta de 1800, à margem esquerda, próximo ao local onde se encontram atualmente.[4]

Desde então vêm se reduzindo, hoje resta um só grupo, despojado de seus rebanhos, impedido de fazer a guerra e tendo de acomodar-se às normas de vida aprovadas pelos seus vizinhos brasileiros. Quando os visitamos em 1947 perfaziam 235 pessoas distribuídas em três aldeias, nas terras que lhes foram reservadas pelo Governo entre a Serra Bodoquena e os rios Aquidavão, Neutaka, Nabileque e Paraguai, ao sul do Pantanal mato-grossense.

Além dos Kadiwéu, restam uns poucos índios Mbayá em Lalima à margem do rio Miranda, sessenta quilômetros ao sul da cidade do mesmo nome. Mas estes, vivendo com os Terena, perderam a unidade cultural e a língua; caminham rapidamente para uma completa integração na população neobrasileira, da qual, já hoje, pouco diferem. Apesar disto, permanecem índios.

---

1 Obedecendo ao convênio internacional de etnólogos sobre o plural dos nomes de tribos, agrupamentos sociais e linguísticos, escrevemos os Mbayá, os Kadiwéu etc., ao invés de os Mbayás, os Kadiwéus etc. Na grafia das palavras indígenas empregamos as letras com os seus valores em português exceto o "h" e o "w" que soam como em inglês; os travessões no meio das palavras indicam *glottal stop*.

2 Eram as seguintes as subtribos Mbayá em 1767: *Apacachodegodegi, Lichagotegodi, Eyibegodegi* e *Cotocogegodegi*, na margem oriental do Paraguai, entre 24° e 20° latitude sul; na margem ocidental, no interior do Grande Chaco de 21° a 18° latitude sul, ficavam os *Guetiadegodi* e os *Cadiguegodi*. Sánchez Labrador, vol. I, 1910, p. 255-274.

3 Nas principais fontes bibliográficas encontram-se as seguintes designações para os Kadiwéu: *Cadiguèèguos* ou *Catibebos* (Aguirre, 1898, p. 476); *Cativegevodi* (F. Mendez, 1772, p. 9); *Cadiueós* (Almeida Serra, 1850, p. 385 e Diretoria de Índios, 1848, p. 3); *Cadiehos* (Castelnau, 1850, tomo 2, p. 479); *Caduveo* (Boggiani, 1895, p. 253).

4 Um histórico dos contatos dos Mbayá com portugueses e espanhóis encontra-se em Métraux, *Ethnography*, 1946; sobre seus ataques às monções paulistas ver Sérgio Buarque de Hollanda, 1945 e A. E. Taunay, 1949 – 3ª Parte.

Os Kadiwéu são os únicos remanescentes dos célebres gentios Uiacurus, de que tanto se ocuparam os cronistas coloniais do Rio da Prata, do Paraguai e das Monções Paulistas, como as tribos mais aguerridas do Chaco.

As primeiras expedições que atravessaram o Grande Chaco no começo do século XVI, à procura de um caminho para as lendárias montanhas de ouro do Peru, os encontraram vivendo da caça, da pesca, da coleta e do saque, nas terras baixas e alagadiças, ao longo do Rio Paraguai. Dessa região, que durante o período das chuvas se transforma em pantanais impenetráveis e em desertos na época de estio, eles saíam para suas guerras a outros grupos, voltando ao seu território indevassável, livres de revanches. Estas condições contribuíram para a sobrevivência de alguns grupos Mbayá-Guaikuru e a conservação de seu patrimônio cultural até nossos dias, enquanto outras tribos, que só tiveram contato com o europeu muito mais tarde, foram dominadas e extintas.

O aventureiro alemão Ulrich Schmidel, que atravessou o Chaco em 1542, compara as relações que observou entre grupos Mbayá-Guaikuru e outros índios, com as que existiam entre camponeses e nobres de sua pátria. Essas tendências de domínio seriam extraordinariamente desenvolvidas, nos anos seguintes, com a adoção do cavalo, no que foram os pioneiros na América do Sul. Como cavaleiros, revolucionariam sua vida econômica, social e política, levando a redefinição da cultura em torno desse novo elemento muito mais longe que as tribos equestres da América do Norte, pois, enquanto aquelas usavam o cavalo, apenas como arma defensiva, os cavaleiros do Chaco impuseram, com ele, seu domínio sobre inúmeras outras tribos, reduzindo-as à vassalagem, e mantiveram sob constante ameaça, por mais de três séculos, os estabelecimentos europeus, chegando a representar o maior obstáculo à colonização do Grande Chaco e um papel do maior destaque nas disputas entre espanhóis e portugueses, jesuítas e bandeirantes, pelo domínio da bacia do rio Paraguai.

4. Mulher Guaikuru, Alexandre Rodrigues Ferreira – 1791.

A extraordinária vitalidade desse grupo senhorial foi mais uma vez demonstrada anos depois, quando o domínio do cavalo já não representava um elemento certo de vitória contra os novos invasores que vinham em canoas, como sucedeu com as Monções Paulistas às minas de Cuiabá. Então os Guaikuru equestres se aliaram aos canoeiros Payaguá, também de língua Guaikuru, para levar adiante sua luta e seu domínio; e se avalia em quatro mil o número de portugueses que foram mortos por eles nesse ciclo, até fins do século XVIII.

A guerra foi para a sociedade Guaikuru uma fonte de riqueza e de prestígio social, já que o herói guerreiro era o ideal máximo da cultura, mas, principalmente, uma fonte de servos. Roubando crianças de outros grupos eles cobriam os claros abertos em suas fileiras pela prática do aborto e infanticídio que levaram a uma escala inigualada mesmo pelos povos modernos. Esta forma de renovação da sociedade, pela adoção, antes que pela procriação, alcançou uma escala tal que R. F. Almeida Serra, comandante do Forte Coimbra, avaliava o número de "verdadeiros Uaicurus" existentes nas suas aldeias em 1802 em menos de 10% da população, todos os demais eram cativos trazidos de outras tribos (1866, VII, p. 206).

Em sua luta contra os Mbayá-Guaikuru, os colonizadores espanhóis e portugueses usaram de todos os recursos, desde as expedições de extermínio até o comércio de aguardente, a contaminação através do presente de roupas de variolosos, as alianças de paz, o suborno e as traições. A catequese jesuítica, principal recurso do arsenal de pacificação dos tempos coloniais, não foi negligenciada. E nem poderiam ser, já que a Companhia de Jesus era a maior interessada nessa obra, pois suas reduções, como os mais avançados estabelecimentos europeus no Chaco, eram os objetivos de saque preferidos dos Guaikuru. Mas fracassaram todas as suas tentativas, embora levadas a efeito com desusado estímulo e ajuda dos governos provinciais, por empenho da própria Coroa espanhola. Outros missionários, depois da expulsão dos jesuítas, prosseguiram suas tentativas, mas destes esforços o único resultado foi o estabelecimento de paz com um grupo Mbayá-Guaikuru, conseguido por um padre que foi viver com os índios, seguiu todos os seus costumes, deixando-se arrancar as sobrancelhas e pestanas, casando-se entre eles e tendo filhos (F. R. do Prado, 1856, p. 56).

A área de correrias dos cavaleiros Guaikuru, ao tempo de seu maior domínio, chegou a alcançar Assunção, no Paraguai, o curso médio do Rio Paraná e Cuiabá, em Mato Grosso. Dominando este território que era o centro de convergência de influências culturais pré-andinas, patagônicas, do planalto central da bacia amazônica e das florestas subtropicais habitadas pelos Guarani; tendo em suas aldeias indivíduos trazidos de grupos em contato com todas essas áreas, portadores de elementos de suas culturas, os Mbayá-Guaikuru sofreram profundas influências de todas elas. Nordenskiold, em sua análise da difusão de elementos culturais na América do Sul, assinala um número elevado de traços daqueles grupos nas culturas chaquenhas e entre os Mbayá-Guaikuru.

Tiveram também amplas oportunidades de aprender elementos culturais europeus no decorrer dos três séculos de contatos intermitentes, através dos portadores de cultura europeia, homens e mulheres, negros e brancos, que viveram em suas aldeias como cativos; em suas visitas a Assunção e a Cuiabá, nos períodos de relações pacíficas, nas reduções jesuíticas em que viveram algumas de suas hordas, não obstante o curto período em que tiveram catequistas e, ainda, nos contatos com os postos militares espanhóis e portugueses onde iam receber o sal, a prata e as contas com que eles disputavam a amizade dos Mbayá-Guaikuru. Finalmente, durante os últimos anos de convívio pacífico com a população paraguaia e brasileira vizinha, têm sido muito mais amplas estas oportunidades.

Na fase atual, a adoção de elementos europeus é uma contingência à qual eles não podem fugir, porque a adaptação de sua economia ao mercado regional é sua condição básica de sobrevivência.

Os Kadiwéu constituem uma das diversas hordas Mbayá-Guaikuru que começaram a fixar-se definitivamente à margem esquerda do rio Paraguai, próximo ao local onde se encontram hoje, nos fins do século XVIII. No decorrer dos últimos séculos foram-se reduzindo até constituírem um só grupo, impedido de fazer a guerra e tendo de acomodar-se aos meios de vida aprovados pelos seus vizinhos neobrasileiros.

Padrões de desenho Kadiwéu I.

Padrões de desenho Kadiwéu II.

Atualmente (1948) não chegam a três centenas de pessoas, vivendo principalmente da caça ao cervo e ao veado e da coleta de cocos e palmitos; acompanhando hoje, como vêm fazendo secularmente, o fluxo e refluxo das águas do Paraguai que inundam o Pantanal durante cinco meses e voltam vagarosamente ao leito, arrastando atrás de si a caça e o caçador Kadiwéu. Despojados de seus rebanhos – perdidos nas trocas com os brancos, principalmente no comércio de aguardente – os índios cavaleiros de nossos dias, quase todos a pé, vivem como seus vizinhos neobrasileiros: vestindo-se, pastoreando o gado, caçando e curtindo peles com os mesmos métodos destes; mas conservando, ainda, algumas das características do antigo povo senhorial e dominador.

Em suas aldeias, ao anoitecer, com a pequena família reunida ao redor da fogueira, sugando a pipa de chimarrão, o Kadiwéu recorda a vida antiga e suas histórias começam frequentemente com essas palavras: "*ediu-ádig* (Kadiwéu) antigo era a nação mais poderosa, este mundo todo foi nosso: terena, chamacoco, brasileiro, paraguaio, todos, foram nossos cativeiros, hoje estamos assim".

O presente trabalho é um esforço de interpretação da mitologia, da religião e da arte dos índios Kadiwéu, elaborado como uma tentativa de análise das relações entre estes aspectos da cultura e todos os outros, com o objetivo de esclarecer seus significados e funções, ou seja, as ideias e sentimentos a eles associados e a forma pela qual se entrosam na configuração sociocultural e contribuem para sua perpetuação.

Uma questão preliminar deve ser colocada com respeito à interpretação da mitologia Kadiwéu e à utilização de seus mitos como fontes para o estudo da religião. É sabido que os Mbayá tiveram as mais amplas oportunidades de adotar elementos culturais estranhos através da multidão de cativos Guaná, Chamacoco, Guarani, Bororo e tantos outros que viveram em suas aldeias. Cabe-nos verificar se esta multiplicidade e intimidade de contatos fez de sua mitologia uma espécie de antologia da literatura oral dessas diversas tribos, só conservada em seu sentido recreativo.

Um dos procedimentos correntes para responder a questões desta ordem têm sido as análises difusionistas – o estudo da distribuição em outras áreas dos temas que ocorrem em certa mitologia, a fim de averiguar suas prováveis procedências. Outra abordagem possível é a análise funcionalista dos mitos, ou, em outras palavras, o exame das relações acaso existentes entre os textos míticos e a realidade atual e antiga para verificar de que modo a cultura se inscreveu neles e como eles a influenciaram.

Este último critério coincide com o propósito fundamental de nosso trabalho: se no esforço de compreensão dos significados e funções dos mitos podemos apurar sua vinculação à cultura, não há necessidade de nos desviarmos para um estudo difusionista. Acresce ainda que, numa análise dos significados sociais dos mitos, a comparação sistemática com outros exigiria o exame também destes, do mesmo ponto de vista, o que é, obviamente, impraticável aqui. Por estas razões demos pouca ênfase às comparações, apenas anotamos semelhanças formais, assinalando correlações indicadas por outros autores.

Devemos, também, uma explicação com referência à unidade deste trabalho: poder-se-ia argumentar que uma análise única das criações estéticas dos mitos, crenças e ritos lhe emprestaria maior unidade, evitando repetições. Realmente os três campos estão de tal forma interpenetrados que seria recomendável um tratamento conjunto. Contudo, ainda que muito pese esta identidade fundamental, trata-se de três aspectos diferenciados da cultura. Uma análise única resultaria em prejuízo de alguns deles, especialmente da mitologia, porque não é apenas a concepção do sobrenatural que se reflete nela. Além disto, devíamos atender ao caráter deste trabalho como comunicação de dados colhidos em campo, na maior parte inéditos, cuja apresentação de forma completa se torna indispensável para permitir outras interpretações. Foi em consideração a estas circunstâncias que o dividimos em três partes, tratando da mitologia na primeira e da religião na segunda, onde retomamos, malgrado as repetições, alguns temas míticos para uma análise mais completa, e das artes na terceira parte.

O material de que dispomos para este ensaio consiste de observações feitas em campo e de informações colhidas nas fontes bibliográficas referentes aos Mbayá. O trabalho de campo foi realizado nos dois últimos meses de 1947 e de julho a outubro de 1948, nas aldeias Kadiwéu do Posto Indígena Presidente Alves de Barros e no mês de novembro do mesmo ano, junto aos poucos remanescentes Mbayá do Posto Indígena de Lalima, como parte de um programa de pesquisas da Seção de Estudos do Serviço de Proteção aos Índios.

As fontes primárias mais satisfatórias datam de 1760 a 1800 e se devem a missionários, militares e geógrafos que conviveram com as diversas subtribos Mbayá, legando-nos algumas das melhores monografias etnológicas escritas naquele século. Utilizaremos também subsidiariamente algumas informações anteriores; estas se encontram nas Cartas Ânuas (1618) referentes à primeira missão jesuítica que tentou a catequese dos Mbayá em começos do século XVII (C. Leonhard, 1927/29) e nas obras clássicas de M. Dobrizhoffer (1822), Pedro Lozano (1941) e Florian Paucke (1942/43), referentes ao século XVIII.

Devemos firmar posição diante de dois problemas relativos a estas fontes. O primeiro é que elas se referem a diferentes "momentos" do *continuum* cultural Mbayá, cabendo perguntar se os dados que provêm podem ser utilizados no presente estudo, embora medeiem mais de três séculos entre as primeiras e as últimas e o grupo tenha passado, neste período, pelas transformações mais radicais. Dados desta natureza não se prestam a uma reconstrução histórica, todavia acreditamos ser proveitosa sua utilização aqui como fonte supletiva, a fim de constatar até que ponto se conservaram, como se modificaram ou desapareceram os elementos nelas expressamente referidos. Este procedimento nos permitirá acompanhar as transformações por que passaram algumas crenças e cerimônias esclarecendo seus significados e funções.

O segundo problema concernente às fontes primárias se prende ao fato de que os vários autores conviveram com diferentes subtribos Mbayá e só alguns deles conheceram o grupo que correspondia, então, aos Kadiwéu. Podemos utilizar suas informações sem comprometer as conclusões a que chegarmos? Respondem a esta pergunta os próprios cronistas, todos unânimes em afirmar a unidade cultural dos Mbayá. Labrador assim se expressou: "*Las parciali-*

5. Homem Mbayá, F. Castelnau – 1852.

dades de una y otra orilla hablan el mesmo idioma, están emparentadas y tienen unos mismos ritos y costumbres. Por esto todos se llaman Eyiguayeguis y hermanos."[5]

Dentro dos limites assinalados, utilizaremos todas as fontes, cuidando, porém, de anotar sempre o autor em que nos baseamos e de registrar como referentes aos Mbayá todos os dados colhidos nas antigas fontes bibliográficas, somente falando dos Kadiwéu quando nos servirmos de observações feitas em campo junto àqueles índios, por nós ou outro autor.

A fonte mais completa para o estudo dos Mbayá é, sem dúvida, a obra do missionário jesuíta José Sánchez Labrador (1910), considerada como uma das melhores monografias etnológicas escritas no século XVIII. Sánchez Labrador fundou em 1760 a Misión de Nuestra Señora de Belén e lá permaneceu até a expulsão da Companhia de Jesus em 1767. Embora vivessem na redução apenas os Apacachodegodegi, ele conheceu todas as outras subtribos Mbayá. Durante aqueles sete anos de trabalhos apostólicos, este missionário, dotado de viva curiosidade e grande capacidade de observação, adquiriu profundo conhecimento de seus catecúmenos, deixando-nos – não obstante seu dogmatismo religioso – preciosas descrições das suas cerimônias e os primeiros mitos registrados entre eles. Sánchez Labrador conheceu através da obra de Pedro Lozano algumas informações dos missionários de sua ordem que tiveram contato com os Mbayá cento e quarenta anos antes dele e as comentou indicando se as práticas descritas naquela fonte ainda persistiam ou como haviam mudado; estes dados permitem compreender hoje alguns rituais que, sem sua crítica, jamais se poderia interpretar com segurança.

A fonte seguinte em valor documentário se deve ao célebre geógrafo português Francisco Rodrigues do Prado (1839). Herbert

---

5   Sánchez Labrador, 1910, vol. I, p. 303. Ver também F. Mendez, Ms., 1772, p. 9-10; Rodrigues do Prado, 1839, p. 36.

Baldus, referindo-se a ela, escreve que é "sem favor a obra mais importante sobre índios do Brasil redigida em língua portuguesa no século XVIII"[6] e acrescenta que ela só encontra paralelo na de Sánchez Labrador que, por feliz coincidência, se refere ao mesmo grupo. Rodrigues do Prado escreveu sua monografia em 1795, quando comandava o Forte Coimbra onde se centralizavam, naquela época, os esforços portugueses para consolidar as relações pacíficas recém-estabelecidas com os Mbayá.

Outra fonte primária de grande importância é a longa carta do missionário franciscano, Francisco Mendez (1772), que sucedeu a Sánchez Labrador na catequização dos Mbayá. A coleção de Angelis da Biblioteca Nacional tem uma cópia desta carta que pertenceu a Félix de Azara; consiste de trinta tópicos numerados sobre os Mbayá e quatro sobre os Guaná em 46 folhas manuscritas. Foi redigida em 1772 na redução de Itapucu, onde Francisco Mendez tinha por neófitos os Lichagotegodi. Conforme dissemos, Azara teve conhecimento desta carta, mas não parece ter-se utilizado dela, porque a maior parte de seus enganos e imprecisões com relação aos Mbayá poderiam ter sido evitados se assim fizesse, muito embora o etnocentrismo de Francisco Mendez nada fique a dever ao de Azara.

Merece especial destaque pelo grande número de informações que registra a memória do engenheiro português Ricardo Franco de Almeida Serra, escrita em 1803 no Forte Coimbra, então sob seu comando. Sua obra é também muito prejudicada pelo etnocentrismo, mas, no caso, tem o valor de documentar a atitude do invasor europeu frente ao guerreiro Mbayá, ainda altivo.

Outras obras da mesma época que oferecem grande interesse se devem ao já citado naturalista e geógrafo Félix de Azara (1809 e 1904), comandante das fronteiras espanholas do Paraguai de 1781 a 1801; ao capitão Juan Francisco Aguirre (1898), da Comissão de Limites da Espanha e Portugal na América do Sul, que deixou em seu conhecido diário algumas notícias e um vocabulário Mbayá, datados de 1793. Pode-se considerar, ainda, como dos fins deste período, as observações do naturalista Francis de Castelnau (1850) que visitou alguns grupos Mbayá em 1845, durante sua célebre expedição ao centro da América do Sul.

Na utilização das fontes primárias julgamos a autoridade de cada autor pela confirmação que suas informações encontram em outros escritores, pelo tempo de permanência entre os Mbayá e pela natureza do contato que mantiveram com eles, além de seu etnocentrismo ou dogmatismo religioso. Obedecendo a este critério nos baseamos principalmente em Sánchez Labrador, Rodrigues do Prado e Almeida Serra, utilizando as informações dos outros autores como fontes supletivas e comprobatórias.

As fontes posteriores já datam dos séculos XIX e XX e dizem respeito aos Kadiwéu. São devidas a Guido Boggiani (1895), o famoso etnólogo e artista italiano que esteve em suas aldeias em 1892 e 1897, legando-nos o melhor documentário sobre sua arte decorativa, e a Vojtech A. Fric (1913) que prosseguiu as pesquisas de Boggiani, após sua

---

6 H. Baldus, 1949, p. 240.

6. Carga de cavalaria Guaikuru, segundo J.B. Debret – 1834.

morte, passando alguns meses entre os Kadiwéu, em 1904. Seus trabalhos nos foram particularmente úteis porque ele orientou suas investigações principalmente para o estudo da religião e da mitologia. C. Lévi-Strauss esteve com os Kadiwéu em 1936, impressionando-se vivamente com sua arte decorativa (1957). A mais recente contribuição para o conhecimento dos Kadiwéu é a de Kalervo Oberg (1949) que os visitou em 1947 e escreveu uma monografia em que se encontram alguns dados novos sobre os problemas que estudaremos aqui.

Utilizamos também algumas obras sobre mitologia e religião de grupos chaquenhos, como os trabalhos de Herbert Baldus, Alfred Métraux, Lehmann-Nitsche, Palavecino e Karsten e Nordenskiöld, citados na Bibliografia. Foi-nos de especial valia o excelente estudo interpretativo dos mitos heroicos Kadiwéu que se deve a Egon Schaden (1945).

7. Jovem Kadiwéu, desenho de Guido Boggiani – 1892.

Mitologia: a busca do saber

Padrões de desenho Kadiwéu, documentado por G. Boggiani (1892), C. Lévi-Strauss (1935) e D. Ribeiro (1950).

Patrimônio mítico

Varia muito o domínio dos Kadiwéu sobre o seu patrimônio mítico, alguns poucos o conhecem bem, podem até contar as principais variações de certos temas; a maioria confunde as histórias, misturando motivos diferentes no mesmo contexto. Embora todos os adultos já tenham ouvido algumas vezes cada história, nenhum as conhece perfeitamente para poder contar todas, com todos os pormenores. As lendas e outros documentos etnopsicológicos apresentados aqui são, por isto, mais numerosos que o repertório de qualquer Kadiwéu em particular. Foram colhidas com informantes diferentes em idade, posição social, inteligência, grau de participação na própria cultura e de influências estranhas que sofreram, bem como em suas atitudes para com nossa cultura. Como estas características se refletem nos textos míticos, devemos dar algumas notícias sobre os principais informantes.

O "capitão" Laureano Aristides foi nosso melhor auxiliar, companheiro em todas as viagens, e amigo, cuja morte hoje lamentamos; a ele mais do que a qualquer outro e a todos, devemos o conhecimento que conseguimos obter sobre sua gente. Era homem de seus 45 anos, filho de cativo Chamacoco que, graças à sua capacidade de liderança, chegou a ser um dos mais prestigiosos chefes Kadiwéu, aquele que melhor compreendeu o drama de destribalização que vive seu povo, e maiores esforços fez para resolver seus problemas. Laureano nos foi útil, sobretudo, ajudando a estabelecer relações com os outros índios e nos auxiliando, com uma paciência incomparável, na tradução dos cantos religiosos e profanos.

João Apolinário, pouco mais moço, filho de "capitão", é um dos líderes religiosos do grupo, e, provavelmente, hoje, o homem de maior influência sobre os Kadiwéu. Como *padre* ele hesita entre as práticas religiosas do "catolicismo" da campanha mato-grossense e o xamanismo; entretanto, é o Kadiwéu mais decididamente contrário aos brancos e suas narrações se ressentem desta atitude. A ele devemos muitas informações sobre a vida religiosa dos Kadiwéu e alguns mitos.

O "capitão" Matixúa, também falecido, era filho do célebre Capitãozinho que liderou os Kadiwéu nos primeiros quarenta anos deste século em suas lutas contra os fazendeiros vizinhos. Parecia ter cinquenta anos, era quem mais se apegava às velhas tradições do grupo e seu profundo conhecimento da vida cerimonial antiga nos ajudou muito.

João Príncipe é o mais "puro" Kadiwéu, o que "trata como 'meu cativo' a maior número de pessoas". Ao seu domínio do português e à sua boa vontade em ouvir as lendas de seus companheiros que tinham melhor conhecimento do patrimônio mítico, e nos contar, se devem alguns dos documentos mais completos que colhemos. A especialidade de João Príncipe é a narração de histórias divertidas, como a série de *Gü-ê-krig*; tem grande prazer em narrar e o faz dando ênfase aos pormenores, é a maior vocação de *conteur* do grupo, embora pareça emocionar-se menos que os outros e às vezes até esquecer o conteúdo para espraiar-se em pormenores secundários. Terá talvez 35 anos, é muito inteligente e bem ajustado; aproveita-se das relações com os brancos e impõe respeito a seus companheiros que o têm na conta de homem sério e sábio.

Devemos, ainda, informações supletivas a muitos outros homens e mulheres Kadiwéu, e a Luiz Preto, um negro que vive há mais de vinte anos na aldeia de Tomázia, é casado com uma Kadiwéu e tem filhos e netos que não falam o português, bem como ao senhor Anaudelino, funcionário do SPI, que trabalha na reserva desde 1941; ambos nos ajudaram a compreender certos aspectos da cultura, que, sem seu auxílio, não teríamos percebido.

As lendas são transcritas neste trabalho na mesma forma em que as registramos nos diários, depois de ouvi-las dos informantes. Como a maior parte foi obtida em grupos de conversa, à noite, só pudemos escrevê-las no dia seguinte, o que prejudicou o estilo dos narradores. Acreditamos que as vantagens deste procedimento compensaram plenamente os prejuízos. Colhendo-as informalmente em conversas de história-puxa-história, contamos com maior boa vontade dos índios, que dificilmente se sujeitariam a ditar contos e lendas e, ainda que o fizessem, atraídos pelo pagamento, não teriam a mesma espontaneidade. Além disto, a forma que adotamos nos permitiu ouvi-las dentro de contextos mais amplos que se revelaram tão preciosos quanto os próprios textos para a compreensão de seu papel na configuração sociocultural.

Grande parte do material foi obtida durante uma expedição de caça no Pantanal, com um grupo de trinta homens, mulheres e crianças de várias aldeias. Depois das correrias do dia na caça ao cervo, ao veado, ou seguindo vagarosamente as margens das baías e corrichos atrás de lontras e capivaras, nos reuníamos, à noite, no acampamento, junto às casas feitas de peles ainda frescas dos animais abatidos. Esquentando fogo e tomando chimarrão respondíamos às suas perguntas; falávamos, então, inúmeras vezes sobre seus assuntos prediletos – as grandes cidades dos brancos, se lá também há caça como em seus campos; o mar, se a água é mesmo salgada e como andam os navios grandes como casas; a pesca à baleia; como são fabricados os fósforos e quem é o dono da fábrica. No correr destas conversas sugeríamos um motivo ou pedíamos explicação sobre um mito ou conto já conhecido de que desejássemos obter versão mais completa; sempre, porém, perguntando como quem deseja esclarecer-se sobre alguma coisa em que acredita. Muitas vezes tivemos de levar o esforço mais longe, contando algumas histórias do nosso folclore para provocar as deles. Em outras ocasiões um dos companheiros lembrava um mito e pedia a outro que no-lo contasse, porque sabia melhor o português ou conhecia mais profundamente o patrimônio mítico do grupo. A princípio era comum darem versões muito resumidas que só serviam de pistas para descobrirmos quem pudesse contá-las com pormenores. Ao fim, nosso interesse pelas histórias era conhecido e simpaticamente satisfeito, algumas vezes tomavam a iniciativa de lembrar uma delas perguntando se a conhecíamos e contá-la.

8. Mulher Kadiwéu pintando um couro.

Temas e personagens

As principais questões que os Kadiwéu propõem em sua mitologia são de natureza etiológica: como surgiram as constelações, as cores, a morte, as diferenças nacionais, as qualidades peculiares aos Kadiwéu, a desigualdade das riquezas, o relâmpago, o raio, o repouso, a gordura. Toda uma série de histórias procura explicar o mundo tal como se apresenta, reportando-se a uma condição original idílica, a um "paraíso perdido" que se teria transformado em virtude da atuação, ora benéfica, ora maléfica, de certos heróis.

Sua mitologia não se propõe – ao menos na forma em que a conhecemos – a questão da origem da Terra, nem apresenta uma cataclismologia como sobrevém frequentemente entre outros povos; em suas lendas não há referências a motivos tão correntes como a destruição do mundo pelo dilúvio, incêndio, frio ou escuridão. Também não ocorrem mitos sobre a origem do fogo, tão amplamente distribuídos. A origem do sol e da lua é tratada secundariamente como tema para explicar o direito ao lazer e ao descanso e as relações entre senhores e servos, ou patrões e assalariados, que é a forma como esta questão hoje os preocupa.

Egon Schaden aponta outra ausência, esta mais significativa: "a falta de qualquer texto que sirva de explicação para a organização social, que fundamente a autoridade e o *status* dos caciques, bem como a condição privilegiada da nobreza de sangue".[1] Realmente, não se conhece nenhum texto que refira formalmente estes aspectos da antiga organização social dos Kadiwéu.

O componente cultural a que este povo deu mais ênfase em sua literatura foi ao comportamento guerreiro, ao direito à escravização de outros povos e ao arraigado etnocentrismo que impregna todos os seus mitos. E estes elementos constituem explicação suficiente e justificativa emocionalmente satisfatória para a sua mentalidade senhorial, suas tendências imperialistas e, em parte, sua organização social, desde que realmente compreendida: uma estrutura de senhores e servos, provida de grande mobilidade vertical, através de um sistema de integração dos servos no grupo de senhores que se tornou possível, precisamente, pela consistência dos valores centrais da cultura. Sem este núcleo de valores, que a mitologia exprime claramente, os Mbayá se teriam dissolvido na massa de cativos, incapazes de juntar, numa unidade política operativa, aquele aglomerado heterogêneo de indivíduos.

O caráter mais particular da filosofia Kadiwéu expressa em seus mitos é a pouca ênfase dada à exaltação dos humildes, à oposição entre a força e a astúcia, com a vitória da última, motivos tão comuns em outras literaturas "primitivas". Ao contrário disto, seu patrimônio mítico reflete a mentalidade de um povo senhorial e tem como traço mais elaborado o etnocentrismo e a ideia de predestinação dos Kadiwéu ao domínio do mundo.

---

1   E. Schaden, 1945; p. 59.

Os principais personagens através dos quais a mitologia Kadiwéu dramatiza suas representações epistemológicas, fidejussórias ou puramente narrativas são os seguintes:

Gô-noêno-hôdi – é a figura central da mitologia, o criador de todos os povos, a quem devem um grande número de elementos culturais. É descrito à imagem de um Kadiwéu comum, que luta com as mesmas dificuldades e em ambiente semelhante, sendo, todavia, detentor de grande poder. *Gô-noêno-hôdi* é desprovido de malícia, simples e bom, embora lhe atribuam algumas ações intempestivas. Por ele os Kadiwéu teriam vida eterna, alimentos abundantes e fáceis de obter, roupas e utensílios perenes.

Outro personagem muito elaborado e até certo ponto mais vivamente definido que *Gô-noêno-hôdi* é seu companheiro, o *Caracará*. Este é o herói *trickster* da mitologia Kadiwéu, figura em que se mesclam todas as qualidades humanas, exprimindo a amarga experiência do homem na luta pela vida. É o oposto do criador: pérfido e egoísta algumas vezes, outras vezes bom e justo, mas principalmente astuto e malicioso, argumentando com inteligência contra os propósitos generosos e ingênuos de *Gô-noêno-hôdi*. Ao *Caracará* se deve o mundo com suas dificuldades e agruras: *Gô-noêno-hôdi* criou os homens, o *Caracará* os fez mortais; *Gô-noêno-hôdi* criou os alimentos e as roupas, o *Caracará* os fez pagar pelo esforço humano. Mas também lhe atribuem benefícios, foi quem lembrou a *Gô-noêno-hôdi* a necessidade de criar o "seu povo", os Kadiwéu; quem lhe mostrou que a lua não devia clarear muito para que os patrões não explorassem seus empregados, fazendo-os trabalhar à noite; quem interferiu para que as riquezas fossem mais equitativamente distribuídas, contemplando com mais generosidade os Kadiwéu. O *Caracará* tem também suas dificuldades que frisam sua subordinação a *Gô-noêno-hôdi*: por desobedecê-lo deixa de ser homem, transformando-se no urubuzinho de hoje; sua mãe morta, em consequência da instituição da morte sugerida por ele próprio, não pode reviver; finalmente, sua irresponsabilidade em levar *Gô-noêno-hôdi* a uma casa de brancos lhe vale uma surra dupla. O *Caracará* é a maliciosa explicação Kadiwéu para a realidade do mundo, o responsável pela transformação do paraíso original.

A associação do herói criador com o *trickster* lembra as duplas de gêmeos tão comuns nas mitologias de todo o mundo; como naqueles casos, trata-se aqui das aventuras e desventuras de um personagem bom, ingênuo, com outro egoísta, astuto, inteligente.

Nibetád é o herói mítico que os Kadiwéu identificam com as Plêiades; era a ele que seus antepassados saudavam durante as cerimônias com que comemoravam o reaparecimento anual daquela constelação.

A mitologia Kadiwéu apresenta alguns outros personagens, que, como os anteriores, têm grande importância em suas concepções religiosas e serão analisados mais detidamente ao tratarmos daquela questão. Tais são os heróis-xamãs, cujas visitas ao "céu" são narradas com grande riqueza de pormenores. Suas lendas têm mais realidade que quaisquer outras para os Kadiwéu. Mesmo os mais incrédulos, que falam de "histórias de antigos" quando se referem aos mitos, creem nelas e é em relação ao poder destes xamãs míticos que julgam, criticam e descreem dos atuais.

9. Anoã, grande artista Kadiwéu, autora da maioria das ilustrações desse livro.

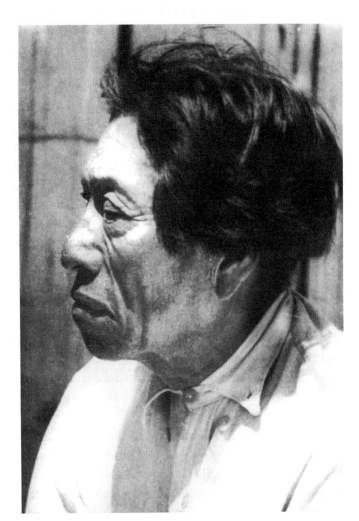

10. Matxúa, velho capitão Kadiwéu.

Gü-ê-krig, outro personagem da literatura Kadiwéu, não chega a ser um herói – já que as ações atribuídas a ele não trouxeram qualquer mudança para o grupo, nem têm o valor de alegorias que justifiquem qualquer comportamento. Ele participa dos característicos dos *tricksters* por sua sagacidade, devassidão, vaidade e bom humor. A narração de suas aventuras, embora frequentemente repetida, sempre diverte os índios.

Como os Kadiwéu não têm uma cataclismologia que estabeleça épocas, nem se ocuparam com a origem da Terra, podemos iniciar livremente esta apresentação de suas notícias sobre a origem do homem e da natureza das coisas. Veremos primeiro o que os Kadiwéu enxergam no céu; daí passaremos às várias versões da gênese, e, em seguida, às atividades do criador e do mediador em seus esforços para criar os povos e situar os privilegiados Mbayá entre eles; falaremos depois das aventuras dos heróis-xamãs e, por fim, das façanhas de *Gü-ê-krig*.

11. Laureano Aristides, meu principal informante.

Padrões de desenho Kadiwéu III.

Padrões de desenho Kadiwéu IV.

Cosmologia

Os Kadiwéu distinguem um grande número de constelações, cujos movimentos aparentes conhecem e utilizam para calcular as horas da noite e as estações do ano; uma delas, as Plêiades, indica o principal período anual para fins cerimoniais.

Suas constelações são identificadas com pessoas e animais que nossos informantes veem desenhados no céu, embora creiam que tenham sido mais visíveis a seus antepassados, os quais podiam divisar, nitidamente, em cada uma delas, as figuras descritas na mitologia.

A origem destas constelações é explicada pela atuação de certos entes notívagos, ora chamados *cipós*, ora *bichos* que arrastaram pessoas para o céu, transformando-as em estrelas, ou foram, eles próprios, derrotados pelos homens e compelidos a fixarem-se no firmamento.

Durante a temporada já referida que vivemos no Pantanal com um grupo de caçadores Kadiwéu, um dos assuntos frequentes das nossas conversas eram as constelações. Então, Cardoso, um dos nossos informantes, esforçou-se muitas vezes para nos ajudar a distingui-las, o que nem sempre conseguimos. Algumas das que nos foram indicadas, como o Cervo e o Jaboti, "não têm história, quando os Kadiwéu acordaram elas já estavam lá". Outras são ligadas a motivos pouco elaborados, que provavelmente são fragmentos de antigos mitos esquecidos.

Vejamos as que conseguimos registrar. Duas delas, não obstante as pacientes lições de Cardoso, jamais localizamos precisamente. A primeira seria um círculo de velhos (doc. I) que ele indicava nas imediações da constelação Lupos; a segunda, uma roda de crianças (doc. II) (Corona Australis?), ambos, velhos e crianças, arrastados para o céu pelo referido *cipó*.

12. João Príncipe, grande conhecedor das tradições Kadiwéu.

13. É-Legá.

Ouvimos três versões sobre as Plêiades, todas a identificam com *Nibetád*. Uma das versões (doc. III) em que há evidente confusão com o tema de crianças nos foi contada por Apolinário que a relacionou com os antigos cerimoniais pleiadares e com as festas de São João, realizadas na mesma época em que as Plêiades reaparecem. Apolinário viveu alguns anos nas fazendas da campanha mato-grossense e paraguaia onde teve oportunidade de assistir àquelas festas católicas e parece crer que *Nibetád* e São João sejam o mesmo personagem, com nomes diferentes.

As duas outras versões (docs. IV e XXVI) descrevem *Nibetád* como um homem vigoroso que, certa vez, desceu do céu para casar-se com uma Kadiwéu. Viveu muitos anos na terra e deixou dois filhos que, depois, se tornaram xamãs poderosos. As roças de mandioca e milho plantadas por *Nibetád* produziam no dia seguinte, com grande abundância; mas a lenda não explica por que este atributo não foi legado aos Kadiwéu, nem se seus precaríssimos métodos agrícolas se devem a ensinamentos deste personagem.

Os Kadiwéu nos falaram, também, da estrela da manhã, como *Nibetád-lalé*, ou seja, o capacete plumário de *Nibetád*, o que talvez tenha alguma relação com a notícia de Sánchez Labrador sobre a saudação com que os antigos Mbayá se dirigiam a Vênus: "*Yá viene nuestro amo*".²

Ainda há nesta versão um elemento a comentar: as cerimônias dedicadas às Plêiades são nela equiparadas às festas de Santo Antônio. O sincretismo é evidente, tanto neste caso como no anterior, com referência a São João. Reflete os esforços dos Kadiwéu para explicar suas novas experiências em termos de concepções tradicionais ou para conciliar seus mitos com as ideias que vão apreendendo ao contato com os neobrasileiros.

As Plêiades são personificadas na mitologia de todos os povos chaquenhos e os de língua guaikuru comemoravam seu reaparecimento anual com extensas cerimônias das quais voltaremos a falar, ao analisarmos as práticas religiosas dos Kadiwéu. Veremos, então, que o herói mítico *Nibetád* foi, provavelmente, recebido de outra mitologia e reinterpretado como uma racionalização daquelas cerimônias.

O Cruzeiro do Sul é denominado *Agô-nagêná* (doc. V), que quer dizer "sem uma perna". A lenda explica tratar-se de um Kadiwéu que, surpreendendo um *bicho* que viera comer os restos de alimentos deixados na cobertura de sua casa, entrou em luta com ele e foi levado para o céu. Os companheiros deste homem, tentando arrebatá-lo ao *bicho*, arrancam-lhe uma perna e daí o nome que lhe dão.³

Ao lado do Cruzeiro do Sul os Kadiwéu divisam outra constelação, *Apá-kâniko* (doc. VI), a "cabeça de ema", cujos olhos são *alfa* e *beta* do Centauro e cujo pescoço é a ramificação mais próxima das manchas escuras da Via Láctea, no sentido de Antares. A lenda fala de uma ema sobrenatural, decapitada por um velho que a encontrou comendo os alimentos deixados por ele na cobertura da casa; seriam desta ema a cabeça e o pescoço que vêm no céu.⁴

---
2   S. Labrador, 1910, vol. II, p. 10.
3   O homem de uma perna só lembra o *sgamabato úrsico* estudado por Lehmann-Nitsche – 1924-25 – vol. 28, p. 105-106.
4   K. Oberg, 1949, p. 63 – registra uma lenda sobre uma ema *Diguyelo*, que vive nas nuvens e produz chuva quando abre as asas. H. Baldus colheu um mito semelhante entre os Tumerehá, cf. 1931, p. 544.

Personagens semelhantes ocorrem na mitologia de outras tribos chaquenhas, vinculados aos mesmos grupos de estrelas; assim, os Toba, Mataco, Mocovi e Vilela apontam uma avestruz nas imediações do Cruzeiro do Sul.[5]

A mesma identificação foi registrada entre grupos tupis-guaranis da orla noroeste do Chaco; segundo Métraux, os Chiriguano chamam a uma parte da Via Láctea "o caminho dos avestruzes"; e ao Cruzeiro do Sul e algumas estrelas vizinhas "a cabeça do avestruz"; anota, ainda, que para os Guaraium a mesma constelação é, geralmente, um nhandu.[6] Os Bororo, que também estiveram no raio de ação dos Mbayá, identificam o Cruzeiro do Sul como "pé de avestruz".[7]

Um mito Mbayá citado por Ehrenreich revela que o caráter belicoso e a luta pelo espaço refletem-se também, em sua literatura, na maneira pela qual explicam as trovoadas: as estrelas tidas como almas de guerreiros combatem entre si por um lugar no firmamento, provocando aqueles fenômenos.[8]

Ouvimos duas outras variantes sobre os raios e os trovões, quando procurávamos saber como os Kadiwéu os explicavam. João Príncipe (doc. VII) nos falou de um barrigudinho feio, encontrado, por acaso, durante uma caçada, cujas longas pestanas, quando arrancadas, produziam relâmpagos e raios. Laureano nos disse ter aprendido de uma xamã que aqueles fenômenos são provocados por um pássaro pedrez muito comum no Pantanal.[9]

Mas é preciso observar, com respeito à última versão, que a maioria dos Kadiwéu não conhece estas histórias, nem se preocupa muito com a origem de raios e trovões, dispondo-se

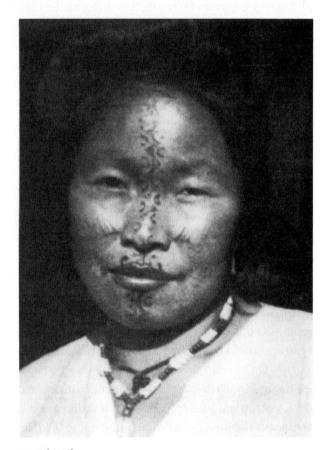

14. Nila-Tékan.

---

5 A distribuição deste motivo nas literaturas chaquenhas foi exaustivamente estudada por Lehmann-Nitsche em sua "*Mitologia sudamericana*" publicada na *Revista Museu La Plata*, vols. 26-27-28-30.
6 A. Métraux – 1950, p. 100.
7 A. Colbachini e C. Albisetti, 1942, p. 219.
8 E. Schaden, 1945, p. 65.
9 Os Xoroti, Lengua e Ashuluslai também explicam o trovão e o raio como produzidos por pássaros míticos. Cf. A. Métraux, *Ethnography*, 1946, p. 366.

a aceitar qualquer explicação. Como uma das atribuições de seus xamãs é o controle das forças sobrenaturais, podendo, teoricamente, intervir para evitar ou provocar qualquer deles, suas explicações sobre a natureza destes fenômenos são acatadas tanto quanto as que dão a respeito das causas das doenças.

Os Kadiwéu se servem de um motivo de sua cosmologia para explicar o arco-íris e como os animais e os homens adquiriram suas cores. Segundo uma lenda (doc. VIII) antigamente todos os animais eram brancos, como se pode ver ainda hoje, pelos seus filhotes. Assim foi, até que uns meninos, quando brincavam à noite, foram carregados por um daqueles entes notívagos, desta vez na forma de um enorme alguidar, cheio de flores; quando sua mãe quis salvá-los só conseguiu alcançar a perna de um deles que arrancou em seus esforços para arrebatá-lo. O vaso subiu deixando correr o sangue da criança que formou uma lagoa no chão. O sangue escorrendo é o arco-íris e daquela lagoa todos os animais tomaram suas cores.

A cosmologia Kadiwéu é uma representação episódica de seu animismo, quase toda ela gira em torno da atuação de entes que povoam a noite ameaçando os homens e, sobretudo, as crianças.

Como se viu, suas constelações, com pequenas diferenças, são as mesmas das demais tribos chaquenhas, particularmente das Guaikuru. A vinculação àquela área não se manifesta somente pela distribuição; os próprios temas são uma projeção do ambiente chaquenho sobre o firmamento.

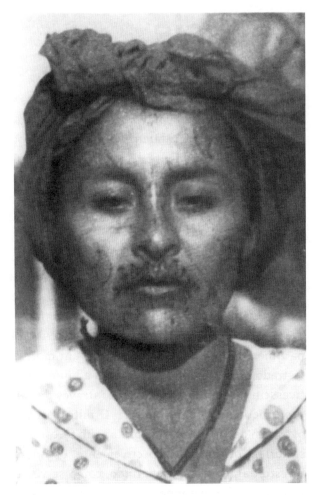

15. Í-Iui-Kuí.

Gênesis

São conhecidas muitas lendas diferentes sobre a origem dos Mbayá. Sánchez Labrador divulgou três variantes que a seu tempo disputavam o consenso do grupo. Uma delas os faz provir de uma região subterrânea, onde foram descobertos, casualmente, por um cachorro; outra os deriva dos ovos de um pássaro gigantesco e, a última, os aponta como descendente de um casal saído de uma lagoa profunda e sombria que aquele missionário conheceu.[10]

O primeiro motivo tem larga distribuição na América do Sul; só no Chaco foram registradas gênesis baseadas no mesmo tema entre os Guaná, Terena, Tumehá e Kaskihá que tiveram íntimos contatos com os Mbayá; em outras áreas ocorre na mitologia Pareci, Karajá, Mundurucu, Iaruno e Witoto.[11] Há certa probabilidade de que este mito tenha sido tomado dos Aruak através de seus representantes chaquenhos que viviam em relações estreitas com os Mbayá. Schaden, citando Ehrenreich, mostra que "é característico da mitologia Aruak fazer sair das cavernas os homens e todos os outros seres".[12]

O mito segundo o qual os Mbayá saíram dos ovos de uma ave tem, ao contrário dos anteriores, distribuição muito restrita na América do Sul. Métraux aponta um motivo semelhante, registrado na costa do Peru, e aventa a hipótese de que os Mbayá o tivessem recebido daquela fonte, através de seus cativos Chané, provenientes da região andina. O mito peruano refere-se a três ovos, um de ouro, outro de prata e um terceiro de cobre, dos quais se teriam originado, respectivamente, os nobres, as mulheres e o resto da população, refletindo, como se vê, uma sociedade estratificada. Comparando-o ao mito colhido por Labrador, Métraux pondera que "os Mbayá estavam no caminho de criar uma aristocracia, depois de conquistarem o território habitado pelos agricultores Chané, não sendo impossível houvessem adotado um mito

16. Díi-Má.

---

10 S. Labrador, 1910, vol. II, p. 50-51.
11 Sobre a distribuição deste tema ver H. Baldus, 1937, p. 193 e A. Métraux, 1948, p. 11-16.
12 E. Schaden, 1945, p. 60.

17. Utí-Uetá.

que podia justificar a divisão em classes sociais que já começava a se cristalizar no seio de sua tribo".[13]

É interessante notar que eram também muito populares no antigo Peru os mitos de origem que fazem os homens provirem de um lago,[14] como ocorre numa das versões de Labrador.

O tema de origem pelos ovos de uma ave aparece também num mito publicado por Almeida Serra, com a diferença de que os ovos, aqui, são do *Caracará*, que os pusera, por ordem do Ente Supremo, da forma seguinte:

> O Caracará com esta licença come uns peixes que fermentados produziram uma ninhada de *Uaicurús*; outros alteram esta mitologia dizendo que o Caracará pusera um ovo, e chocado ele, nascera um homem. Este homem, desejando propagar-se e vendo no tronco de uma frondente árvore um buraco, n'ele se minou; ato de que brotara logo, qual enxame de abelhas, outro de *uaicuruzinhos*.[15]

As versões de Labrador e de Almeida Serra baseiam-se no mesmo motivo, mas na segunda intervém um personagem novo ao qual, muito provavelmente, foram atribuídos alguns temas mais antigos como o dos ovos e do subterrâneo, que se verá adiante. Este personagem aparece nas lendas colhidas por todos os cronistas posteriores a Labrador, sendo chamado *Conoe-natagodi* (F. Mendez, 1772, p. 19); *Conoenotagodi* (Aguirre, 1898, p. 490); Deus (R. Prado, 1839, p. 35; Almeida Serra, 1850, p. 359; Azara, 1809, p. 108); o Grande Espírito (Castelnau, 1949, p. 245) ou o Ente Supremo (Almeida Serra, 1850, p. 360).

Voltaremos adiante a esta questão. Salientemos, por ora, que os documentos de Labrador se referem a um período em que os Mbayá ainda mantinham o domínio sobre as outras tribos e a independência em relação aos invasores europeus; quando apenas iniciavam seus contatos maciços com os espanhóis e portugueses; por isto, ainda não refletem estas novas influências, ao contrário, são totalmente indígenas e indicam claramente a multiplicidade de contatos intertribais a que os Mbayá estiveram submetidos.

---

13 A. Métraux, 1948, p. 18.
14 *Ibidem*.
15 Almeida Serra, 1850, p. 359-360.

Os cronistas seguintes conheceram os Mbayá nos primeiros anos de convívio pacífico com o europeu, de decadência, e as lendas colhidas por eles refletem uma crescente influência europeia, a começar pela figura de *Gô-noêno-hôdi*, provavelmente plasmado, ou ao menos refundido à imagem do Deus cristão. Nas lendas publicadas por aqueles autores e pelos que os seguiram, até o presente, intervém sempre este personagem, às vezes revivendo os mesmos temas.

É o caso de uma lenda ouvida por Fric em 1904[16] e pelo autor, posteriormente (doc. XI), em que foi retomado o motivo da origem subterrânea. Desta vez, porém, é *Gô-noêno-hôdi* que os encontra, num buraco, quando procurava os ladrões que roubavam os peixes de sua armadilha. Um pormenor aproxima mais ainda esta lenda da colhida por Labrador, pois nas duas versões há referências a cachorros, cujo faro permite localizar os ladrões.

Um mito Terena transcrito por Métraux explica de modo semelhante a origem daqueles índios, vizinhos e subordinados aos Mbayá: – Dois irmãos viviam da caça apanhada cada dia numa armadilha, notaram que estavam sendo roubados. Examinando as pegadas e seguindo as gotas de sangue, encontraram um grande buraco que descia profundamente na terra, lá dentro estavam os Terena.[17] Trata-se, certamente, de mais um elemento Aruak adotado pelos Mbayá; a hipótese contrária, de que os Terena tivessem tomado de seus suseranos, é menos provável, em vista da grande difusão do tema entre tribos Aruak.[18]

Em outra lenda, também registrada por Fric,[19] a criação de um casal é atribuída a um personagem diferente, *Ninigo*, que seria filho de *Gô-noêno-hôdi*:

– *Ninigo* criou alguns homens. Bateu a terra que assim se tornou uma mulher. Depois fez um homem. Quando os homens foram feitos, *Caracará* veio e disse: "Estes homens estão nus, os animais têm a sua pele, os pássaros sua plumagem, só os homens estão nus". *Ninigo* deu folhas a eles para se cobrirem.

Infelizmente estamos diante de um mero fragmento do mito de origem que não permite uma interpretação segura; depois desta referência

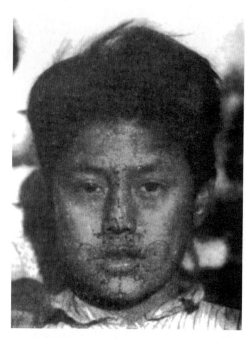

18. Nibi-Mim-Nátai.

---

16   V. A. Fric, 1913, p. 397 e C. Loukotka, 1933, p. 260.
17   A. Métraux, 1948, p. 16.
18   Versões semelhantes da mesma lenda foram registradas por K. Oberg, 1949, p. 42 e Altenfelder Silva, 1949, p. 350.
19   C. Loukotka, 1933, p. 255.

sumária à gênese, a lenda se desenvolve em torno de outro tema. Schaden, analisando-a, conjetura que tenha perdido a feição primitiva, na qual a terra era a mulher (a mãe primária)[20] que deu à luz os primeiros homens.[21]

As únicas referências que conhecemos sobre este *Ninigo* se devem a Fric, nenhum outro autor fala dele; a menos que se tome por tal o *Niguigo*, *Íu-igo*, ou "espírito" para os Kadiwéu, citado por Boggiani[22] com o mesmo sentido, ou, ainda, o *Nigugigo* de Almeida Serra:[23] o espírito maligno que entrava em comunicação com os Xamãs. Em qualquer dos casos tratar-se-ia de um ente sobrenatural transvestido em personagem mítico.

---

20   H. Baldus, 1939, p. 145.
21   E. Schaden, 1945, p. 60
22   G. Boggiani, 1895, p. 253. C. Loukotka em um dos seus vocabulários traduziu, sob reserva, a palavra *Ninigo* por Cristo – cf. 1930, p. 104. Esta acepção justifica a hipótese de que a lenda seja uma versão Kadiwéu da gênesis cristã.
23   Almeida Serra, 1850, p. 360.

O criador e o *trickster*

Paraíso perdido

Vejamos agora o ciclo mítico de *Gô-noêno-hôdi* e *Caracará*, o criador e o *trickster*. Iniciemos pelo tema da criação do paraíso e sua transformação no mundo atual (doc. X).

Segundo este mito, *Gô-noêno-hôdi* tinha a intenção de criar um mundo bom, uma vida fácil para os homens e assim fez: – o algodoeiro já dava novelos prontos; o mel crescia em cabaças nas árvores, ao alcance da mão; as roupas, quando velhas, podiam ser renovadas com uma sacudida; a mandioca e as bananas produziam dois dias depois de plantadas. Mas *Caracará* não se agradou desta ordem, fez ver a *Gô-noêno-hôdi* que não estava certo, porque, assim, não se poderia saber qual era a mulher trabalhadeira, qual o bom caçador, tudo estava feito. *Gô-noêno-hôdi* concordou com os argumentos do *Caracará* e transformou aquela ordem idílica na atual.

Naquele tempo a morte não era definitiva, as pessoas morriam e voltavam a viver dias depois. O *Caracará* se insurge também contra esta disposição, convence *Gô-noêno-hôdi* dos seus inconvenientes, mostrando que o mundo estava cheio de gente e não cabia mais, que a morte devia ser definitiva. Assim fez o criador, porém logo depois morre a mãe do *Caracará*, que embalde se lamenta, pedindo sua ressurreição.

Os dois motivos são dos mais amplamente distribuídos, ocorrem em quase todas as literaturas: o paraíso original e a imortalidade, perdidos em virtude de um engano, ignorância, inobservância de certos preceitos ou interferência de um *trickster*.[24]

A oposição do *Caracará* às disposições magnânimas que *Gô-noêno-hôdi* quis estabelecer define bem seu duplo caráter de herói mediador e de *trickster*. Ele não tem poder próprio para as transformações, toda a sua ação é verbal, consiste na argumentação sagaz que, alegoricamente, explica as cruezas da vida e as justifica, como no caso presente, salientando o valor social do trabalho.

Enquanto *Gô-noêno-hôdi* tem certas características de divindade, embora os Kadiwéu não lhe prestem qualquer culto, o *Caracará* não as tem. Ele é, de certa forma, a consciência, a autocrítica do criador ingênuo que, por suas palavras, encontra as próprias intenções e cria o mundo tal como devia ser. A atitude dos Kadiwéu para com o *Caracará* é ambígua; não o reverenciam nem o execram, em alguns mitos é chamado "este diabo" e descrito como vítima, com certa maldade, em outros intervém em benefício dos Kadiwéu, como protetor ou aliado.

---

24 Um estudo recente sobre a distribuição do tema da origem da morte nas mitologias sul-americanas pode ser encontrado em A. Métraux, 1948, p. 25-30.

Um dos fragmentos deste ciclo relata a transformação do *Caracará* que era gente e até sobrinho de *Gô-noêno-hôdi* no gavião carniceiro de hoje, porque ele quis comer o criador – segundo Fric – ou porque, conforme ouvimos, o criador "já estava com raiva dele".²⁵

Os primeiros cronistas que registraram lendas deste ciclo, as concluem, quase sempre, exprobrando os Mbayá pela irreverência com que tratavam a seu próprio criador, ao *Caracará*, matando-o sempre que podiam. Para os Kadiwéu não há nisto qualquer irreverência; este gaviãozinho de seus campos nada tem a ver com o mítico, até os nomes com que os designam são diferentes (doc. XVI). Contudo, a identificação do companheiro de *Gô-noêno-hôdi* com o *Caracará* é muito expressiva; a bravura e a voracidade deste falconídeo que fazem dele um bom símbolo do guerreiro Mbayá não devem ter sido estranhas à sua projeção na mitologia.

Comportamento senhorial

A comparação das lendas de origem colhidas por Azara, R. Prado, Almeida Serra e Castelnau revela uma consistência interna muito maior do que nas versões divulgadas por Labrador; seus elementos comuns são mais numerosos que os discrepantes. Elas realçam como motivo supremo não o incidente da criação que algumas nem descrevem, mas a atitude de *Gô-noêno-hôdi* para com os Mbayá.

De acordo com estas lendas os Mbayá teriam sido criados depois dos outros povos, quando as riquezas já tinham sido distribuídas, e, como nada lhes sobrara, *Gô-noêno-hôdi* os recompensa com o direito de fazer a guerra, saquear e dominar os outros povos.

Na versão de Azara, deus, depois de criar todos os povos e distribuí-los pela face da Terra,

> se lembra de criar um Mbayá e sua mulher e como ele já havia dado toda a terra às outras nações, de maneira que não restou nada a distribuir, ordenou a um pássaro chamado Caracará que lhes fosse dizer, em seu nome, que ele estava desgostoso de não lhes poder dar um terreno e, por este motivo, não havia criado mais de dois Mbayá; mas que, para remediar, ordenava que andassem sempre errantes sobre o território alheio, fizessem sem cessar a guerra a todas as outras nações, matassem todos os machos adultos e adotassem as crianças e as mulheres para aumentar seu número.²⁶

---

25 V. A. Fric, 1913, p. 399.
26 Azara, 1809, p. 108.

Segundo Rodrigues do Prado os Mbayá contavam que

> depois de serem criados os homens, e com eles repartidas as riquezas, uma ave de rapina que no Brasil chamam *caracará* se lastimara de não haver no mundo Guaycuru; que os criara, e lhes dera o porrete, a lança, o arco e as flechas, e dissera que com aquelas armas fariam a guerra às outras nações, das quais tomariam os filhos para cativos, e roubariam o que pudessem; mas a este seu criador não tributam culto algum, antes o matam as vezes que podem.[27]

A versão de Almeida Serra já citada, depois de relatar a criação, conclui com as seguintes palavras:

> agradado Deus da perfeição da obra, concedeu ao Caracará que desse por armas às suas criaturas a lança e o porrete para com elas conquistarem as outras nações e fazê-las suas cativas, pois sobre todas elas lhes dava o domínio e senhorio.[28]

Vejamos, ainda, a versão de Castelnau:

> Quando criou o mundo, o grande espírito deu a cada povo uma certa particularidade, cabendo aos brancos o gênio comercial e a outros o instinto da agricultura. Os Guaicurus, sentindo-se esquecidos, procuraram então o grande espírito, para levar-lhes as suas queixas; percorreram assim as vastas solidões do Grão-Chaco, interpelando todos os animais e plantas que encontraram pelo caminho. Encontraram, finalmente, o Caracará, que dirigindo-se a um deles disse: Tu te queixas, e entretanto recebeste o melhor quinhão; pois uma vez que nada te coube na partilha, tens o direito de tomar tudo quanto tiverem os outros; foste esquecido, portanto poderás matar todos que encontrares. Não esperou o Guaicuru para seguir essas instruções, pegando logo de uma pedra e com ela matando o Caracará. Gabam-se os Guaicurus de ter depois daí seguido fielmente aquela lição.[29]

Alguns fragmentos do mito de origem publicados por Claudio Soido confirmam inteiramente os precedentes. A uma pergunta dos Mbayá sobre o motivo de serem tão pouco numerosos, o deus responde que se assim não fosse os outros povos nem mais existiriam, teriam sido escravizados por eles, que eram os mais valentes da terra. E à outra pergunta, sobre a pobreza de suas armas que se reduziam à lança de ciriva, acrescenta: – "Se tu, Guaycuru, és temido e escravizas os outros homens só com um bastão, o que não farias se usasses as flechas que usam os teus inimigos".[30]

---

27 Rodrigues do Prado, 1839, p. 35.
28 Almeida Serra, 1850, p. 360.
29 Castelnau, 1949, p. 245-246.
30 C. Soido, 1882, p. 92.

Todas estas versões giram em torno de um tema central: a predestinação dos Mbayá ao domínio dos outros povos; eles seriam o povo preferido do *Gô-noêno-hôdi*, criado para subjugar os demais. E não é de estranhar que tivessem desenvolvido tal concepção, porque, efetivamente, venceram a todos os povos que conseguiram alcançar. O território que, no auge de sua expansão, cobriam nas sortidas guerreiras, se estendia de Assunção, no Paraguai, a Cuiabá, em Mato Grosso, e desde as aldeias dos Chiriguano a oeste, no interior do Chaco, até as barrancas do Paraná. Cativos trazidos de tribos de toda esta área os serviam em suas aldeias, além de elevado número de cristãos, espanhóis e portugueses.[31]

Suas tendências ao domínio de outros povos e a estratificação de sua sociedade em camadas de senhores e servos é anterior aos primeiros contatos com elementos europeus. O mercenário alemão U. Schmidel que, acompanhando a expedição de Pedro de Mendonça, atravessou o Chaco em 1552, compara as relações que os Mbayá mantinham com os Chané às que existiam em sua pátria, a Baviera, entre senhores feudais e camponeses.[32]

Com a aquisição do cavalo de que foram os pioneiros na América do Sul, estas tendências se desenvolveram extraordinariamente. Fazendo-se cavaleiros, os Mbayá reorganizaram suas forças traumatizadas ao primeiro impacto com o invasor europeu e não só mantiveram sua independência, mas, ainda, dominaram um grande número de outras tribos, passando a representar o maior obstáculo à ocupação da bacia do Rio Paraguai, por parte dos espanhóis e portugueses.

A mentalidade senhorial dos Mbayá não se refletia apenas em sua mitologia, todos os autores que conviveram com eles fazem extensos comentários à sua soberania. Labrador escreve: *"Su entonamiento mira al resto de las naciones que han llegado à su noticia, sin exceptuar la Española, como à esclavos"*.[33]

Rodrigues do Prado comenta que "são tão soberbos que a todos os gentios confinantes tratam com desprezo e estes de alguma sorte os respeitam"[34] e relata os esforços de espanhóis e portugueses para conquistarem a aliança e a amizade destes índios, historiando, ainda, o tratado de paz que resultou de suas *démarches*, pelo qual a Coroa portuguesa assegurava aos Mbayá – representados na cerimônia por alguns caciques – um enorme território ao longo do Rio Paraguai.

Almeida Serra trata extensamente do assunto mostrando que os Mbayá não só se julgavam superiores aos outros índios, mas também aos portugueses e agiam em consequência. Vejamos mais um exemplo muito ilustrativo, devido a Almeida Serra:

---

31 Todas as fontes primárias fazem extensas referências ao assunto; ver especialmente S. Labrador, R. do Prado, A. Serra.
32 U. Schmidel, 1903, p. 143.
33 S. Labrador, 1910, vol. II, p. 52.
34 R. do Prado, 1839, p. 38.

instei com D. Catharina que fosse ao Cuiabá ver a V. Ex. de quem havia receber benefícios, etc. Consultou com os seus e d'ali a dias me deu a resposta; que sendo ela ainda solteira, não podia ir ao Cuiabá; porque n'aquele estado V. Ex. naturalmente havia querer casar com ela; no que não podia convir, por ser uma dona principal e filha do grande Queimá.

Segundo a ridícula persuasão de cada um destes capitães, a sua gerarchia a emparelham com o mesmo trono: muitos d'eles por várias vezes nos têm explicado os seus sentimentos e há poucos meses um capitão velho que se diz tio da dita D. Catharina, queixando-se que o marido a largara, e oferecendo-se quantos oficiais aqui estávamos para seus maridos, todos fomos excluídos por muito inferiores à qualidade daquela dona; porque, segundo eles e os mais Uaicurús, senhores generais, quando queriam, davam a um português um papel, um bastão, e uma farda com galões para ficar capitão, e que o mesmo praticavam os espanhóis; que os Exmos. generais mesmo eram feitos por El-Rey; porém eles Uaicurús já nasciam capitães, assim como nasceram seus pais e avós; pelo que não tinham igual a sua grandeza, etc.[35]

Os elementos para os quais apela a mitologia Mbayá para justificar o comportamento guerreiro são, como se viu: o número reduzido dos ancestrais criados e a distribuição injusta das terras e das riquezas. Por estas circunstâncias adversas, eles racionalizavam seu expansionismo, a escravidão de outros povos, a rapina e o tributo.

A consciência de território expressa na ênfase que deram ao tema da distribuição das terras é estranhável numa tribo nômade que vivia da coleta, da caça e do pastoreio. Segundo Schaden ela reflete a importância que alcançou na economia Mbayá a simbiose[36] com povos lavradores. Outra explicação é possível: tamanha preocupação com o "espaço vital" talvez tenha surgido como expressão do encurralamento dos antigos Mbayá numa zona inóspita, pois sua fixação no Chaco não pode ter resultado de uma acomodação pacífica; é muito provável que tenham sido compelidos a aceitar aquele *habitat* sob pressão de outros povos. Uma indicação disto é que os Mbayá, ao aumentarem seu poderio guerreiro, foram se aproximando do Rio Paraguai, o que, de resto, ocorreu com todos os povos chaquenhos, sempre em luta pela conquista de um nicho melhor.

A racionalização e a justificação do escravagismo e do saque é igualmente manifesta nos mitos citados. Os Mbayá que fizeram da guerra e do avassalamento de outros povos uma de suas fontes de subsistência e o objeto central de suas preocupações refletem vigorosamente estes elementos em sua mitologia. Além de explicar os padrões de comportamento guerreiro, a mitologia lhes proporcionou um núcleo de valores que os estimulava e legitimava; fez do guerreiro e rapinado o ideal masculino da cultura, sancionando o seu "código" de relações com as outras tribos e com os invasores europeus.

---

35 Almeida Serra, 1850, p. 349-350. Escreveu, ainda: "quando algum português lhe cai em graça (que é sempre o que dá mais), o maior elogio que lhe fazem é dizer-lhe que é como *Uaicurú*. E quando alguns dos seus não é do seu paladar, dizem que é como português".
36 E. Schaden, 1945, p. 65.

A adoção de crianças tomadas a outras tribos constituiu um verdadeiro processo de renovação da sociedade Mbayá, em virtude da extensão a que levaram a prática do aborto e do infanticídio.[37] Em suas aldeias, quando foram observados por Almeida Serra, 90% da população, aproximadamente, era constituída de elementos trazidos à força de outras tribos, principalmente crianças, mas também de adultos que se aliciavam voluntariamente às suas fileiras.[38] Através deste expediente, mais que pela procriação, os Mbayá se perpetuavam. Esta situação se inscreve também na mitologia que explica epistemologicamente a preação e a adoção, pelo reduzido número de Mbayá criados, justificando-a pela autoridade e o domínio que o criador lhes deu sobre os outros povos.

Destribalização

Em mitologia o contemporâneo nem sempre é coetâneo; as novas experiências e novas situações, geralmente, só se refletem nela, depois de plenamente desenvolvidas e, por vezes, se conservam muito tempo depois de completamente superados os padrões que lhe deram origem.

Assim, os mitos publicados por Azara e pelos autores que o seguiram até Castelnau refletiam, certamente, uma situação anterior, legitimando padrões que já iam caindo em desuso. Na época em que foram colhidos estes mitos, de 1795 a 1845, já estavam em plena atuação os fatores de desorganização social que levariam os Mbayá à completa submissão aos brancos. Mas seus padrões senhoriais continuavam vivos – embora encontrassem campo cada vez mais restrito para se traduzirem em comportamento expresso.

Vários autores têm mostrado que este núcleo de valores persistiu mesmo depois da completa subjugação dos Mbayá, quando já estavam impedidos de fazer a guerra e, portanto, de realizar os antigos ideais da cultura.[39]

---

37 D. Ribeiro, 1948, p. 188-189.
38 Almeida Serra, 1845, p. 211, assim descreve a composição demográfica dos Mbayá aldeados junto de Coimbra, em 1802: "Decompondo-se este agregado total da famigerada nação Uaicurú, poucos deles ficaram que sejam de uma antiga origem, pois dos 2 600 índios dependentes de Coimbra, e atualmente domiciliados nos campos contíguos às serras de Albuquerque, tirados os seiscentos Guaná que vivem como aldeados, e separados deles dos 2 mil que restam, quinhentos ainda são Guaná, e seus filhos entre os Uaicurú estabelecidos, ou como antigos e atuais cativeiros no nome, ou por casamentos; montando com pouca diferença a quinhentos Chamicocos os desta nação há cinco anos adquiridos. Finalmente das mil almas que ainda restam, talvez não cheguem a duzentos os que se podem chamar verdadeiros Uaicurú; sendo os oitocentos para completar a soma total um composto de Bororo, Chiquito, Cayapó, Cayuaba, alguns negros, caborés, bastardos e seus filhos e netos, de todos estes diversos índios misturados entre si pelos repetidos casamentos, que tanto os Uaicurús, como todas estas nações praticam uns com outros, logo que entram em cada uma das tribos que formam o todo dos Uaicurús."
39 H. Baldus, 1945, p. 11-46.

Padrões de desenho Kadiwéu V.

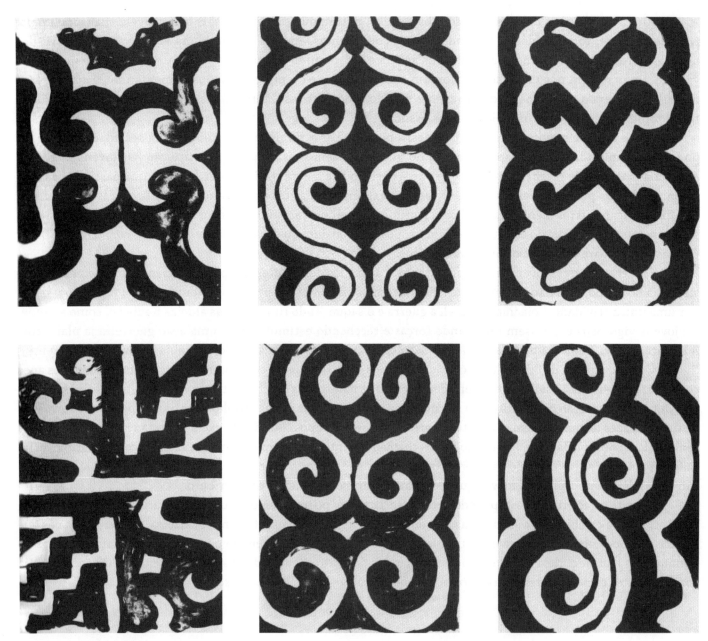

Padrões de desenho Kadiwéu VI.

Ainda hoje alguns deles podem ser observados, naturalmente, como ideais inatingíveis, mas ainda polarizando sentimentos e lealdades. Os Kadiwéu que conhecemos, embora vivendo uma vida quase idêntica à dos neobrasileiros da região, conservam sua consciência e seu orgulho nacional. Já não dizem "somos o povo mais valente", mas sofrem por não o ser e recordam com nostalgia os tempos passados, lamentando: "*Ediuádig* (Kadiwéu) antigo era a nação mais poderosa, este mundo todo foi nosso, terena, chamacoco, brasileiro, paraguaio, todos foram nossos cativeiros, hoje estamos assim".

E não só aí se manifestam estes padrões; a posição e as atribuições dos homens, na sociedade de hoje, só podem ser explicadas pelo desaparecimento do guerreiro, sem sua completa substituição. Os jovens e adultos até plena maturidade recebem mais do que dão à sociedade e a expectativa do grupo é de que passem seus dias cuidando de uns poucos cavalos e bois, em caçadas extemporâneas ou em andanças pelas fazendas vizinhas que dão insignificante rendimento material para o grupo. Os velhos e as mulheres é que mais contribuem para a subsistência, no trabalho diário e árduo da coleta, da pequena lavoura ou das caçadas organizadas com o fito de obter palmas e peles para o comércio com os civilizados.

Entretanto, estes jovens jamais poderiam ser acusados de desinteresse pelos cruciantes problemas de subsistência do grupo; mas não se dão por achados, é como se não lhes coubesse contribuir para solucioná-los, senão por uma única atividade, hoje impraticável, a guerra e o saque. Tudo funciona nas aldeias Kadiwéu, como se aqueles jovens vigorosos estivessem reservando forças e recebendo estímulos para uma ação guerreira já planejada. A situação, hoje, é quase a mesma de há dois séculos quando aos homens válidos só cabia a atividade guerreira.[40]

Os funcionários do Serviço de Proteção aos Índios encarregados de administrar a reserva lutam há vários anos contra esta preguiça dos Kadiwéu, e os consideram como os índios mais difíceis de tratar, os mais altivos e independentes. Outra manifestação desta altivez é a sua má fama junto aos fazendeiros vizinhos que os têm por "índios armados de fuzil, capazes de matar quem se aventure a atravessar seus campos". Ainda um exemplo: esta vivência dos padrões senhoriais foi observada por nós, quando fomos chamados a interferir num conflito que criaram com um grupo de famílias Terena que se havia fixado na reserva Kadiwéu dois anos antes; verificamos que o conflito fora ocasionado pelas exigências de alguns capitães Kadiwéu que reclamavam parte das colheitas como tributo.

É muito característica deste período de decadência, desta "pobreza vaidosa", uma outra variante da gênese, ouvida por Fric, nela se combinando vários temas diferentes para explicar o comportamento guerreiro. O interesse maior que oferece este documento é seu caráter de transição, já não se vaza na linguagem do povo senhorial dominando, mas do dominador subjugado. Nela se perde aquele tom heroico das outras lendas de criação, a sentença de *Gô-noêno-hôdi* já soa falsa, antes como uma desculpa que como racionalização vigorosa. Fric a transcreve assim:

---

40   S. Labrador, 1910, II, p. 21, R. do Prado, 1838, p. 33, 38 e 39; F. Mendez, 1772; p. 21, 26; Almeida Serra, 1850, p. 354, 368 e 371.

Onoenrgodi divide agora a terra entre os homens. Dá casa, gado e armas para os paraguaios e portugueses. Dá milho, mandioca, etc., aos Tereno; dá arco e flecha e caça para os outros índios. Aí Deus cansa. Aparece então o pássaro Caracará e diz: Meu senhor, tu não te lembraste dos Kadiwéu. *Onoenrgodi* responde: É verdade, eu não pensei no meu povo, mas talvez ainda existam alguns... Ele volta para o buraco e dá uma espiada. Havia ainda lá dois homens e duas mulheres; os homens chamavam-se *Otigitregedi* e *Ecenua*; as mulheres chamavam-se *Takonrgedi* e *Nuanorgodo*. Tirou os quatro do buraco. Eram só quatro e por isto existem tão poucos Kaduveu. Aí ele fala pro Caracará: só existem quatro Kaduveu e não sobrou terra para eles, mas quando eles morrerem vou fazê-los voltar. Caracará responde: não, porque hão de voltar; é melhor eles lutarem com os outros índios e roubarem suas terras, as mulheres e crianças. Por isto os mortos não voltam. Por isto os Kaduveu roubam e têm o direito de escravizar as outras tribos.[41]

Numa versão da mesma lenda colhida em 1947 por Kalervo Oberg, a arrogância Kadiwéu já é toda humildade e a alegoria da distribuição das riquezas só pretende explicar e lamentar sua situação de simples caçadores. A lenda termina com estas palavras:

Então ele tirou toda a gente. Tirou os brasileiros, paraguaios e todas as outras nações. Aos Terena ele deu terra e lhes disse como cultivá-la. Quase que ele esqueceu dos Caduveo, tirou-os por último e falou que esperassem enquanto distribuía terra aos outros povos. Mas os Caduveo foram caçar. *Onóé-noe* ficou zangado e disse: agora vocês devem errar sempre, procurando animais para caçar. É por isto que os Caduveo ainda são pobres caçadores.[42]

A atitude senhorial é ainda conservada nos mitos Kadiwéu sobre a origem dos outros povos, neles persiste o mesmo etnocentrismo dos antigos. Suas gêneses são ridicularizadas, como a frisar, pelo contraste, a preferência de *Gô--noêno-hôdi* pelo "seu povo" (doc. XIII). Assim, os Chamacoco – que forneciam aos antigos Mbayá a maior parte de seus cativos[43] e, ainda no fim do século passado, vendiam seus filhos aos Kadiwéu em troca de missangas e artigos de ferro,[44] são descritos em textos colhidos por Fric e pelo autor, como tendo surgido de paus com que o criador se limpara; os paus jogados no mato gritaram *Dadêe* (amigo) e *Gô-noêno-hôdi* os mandou ficar lá, por isto "até hoje os chamacoco não têm casa, vivem andando no mato, daqui pr'ali" (doc. XIV). A versão de Fric é ainda mais maledicente: o criador que

---

41 V. A. Fric, 1913, p. 398.
42 K. Oberg, 1949, p. 63.
43 Rodrigues do Prado, 1839, p. 38; Almeida Serra, 1845, p. 210-212.
44 G. Boggiani, 1945, p. 133. Ver também H. Baldus, 1927, p. 17-20 e 59.

não gostara da transformação, sentencia: eles devem morar sempre no mato, sempre ter sujeira (*dreck*) no rosto e ser sempre escravos dos Kaduveu. Assim apareceram os Chamacoco".[45]

Os brasileiros são tratados com igual animosidade e ironia, o primeiro que foi criado não soube guardar o órgão genital feminino que *Gô-noêno-hôdi* lhe dera, prometendo voltar para completar a mulher, por isto "os brasileiros têm de comprar suas mulheres" (doc. XV).

Os documentos que comentaremos a seguir, embora se baseiem nos mesmos temas dos antigos mitos, são expressões da vida, da mentalidade e das preocupações atuais do Kadiwéu. Como componentes vivos da configuração sociocultural, estes mitos refletiram as mudanças que se processavam nela; foram redefinidos para ajustarem-se à nova situação de vida, atualizando sua significação social.

Em seus esforços para trilhar o novo caminho a que foram compelidos como povo subjugado, os Kadiwéu adquiriram uma nova visão do mundo, uma nova mentalidade que se projetou na literatura, colocando-a a seu serviço.

Uma das variantes do mito de origem colhido por Fric e por nós (doc. XI) já comentado páginas atrás é um exemplo deste processo. Relata como *Gô-noêno-hôdi* encontrou os Kadiwéu quando procurava os ladrões de seus peixes. Na versão de Fric divulgada por Loukotka, o criador, ao deparar com os ladrões de seus peixes, sentencia: "vocês roubaram os peixes do meu viveiro, por isto hão de roubar durante toda a vida e tirar o seu sustento da guerra e do roubo".[46] É, evidentemente, uma justificação da guerra e da rapinagem num período em que ela já não podia ser praticada. Mas o próprio Fric teve ocasião de ouvir uma outra versão do mesmo mito, segundo a qual *Gô-noêno-hôdi* tirou não somente os Kadiwéu, mas todos os homens daquele buraco onde estavam os ladrões de peixes: "o primeiro era um paraguaio (pouco antes os Kadiwéu tinham tido sérias refregas com paraguaios), depois vinham os portugueses, os Guaná, os Terena, Sanapanã e todos os outros índios".[47]

A versão que colhemos é ainda mais expressiva: "no buraco tinha gente de todas as nações; nós, os brasileiros, os paraguaios, os Terena, todos. Por isto não sou eu só que roubo, os brasileiros também roubam, quando a gente não é esclarecido eles vão entregando as coisas pra gente e escrevendo, depois dizem que a gente gastou muito, que não tem mais saldo" (doc. XI).

Este é um exemplo de como novas experiências se imprimem na mitologia. Diante da realidade diária, em sua nova vida de assalariados, sujeitos a toda ordem de explorações, os Kadiwéu redefiniram o mito para que ele continuasse vivo, senão teriam de abandoná-lo como uma explicação insatisfatória que já não se conformava à realidade, ou preservá-lo apenas como elemento recreativo.

---

45 V. A. Fric, 1913, nota 3, p. 398.
46 C. Loukotka, 1933, p. 260.
47 V. A. Fric, 1913, p. 398.

É expressivo – desta redefinição dos mitos – o fato de não termos ouvido nenhuma lenda de origem na forma registrada há um século e meio pelos autores citados. Isto não se deve a um acaso; elas desapareceram por não terem realidade para o grupo e referirem-se a valores que só tinham sentido dentro de uma configuração cultural já superada.

Graças a este processo de redefinição dos mitos à luz das novas experiências, *Gô-noêno-hôdi* e *Caracará* continuam vivos para os Kadiwéu. Através da representação alegórica de façanhas destes personagens, novas questões são propostas e respondidas, como a semelhança das línguas faladas por paraguaios e brasileiros que se explica por terem sido tirados por *Gô-noêno-hôdi* de buracos próximos (doc. XII). A criação do sol e da lua, ou do dia e da noite, que é apresentada como uma forma encontrada pelo *Caracará* para evitar que "patrão ruim mate os pobres de tanto trabalhar" (doc. XXI). Ainda uma outra história colhida por K. Oberg explica por que os brasileiros têm olhos verdes. "*Onoé-noe* tirou primeiramente todos os índios e um gato do buraco na terra. Mais tarde, houve uma grande enchente a que sobreviveram alguns índios e o gato. O gato, então, virou um brasileiro e é por isto que os brasileiros têm olhos verdes."[48]

O drama da destribalização e todos os desajustamentos que acarreta a submissão ao branco dominador são os aspectos da sociedade Kadiwéu que se inscrevem mais nitidamente em sua literatura atual. O próprio *Gô-noêno-hôdi* que surgiu após os primeiros contatos íntimos com agentes da cultura europeia, como uma divindade tribal, arbitrária e particularista, perde sua superioridade e independência para ser descrito como um "homenzinho" ou como "um velho que vem, às vezes, para ver como os pobres dele estão vivendo" (doc. XVI). O que vale dizer, é despojado da soberbia do guerreiro Mbayá para entrar na pele humilde do Kadiwéu de nossos dias. Numa de suas andanças pela terra, recomenda ao *Caracará* que ainda o acompanha: "se encontrarmos casa de gente morena nós paramos, se for casa de gente branca passamos adiante". O *Caracará*, sempre errado, o leva à casa de um fazendeiro branco que os surpreende rezando e os espanca, mas *Gô-noêno-hôdi* consegue escapar, fazendo com que o branco surre duas vezes ao *Caracará* (doc. XVII).

A desproporção gigantesca entre o equipamento civilizador do branco e o do Kadiwéu já não pode ser racionalizada como uma compensação das qualidades guerreiras, porque estas desapareceram; exige nova explicação que surge em uma lenda mais modesta (doc. XVIII). Descreve a primeira mulher que já existia "quando ainda não havia gente no mundo"; *Gô-noêno-hôdi* cria um menino e deixa junto dela, mas a mulher "que não tinha malícia nenhuma" abandona a criança porque não sabia o que era aquilo, tão parecido com gente. Vem então o criador e condena: "agora você não vai saber criar os seus filhos".

Depois *Gô-noêno-hôdi* entrega a ela um fuso e um caroço de algodão para guardar "porque a seu tempo terão serventia" e manda esperar por ele que voltará com outras coisas para os Kadiwéu. A mulher abandona aquelas novas dádivas e sai andando com seus patrícios. Quando o criador volta trazendo as riquezas que lhe reservara, não os encontra, sai à sua procura, mas só consegue achá-los depois de abandonar os cargueiros. Os Kadiwéu estavam no mato, "um trazia coco acuri, outro trazia namocoli (bocaiuva), outro mel e todos gostavam. *Gô-noêno-hôdi* disse que não queria assim,

---

48 K. Oberg, 1949, p. 63.

que era pra todos os povos fazerem suas roças, mas como estavam gostando que ficassem assim mesmo, andando toda a vida, cinco anos num lugar, cinco no outro sem ter parada, comendo frutas do mato".

A lenda conclui explicando que o mesmo não aconteceu aos brasileiros porque ao serem tirados do buraco pediram a bênção a *Gô-noêno-hôdi*, razão por que ganharam "máquinas de fazer pano, de fazer enxada, fuzil, tudo".

A alegoria sobre o abandono da criança pela primeira mulher é, provavelmente, uma expressão da prática do aborto e do infanticídio que alcançou enormes proporções entre os Mbayá[49] e contra a qual se batem, hoje, alguns de seus líderes que veem nela a mais séria ameaça de extinção do grupo. Nem pode ser outra a explicação da sentença: "você não saberá criar os seus filhos", porque, ao contato com os neobrasileiros vizinhos e tomando conhecimento de seus métodos de educação, os Kadiwéu ganharam consciência e um grande orgulho do tratamento afetuoso que dão aos filhos.

Deve ser ressaltada, ainda, a semelhança de certos elementos desta lenda com a gênese dos Chamacoco, aos quais *Gô-noêno-hôdi* faz viver "no mato, daqui pr'ali. Quando dá fruta num lugar eles ficam até acabar com elas, depois vão embora procurando outro lugar, são como os caititu". Um dos argumentos utilizados para frisar a inferioridade dos Chamacoco é aplicada, como vemos, a eles próprios que também vivem nas mesmas condições, só melhoradas pela posse de algum gado e melhores armas.

O pastoreio, a caça e a coleta

As condições de vida dos Kadiwéu encontram sua expressão nas lendas que comentaremos a seguir. Nelas se inscreve sua mentalidade e suas preocupações de caçadores, coletores e pastores do Pantanal mato-grossense.

Já o mito anteriormente analisado espelha uma economia de caçadores e coletores que apenas iniciam os primeiros passos na lavoura e ainda dependem exclusivamente daquelas fontes de subsistência, durante longos períodos do ano.

O cavalo que chegou a ser o elemento mais importante da tecnologia Mbayá, aquele que permitiu seu ressurgimento como povo dominador, também se inscreve na mitologia. Fric ouviu uma lenda que revela a sua origem:

> Uma vez os Kaduweu roubaram um cavalo. Eles não sabiam qual era a sua utilidade e não estavam satisfeitos com ele. Para que serve este monstro? *Ibis* ouviu e disse aquilo ao *Ninigo* (filho de *Gô-noêno-hôdi*). Este pegou uma fruta de jenipapo e fez tinta. Pintou sobre a lua um homem montado num cavalo. O retrato não saiu muito bom, porém os Kaduweu o viram e compreenderam. Fizeram uma sela e montaram no cavalo. Desde então eles tiveram muitos cavalos.[50]

---

49 S. Labrador, 1910, vol. II, p. 29, 31; F. Mendez, 1772, p. 22; Rodrigues do Padro, 1839, p. 31; Almeida Serra, 1850, p. 358-359; Castelnau, 1949, p. 253, 309.
50 C. Loukotka, 1933, p. 255.

É muito característico o fato de que o primeiro cavalo tenha sido roubado e também a utilização da pintura como meio de comunicação. É interessante notar que as mulheres Kadiwéu cultivam uma rica arte decorativa, porém seus desenhos são puramente geométricos e abstratos, não pretendem mais que embelezar as superfícies sobre as quais são aplicados, sem nunca procurar simbolizar ou figurar; já os homens têm um estilo figurativo em suas obras de entalhe e modelagem.[51] Nesta última é que se poderia ver uma correlação com o expediente usado por *Ninigo* para fazer compreender aos Kadiwéu o meio de usar o cavalo.

Os cachorros merecem também algumas referências na literatura Kadiwéu. Como personagens míticos são até mais importantes que o cavalo, embora não tenham uma gênese particular (doc. XI). Em uma lenda, eles aparecem como os criadores dos homens (Labrador) ou, ao menos, como o ser ao qual se deve a descoberta dos ancestrais no subterrâneo de que saíram. Outro mito fala dos cachorros de *Gô-noêno-hôdi*, cujos nomes são conhecidos dos Kadiwéu (doc. XI). Este "interesse" não corresponde ao valor real, pois têm papel muito modesto na economia do grupo. Utilizam-nos quase exclusivamente para descobrir caça abatida e para a coleta dos pequenos animais como os jabotis. Entretanto, cada casa Kadiwéu tem um grande número deles, ao menos um número muito superior àquele que os donos podem alimentar.

Como índice do "interesse" que despertam nos Kadiwéu, também os mosquitos se inscrevem na mitologia. Fric colheu duas lendas sobre sua origem, em ambas o coelho intervém; na primeira diz a *Gô-noêno-hôdi* que conhece agulhas mais dolorosas que todas as outras e lhe mostra o mosquito,[52] noutra um feiticeiro muito feio queima a pele de um coelho fazendo com que a fumaça se transforme em mosquitos para compelir uma moça a abrigar-se em seu mosquiteiro.[53] Tal "interesse" é perfeitamente compreensível num povo que vive no Pantanal, sujeito a verdadeiras nuvens dos mosquitos mais vorazes.

Duas outras lendas completam este quadro das condições de vida dos Kadiwéu. Uma delas retrata as preocupações de um povo caçador (doc. XIX); conta as aventuras e transformações de *Gô-noêno-hôdi* – desta vez sozinho, com todas as tintas de um herói civilizador – para conseguir e distribuir a gordura que até então fora posse exclusiva de uma grande cobra. Depois de matá-la *Gô-noêno-hôdi* chama todos os bichos para comerem da banha e, segundo a quantidade que cada um consegue absorver, se torna mais ou menos rico em gordura. É uma lenda típica de um povo caçador que valoriza cada animal, sobretudo de caçadores do Pantanal, que têm como principal caça o cervo, cuja carne, muito seca, como frisa a lenda, precisa ser associada a outras para proporcionar uma alimentação equilibrada. Isto é particularmente importante na dieta Kadiwéu que complementa a carne quase somente com palmitos e uma farinha feita do cerne da bocaiuveira.

---

51 D. Ribeiro, 1950.
52 C. Loukotka, 1933, p. 254-255.
53 C. Loukotka, 1933, p. 260-261.

A lenda refere-se especialmente ao jacaré que rouba uma porção de gordura, reservada pela onça, depois de saciada, e ao jaboti que come a lama de gordura derramada pelos outros. E estas menções particulares se explicam: no jacaré têm eles uma das principais fontes de gordura, tomam litros dela sempre que andam pelo Pantanal; o jaboti constitui a fonte mais frequente de carne e o prato predileto dos Kadiwéu é uma espécie de linguiça feita de tripa ouveira da jabota, recheada com ovos e pedaços de fígado intercalados, que eles assam ao borralho.

O outro é um mito de gêmeos nos moldes clássicos: um esperto, ao qual atribuem a iniciativa das ações, outro que apenas o segue como uma contraparte ingênua. A versão que ouvimos difere em alguns pormenores da colhida por Fric.[54] Segundo esta última, uma mulher que perdera a parentela casa-se com uma onça e vive entre elas até ficar grávida; depois, quando tem o filho na viagem de regresso, mata-o, mas como a criança chama, ela volta e a corta ao meio; os pedaços viram duas crianças e a mãe afinal as leva consigo; elas são chamadas *Nareatedi*. Descreve a seguir uma série de aventuras essencialmente iguais às de nossa versão.

Nesta (doc. XX), é *Gô-noêno-hôdi* que intervém: encontra um homem morto, partido ao meio; da parte superior faz um menino (*Godá-kil* – o da cabeça), da parte inferior faz seu irmão (*Godá-txak* – o das pernas). Trata-se, certamente, de mais uma façanha arbitrariamente atribuída ao criador.

Na versão de Fric manifesta-se mais uma vez o padrão de infanticídio ao qual nos referimos. O tema do casamento de uma mulher com uma onça ocorre também nas mitologias Bororo e Pareci cujos gêmeos míticos se originaram de modo semelhante.[55]

O motivo principal do mito é o roubo das sementes da algarobeira que os gêmeos jogam no campo fazendo-o povoar-se destas árvores tão importantes na alimentação e no cerimonial das tribos chaquenhas. Segundo Fric uma velha de quem as crianças roubaram as sementes da algarobeira arranca as plantas semeadas por eles, mas não consegue exterminar aquelas plantadas pela criança que saíra da parte inferior da original, o que naturalmente se liga às ideias do grupo sobre a fecundação. Depois os gêmeos tentam roubar as sementes do feijão mas não conseguem, senão o campo estaria cheio de pés de feijão.

Schaden mostra que este mito "tem interessantes pontos de contato com outro Txané sobre a criação do mundo etc., divulgado por Nordenskiöld" e salienta que "o problema principal expresso nesta lenda é a oposição entre os modos de vida dos coletores, de um lado, e dos lavradores, do outro. Assim como o feijão simboliza a vida dos índios que cultivam a terra, as árvores silvestres semeadas pelos gêmeos representam aquela forma de vida econômica da maioria das tribos chaquenhas que se alimentam de algaroba e outros frutos".[56] Schaden mostra ainda que o fato de os gêmeos esconderem as sementes na boca se liga ao tema da árvore universal que se encontra entre várias tribos

---

54 C. Loukotka, 1933, p. 255-256; H. Baldus, 1946, p. 27-39 e 99, publicou uma tradução portuguesa e fez comentários a esta lenda.
55 A. Colbachini e C. Albisett, 1942, p. 189-196; Karl von den Steinen, 1940, p. 473-474.
56 E. Schaden, 1945, p. 61-62.

das Guianas, tanto Karaib quanto Aruak. E conclui, do confronto, que os Kadiwéu receberam este mito dos Chané, transformando-o de acordo com a sua mentalidade e cultura.[57]

Na versão que colhemos há ainda alguns elementos a comentar: os gêmeos, entre seus malfeitos abrem a "tampa do vento" ocasionando sérios prejuízos; e enquanto na versão de Fric eles encontram a morte quando mexiam com a corda que um velho papudo fizera para subir nas árvores, na que ouvimos, morrem envenenados por uma velha que já havia decepado seus membros genitais com sua vulva dentada.[58]

Este tema ocorre no Chaco entre os Mataco e os Toba, cujas mulheres antes de conviver com os homens tiveram de ser livradas destes dentes pelo caracará mítico daquelas tribos.[59]

Outra manifestação da mentalidade de caçadores e coletores se encontra em uma narrativa de João Apolinário (doc. XXVII). Em seu estilo todo pessoal e sua tendência a atribuir-se um papel em cada mito, fala do tema universal do dono e protetor das caças que impede seu extermínio, castigando aos que abusam delas. Aplica depois o mesmo motivo às árvores mostrando que elas também devem ser defendidas.

Finalmente, encontram-se expressões dos mesmos "interesses" nas histórias de animais (docs. XXXVIII a XL) que colhemos. Elas são muito semelhantes às de nosso folclore e foram, provavelmente, tomadas dele, mas sua seleção entre todas as que estavam à disposição dos Kadiwéu já indica os pendores de um povo caçador.

---

57 *Ibidem.*
58 Sobre a distribuição deste tema ver H. Baldus, 1937, p. 262 e 277; A. Métraux, 1948, p. 19-20.
59 Lehmann-Nitsche, 1923, vol. 27, p. 284.

19. Grupo Kadiwéu viajando no Pantanal.

O sobrenatural

Queremos salientar, inicialmente, que o comportamento guerreiro, embora vigorosamente fundamentado pela mitologia, não lhe empresta personagens: o herói guerreiro não ocorre na literatura deste povo cuja preocupação principal era preparar homens para a guerra. Entretanto, os heróis-xamãs são figuras correntes e das mais elaboradas. Através delas são validadas as práticas dos xamãs reais, cujas vitórias e fracassos, prerrogativas e percalços, dramatizam.

E esta projeção não se deve a fatores ocasionais; o xamanismo é um dos interesses básicos da cultura, impregna toda a vida dos Kadiwéu como uma preocupação dominadora. Aos xamãs cabe um papel de destaque em todos os ritos de integração dos indivíduos na sociedade; lhes incumbe a defesa do grupo contra a multidão de entes sobrenaturais que o ameaça permanentemente, na forma de doenças e toda sorte de desgraças; servem de intermediários entre o mundo dos vivos e o dos mortos; e, são, ainda, os oráculos cujas previsões decidem se um exército – ou uma simples expedição de caça – marchará para diante ou recuará cheio de terror. Por estas razões não é de estranhar que se imprimam tão vigorosamente na mitologia.

Mas antes de tratarmos dos heróis-xamãs, vejamos o relato da aventura de um Kadiwéu que conseguiu visitar o *além* e voltar, trazendo para sua gente os conhecimentos que têm hoje do mundo que os espera depois da morte:[60] um Kadiwéu muito abatido pelo falecimento de um amigo, vai procurá-lo no cemitério, permanecendo algum tempo com ele. Verifica que os mortos julgam-se vivos, cuidando que os vivos é que morreram; seus campos são os mesmos dos Kadiwéu com a diferença de que suas caças são os cupins, nos quais veem cervos e veados, e a carne da caça, as folhas vermelhas da paineira. Têm cavalos em que podem montar, desde que não os espanquem; casam-se pedindo a esposa ao pai, como entre os vivos, mas não mantêm relações sexuais porque os espíritos são imateriais e "não têm malícia" (doc. XXII).

O personagem que viveu estas aventuras voltou à aldeia para contá-las, mas ia sempre rever o amigo morto e acabou morrendo também. Nos mitos seguintes veremos repetir-se a morte de todos os que têm experiências semelhantes à relatada; é, provavelmente, o motivo da sanção que sofre o mortal que se adianta além da fronteira entre o profano e o sagrado.

Outro mito (doc. XXIII), também colhido por Fric que obteve uma versão completa, exalta o xamã-mau, o *otxikonrigi* que os Kadiwéu distinguem do *nidjienigi*, vendo no primeiro o feiticeiro e no último, o *padre*, o curador. Sua

---

60   Palavecino registrou relatos semelhantes entre os *Takshik*, *Lañagashik* e entre os *Mataco*. (Cf. 1935, p. 376.)

história nos foi contada diversas vezes, com diferenças de pormenores sem importância, sempre para mostrar o poder dos xamãs, como eles são irresistivelmente tentados a praticar o mal e para justificar o seu assassinato. Fric relata o mito da seguinte forma:

> *Netíue* era um feiticeiro bom de verdade, mas as velhas não queriam acreditar e se riam dele. *Netíue* ouviu isto e quis castigá-las. À noite ele falou: eu vou fazer com que amanhã vocês não encontrem lenha seca; toda a lenha estará verde. De fato, no dia seguinte as velhas não encontraram lenha seca. As pobres velhas não podiam mais fazer fogo. Elas choraram e pediram muito, então ele deixou a madeira secar. Ele podia adivinhar tudo e tudo acontecia segundo suas palavras.
> Certa vez sua mulher perguntou: É verdade que você quando está bêbado conta que não conheceu sua mãe e que uma cadela o criou? Um dia, estando lúcido, ele mandou suas escravas juntar uns ossos, secá-los bem e cozinhar. Quando acabou de tomar esta sopa ele ficou alegre e disse: não conheci minha mãe, eu só conheci uma cadela que me criou. Num outro dia a mulher perguntou de novo e ele ficou desconfiado: Quem sabe se minha mulher não vai dar um golpe em mim. Ele cuspiu na mão e, como se estivesse brincando, acariciou a mulher nas costas e no umbigo. Dias depois ele reuniu todos os caçadores e disse: Vamos procurar mel e beber muito. Foram, aí ele os deixou ir para o mato e ficou sozinho no acampamento. À tarde os caçadores voltaram; quando estavam todos reunidos veio o pássaro *omidi*. Sentou-se ao lado de *Netíue* e cantou. *Netíue* falou: Perguntem-me, meus amigos, porque o passarinho canta tão perto de mim. Eles perguntaram. Então ele respondeu: Olhem bem o caminho por onde vieram; logo virá alguém que nos seguirá, ele não tem nada contra vocês, somente comigo aconteceu algo desagradável. Os caçadores olharam bem e um disse: Veja, lá vem alguém. Era o sogro de *Netíue* que lhe vinha dizer: Meu filho, sua mulher foi infiel a você e grudou num rapaz como acontece, às vezes, com os cachorros. Faça o favor de separar a minha filha do rapaz que eu lhe darei todos os meus cavalos. Mas *Netíue* já sabia de tudo e respondeu: eu já tenho muitos cavalos e só me faltam escravos para tratar deles. O sogro foi para casa, mas a filha mandou-o de novo falar com *Netíue*. Ele devia oferecer todas as suas joias ao marido. *Netíue* disse: Eu tenho muitos colares de prata, mantas enfeitadas com contas e não tenho mais lugar para guardá-los. Não quero as suas joias. O velho voltou de novo para casa. A mulher então lhe disse: Olha, nós temos ainda três filhas virgens, ofereça-as ao *Netíue*, talvez ele aceite, vamos experimentar. O velho foi e disse: Escolha uma de nossas filhas. Quando *Netíue* ouviu isto, ficou alegre: Por que você não gritou da aldeia, eu teria ouvido daqui e iria logo. Eles foram então ver a mulher de *Netíue*. Ele tirou o facão, cortou a casinha de palha com a qual ela estava coberta, tirou o cobertor e falou: Por que você me perguntou se eu era parente de cachorro? Eu vou separá-los, mas vocês devem se lamber como fazem os cachorros, senão vocês vão morrer. Ele cuspiu na mão, bateu nas costas da mulher e do jovem e ambos ficaram livres. Mas eles não seguiram as ordens de *Netíue* e morreram. O feiticeiro escolheu a cunhada mais nova e teve uma filhinha com ela.

Um dia, quando teve uma festa grande e todos estavam bêbedos, *Netíue* disse aos convidados: Nenhum de vocês pode me matar; experimentem, tomem uma flecha, mas digam-me primeiro: Meu amigo, eu vou matar você. Um dos seus amigos tomou a flecha, mas assim que acabou de falar, o feiticeiro transformou-se em um ninho de vespas em que a flecha quebrou. Logo ele virou homem de novo e disse: Experimentem agora com o machado, mas avisem-me antes. O machado quebrou-se em pedaços na cabeça dele, pois se tinha transformado em pedra. Desde este tempo, todos o temiam e chamavam-no o mau-feiticeiro (mágico). Quando ele desejava uma mulher, mandava seu escravo buscá-la sob o pretexto de que a queria para arrancar-lhe os cílios e depois a mandaria de volta ao marido. Ele já tinha estado com todas, só faltava uma cunhada. Quando o irmão de *Netíue* foi caçar, ele mandou chamar a mulher dele e disse: Vem me catar os piolhos. Ela foi para casa e chorou. Quando o marido voltou, perguntou por que ela estava chorando. Ela contou tudo. Aí o marido disse: Como iremos nos vingar? Ninguém pode matá-lo.

A aldeia estava de mudança e o feiticeiro mandou o seu irmão procurar os cavalos. Aí o irmão disse: Enquanto eu vou procurar os cavalos, você vai amolar o machado para mim. Aí ele escondeu os cavalos no mato, voltou e disse: Eu não posso encontrar esses cavalos, mas daqui a pouco irei procurá-los de novo, enquanto isto termine de amolar o meu machado. Quando o irmão de *Netíue* voltou, o feiticeiro disse: Vem ver se o seu machado está bom. O irmão experimentou o machado, mas ainda não teve coragem porque havia alguns índios na aldeia e disse: Ainda não está bom! Voltou de novo e andou vagando pelos campos para ganhar tempo. Ele pensou: Talvez o meu irmão morra se eu não avisá-lo antes. Quando ele voltou o machado estava pronto. O feiticeiro deu-lhe o machado sem desconfiar de nada, nem olhar para trás. Ele bateu com o machado na cabeça do feiticeiro e como não lhe havia avisado antes, este não pôde se transformar em pedra. O irmão fez um fogo grande e jogou lá dentro o feiticeiro, que estava morrendo. Aí todos os bichos que estavam no corpo do feiticeiro foram saindo e o irmão dele foi matando um após o outro. Tudo já estava queimado, só faltava o estômago, quando o irmão tocou no estômago saiu um passarinho branco[61] tão depressa que ele não pôde matá-lo, de modo que o deixou voar e voltou para junto dos seus. Quando chegou lá, disse para sua mulher: Eu matei o meu irmão e todos os bichos, somente o pássaro *Deballok* fugiu. Logo se viu o fogo que o passarinho tinha aceso e que se aproximava deles. Tomaram um susto grande, mas uma velha aconselhou que a filhinha do feiticeiro ficasse em frente do fogo, o fogo rodou em torno da criança e apagou. Se essa criança não tivesse nascido todos os Kadiwéu teriam morrido queimados.[62]

Ouvimos dois outros mitos cujo tema é a visita ao "céu", a *Gô-noêno-hôdi*, que em ambos é descrito como um *otxikonrigi* perigoso e mal-intencionado. Os xamãs que vivem a façanha têm de submeter-se a várias provações, sendo

---

61 Quando um certo pássaro branco aparece perto da aldeia, isto significa que haverá morte, então, atiram nele para matar (V.A.F.).
62 V. A. Fric, 1913, p. 400-402.

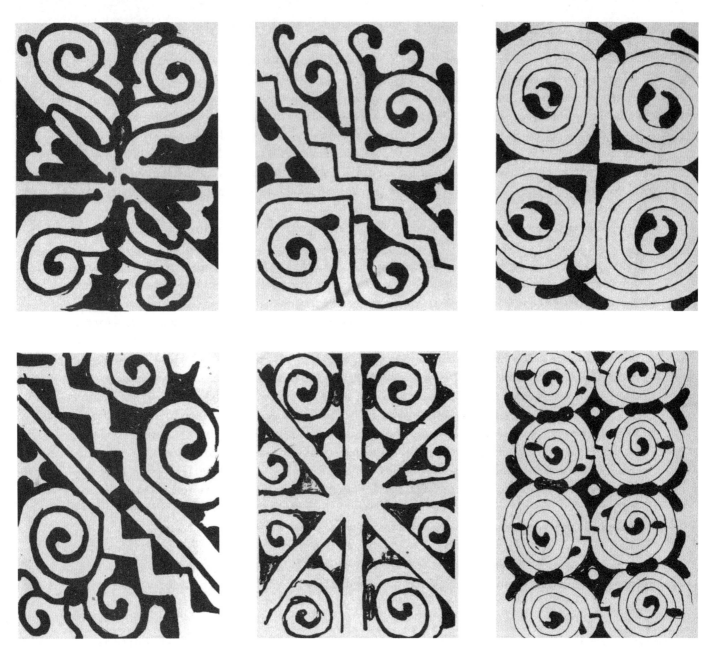

Padrões de desenho Kadiwéu VII.

Padrões de desenho Kadiwéu VII.

salvos pela ajuda de seus *bichos* que os instruem sobre as artimanhas com que *Gô-noêno-hôdi* tenta destruí-los. Nos dois textos a aldeia de *Gô-noêno-hôdi*, o "céu", é descrito como sendo idêntica à terra dos Kadiwéu: "era tudo igual que o nosso campo, tinha rio, pastaria, bastante caça e bastante peixe. O *padre* foi andando ali, tinha muita caça e o povo que morava lá era o nosso mesmo. Tinha movimento grande, caçador vinha carregando veado branco, cervo, jaboti, tudo que era caça."

Um dos xamãs (doc. XXIV) procura *Gô-noêno-hôdi* para pedir-lhe o poder de salvar da morte aos homens e às árvores que envelhecem. Aquele poeta-xamã sofria vendo os homens envelhecerem até morrer e, conversando com as velhas árvores, se entristecia ao ouvi-las lamentar-se de que já estavam no fim: "Agora não tem mais salvação. Veja como estou seco, quando chegar o fogo do campo, acabou eu, vou queimar todo."

Na aldeia de *Gô-noêno-hôdi* ele passa por várias casas, antes de encontrar a do criador, em cada uma delas morava uma pessoa nascida da unha, dos cabelos ou dos excrementos de *Gô-noêno-hôdi*, pois "onde ele cortava a unha ou o cabelo ou deixava alguma coisa dele, ali mesmo ficava um morador". Vêm depois as provações, *Gô-noêno-hôdi* tenta perdê-lo oferecendo um cachimbo que, se fumado, o transformaria em onça; depois um cigarro que o destruiria igualmente. Vencidas todas elas, o xamã obtém o que procurava, mas ao sair olha inadvertidamente para o dedão do pé da filha de *Gô-noêno-hôdi* e, com este olhar, a engravida, por isto morre logo depois para cuidar daquele filho assim gerado.

No outro mito (doc. XXV) *Ipéke-liwilã* (pele sobre os ossos) passa pelas mesmas provações a fim de obter de *Gô-noêno-hôdi* poder para enfrentar outro xamã, mas também engravida a filha do criador.

Ipéke-liwilã, depois de regressar do "céu", inicia uma competição com seu opositor, cada um canta, invoca seus *bichos* e os expele, dando ao outro para engolir; por fim o herói-xamã leva a pior, pois engole um *bicho* quando já não tem mais nenhum para dar ao contendor. Sai, então, bate na barriga de um cavalo morto, já bichado, que se levanta e o leva para casa. Mas consegue sair novamente à procura do inimigo que tinha partido "com toda a gente da aldeia para procurar alguma nação e tomar os meninos e os tarecos deles". Ainda alcança os patrícios e mata o outro xamã. Mas morre também, pouco depois.

Em ambos os mitos temos os mesmos motivos aplicados a dois personagens, o primeiro se desenvolve em torno de esforços para conseguir a imortalidade, o segundo retrata a rivalidade entre os xamãs, a luta permanente que movem uns contra os outros na ânsia de se superarem em poder mágico. Esta competição é um dos traços mais característicos do xamanismo Kadiwéu, a preocupação constante de cada *Nidjienigi* é desmoralizar os outros e vencê-los magicamente.

O mito de *Nibetád* (Plêiades) é retomado em outra versão (doc. XXVI) que descreve as aventuras de seus filhos, cujas ações retratam também a hostilidade entre os xamãs e suas lutas de morte. Mostra ainda mais vigorosamente que nos textos precedentes a passagem do estado de *Nidjienigi* para o de *Otxikonrigi*.

A inimizade começa porque um dos irmãos não foi capaz de ressuscitar um homem morto por mordedura de cobra; vem o outro e invoca um pássaro que, com suas patas em pá, consegue "tirar a terra que estava na barriga do morto, porque quando a gente morre a barriga já fica cheia de terra". É, pois, nitidamente, um caso de rivalidade para ver quem tem maiores poderes mágicos. Depois de tentar vários recursos, um consegue matar o outro. Mas o matador se torna feiticeiro e um irmão (o mito não esclarece se um terceiro ou o morto) consegue matá-lo também. Neste caso como nos anteriores o *Otxikonrigi* só é morto porque não consegue socorrer-se com seus aliados sobrenaturais, os *bichos*.

Literatura

Examinamos até aqui a literatura Kadiwéu, enquanto documentário etnopsicológico, procurando compreender suas relações com a configuração sociocultural. Mas teremos uma visão incompleta se não a considerarmos também em seu conteúdo estético, como produto desta tendência universal para a narração ou como fantasia poética.

Certos elementos que surgem nos textos e alguns recursos de que lançam mão na representação episódica do mundo somente podem ser explicados como expressões literárias desta vontade de beleza e perfeição que é a fonte de todas as artes.

Naturalmente ao procurar estes elementos estamos sempre sujeitos a enganos, sobretudo se quisermos levar muito longe a distinção entre o prosaico e o poético. Mas vale a pena rever a mitologia Kadiwéu deste ponto de vista, ao menos para salientar os seus mais altos valores estéticos do ponto de vista de nossa cultura.

Parecem-nos notáveis expressões da fantasia poética Kadiwéu o mito que explica a origem do arco-íris e das cores (doc. VIII) e a história daquele xamã comovido diante dos velhos e das árvores que secavam para morrer e empreende uma extraordinária aventura para conquistar a graça de rejuvenescer os homens e as plantas (doc. XXIV).

Entretanto, estamos perfeitamente dispostos a admitir que esta seleção seja nossa e que os Kadiwéu talvez vejam mais beleza na lenda da origem da gordura, que lhes pode parecer mais sublime.

Queremos nos ocupar aqui de outra categoria de histórias que são, sem qualquer dúvida, puras expressões do gosto pela narração, não pretendendo mais que deleitar e divertir. Em vão se procurará outro papel para elas, o que não as impede, todavia, de serem também eloquentes expressões da vida diária do grupo que as criou. São as histórias de *Gü-ê-krig* (docs. XXVIII a XXXVII), o herói bufão que encanta e diverte os Kadiwéu através de suas inúmeras aventuras cheias de humor picante. É descrito como um velho pândego e mentiroso que percorre suas aldeias atormentando e divertindo a todos com suas peripécias. O próprio nome do herói já indica seu caráter, significa "o mentiroso" (*Gü-ê-krig*) ou "o ladrão" (*Oli-krig*); naturalmente um ladrão e mentiroso aventureiro e divertido cujas trapaças, embora reprovadas, são mais extravagantes que delituosas.

Gü-ê-krig não constitui um herói mítico por não ser credor de qualquer atuação de que hajam resultado transformações maléficas ou benéficas para o grupo. É desprovido de qualquer poder sobrenatural; engana e é enganado, apelando sempre para expedientes ardilosos, mas *naturais*. *Gü-ê-krig* deve ser visto também como uma expressão de certos ideais que, embora socialmente reprovados, inflamam os mais recônditos desejos dos Kadiwéu; não poucos deles bem gostariam de se verem na pele deste truão.

Colhemos, ainda, entre os Kadiwéu algumas outras histórias de caráter predominantemente recreativo. Tais são as narrações sobre aventuras de animais (docs. XXXVIII a XL); seu tema central é a luta da força bruta contra a malícia e a esperteza. Retratam as disputas da onça contra o tatu, o macaco e o cupim. Ao nos referirmos anteriormente a elas dissemos que se trata de elementos tomados de nosso folclore. É interessante assinalar aqui que uma destas histórias (doc. XXXIX) foi colhida também por Charles Wagley e Eduardo Galvão[63] entre os Tenetehara do Maranhão e aqueles autores consideram provável tratar-se de uma fábula de origem africana, redefinida e difundida entre nós. Embora as versões Kadiwéu conservem os elementos gerais, eles atenuaram muito seu caráter de fábulas, tão característico da literatura primitiva africana, como das histórias de animais dos grupos Tupi.[64]

Já dissemos que os mitos apresentados neste trabalho foram ouvidos em conversas informais e registrados posteriormente, não tendo valor como documentos linguísticos para o estudo do estilo narrativo dos Kadiwéu. Por esta razão reproduzimos aqui, a fim de servirem como elementos de controle e para análises linguísticas, parte do ciclo do Caracará em gravação de João Príncipe, o Kadiwéu que melhor fala o português.

Quero contar pro senhor o caso do principalmente dos índios Kadiwéu; como as mulheres ia achá novelo feito no algodão mesmo. Então como esse, esse diabo do *Caracará*, ele não achou bom, porque mesmo a mulher que não sabe trabalhá acha novelo pronto. Assim é que dizia prá nosso senhô:

— Olha, meu Deus, não convém fazê assim já tudo os trabalho feito, porque assim o senhô já não vai sabê qual é a mulher que vai trabalhá. Já acha tudo pronto.

Aí nosso senhô acha que é certo. Acha que é certo. O que ele fez? Então, invés de achar novelo feito, já inventou de fazê primeiro a flô do algodão. Flô do algodão. Depois da flô já vem aquela baguinha dele; depois daquele carocinho dele já tem algodão no meio dele. Tem que tirá semente dele prá pudê fiá linha num fuso. Assim é. O *Caracará* ficou contente porque ele já sabe qual é a mulher que trabaia. Já não acha mais os trabalho feito.

Assim também o mel. Assim também o mel: os home ia achá o mel fácil pregado num pau. O *Caracará* dizia prá nosso senhô:

— Assim o senhô não sabe qual é o home caçadô. E acha tudo fácil. Bem, nosso senhô, ele acha que é certo, deve fazê, fazê isso. Melzinho de jati fica bem no meio do pau, tem que cortá primero prá poder tirá o mel. Assim *Caracará* ficou com ele contente também. Ele acha que é bom.

Como a mesma, a mesma... o caso dos urubu. Existia urubu, era gente. Urubu era gente. Bem, então disse que de longe enxergaram o nosso deus e assobiaram um pro outro, dizia:

— Óia aí um sujeito de cadera chata, um sujeito de cadera chata. Aí esse *Caracará* tava ovino tudo e dizia pro nosso deus:

---

63   C. Wagley e E. Galvão, 1949, p. 129 e p. 157-159.
64   Couto de Magalhães, 1940; Barbosa Rodrigues, 1890; H. Baldus, 1946.

— Óia meu deus, esses urubu tão dizendo pro senhô que o senhô é cadeira chata. E tava esse subrinho dele, esse *Caracará* era subrinho dele. Então dizia:

— Óia, meu subrinho, ocê vai outra vez lá com esses urubu, mas eu vou fazê pro senhô, eu vou dá um sinal pro sinhô saí do meio deles. Porque eu vou fazê eles virá outra vez como passarinho.

E como ele chegou com fome, ele mesmo é que é culpado, que podia achá tudo a caça feita, achada a carne. Como o *Caracará* pudia achá uma carne barata prá ele vivê. Bem, então foi lá com uns urubu e chegou com fome. Quando deus deu o sinal prá ele que podia retirá dos urubu, que ele não sai, pois tava com fome, tinha que cumê primeiro, diz que prá pudê afastá. Mas nosso senhô já tava com raiva dele. Ele deu um susto nos urubu, levantaram como passarinho urubu, urubu avoando. E já foi *Caracará* no meio, como agora, até agora, ficou por isto. E nosso deus dizia prá ele:

— Óia aqui meu subrinho, eu não falei pro senhô saí do meio deles?

Vejamos, agora, uma variante do mesmo mito, gravado em kadiwéu por João Apolinário e traduzido ao português com a ajuda de Laureano.

João Apolinário:

DIGAWÉ LÁ-MIN-NIGO!
Ora veja este *Caracará*!
DON-MEHÊ-OTÉ / GÔ-NOÊNO-HÔDI / GÔTAMOKO
Já fez / nosso criador / no algodoeiro
ODA-MIÉ-UTEDI / INDA-NIBI-LÔKI / NAHÃ-DJEHÉ ENÃGI
já está pendurado / aquele novelo. / Depois já vem
LÁ-MIN-NIGO: / "I-NOÊNO-HÔDI. / AHELÉ, DHÊ / ENÁGI
Caracará: / "Meu Criador / não é bom, / vem
IWALO ANÉBEIÉG / DJÁ-DIWIN-NETÉ / DJI-OHÔ / DÁ-IGÔ, AHA-LÊ
aquela mulher ruim / já acha / tudo / pronto, não tem
IKÁ-LI-BAKEDI; / NAP-HA NIGÉ-NÁG, / NIGÉ NÔ-TÉG, NIGÉ
mais serviço; / se fizer diferente, / elas vão colher, elas
IA-TÔP NIGÉ LAWITE, / NAHÁ-IWILÁ". / DJÁ-IÃ-KADITÉ / NOÊNO-HÔDI
vão fiar, / elas vão / fazer linha, / terão trabalho". / Já achou certo, / nosso criador
MELÉ. /
concordou. /

INÁ-NA-PĨGO ODAWÃ IUTÉ / LÃ-MIN-NIGO / AIÊ-MÁHA,
Este mel já está pendurado, / *Caracará não quer*;
DOITÉ-BIGI / DHÁ-AIN-NETÉ / ONELÊGI NIGODJIGO; DJÁ-IÃ-KÁDI MÉLE
estava com medo / ele não dá sorte, / aquele homem safado. Já concordou
GÔ-HOÊNO-HÔDI. /
nosso criador. /

João Príncipe:

DJÁ-ANIKÔ / OPILÃ-TELO / IDJÃ-HIDJÔ / AMIDJOÃ / ADÔ-TAHÃ,
Então fale outra vez / sua mesma / palavra,
ODÁ-HAWÁ / POKÔN-NITÉ / AMIDJÔ-ADÃ-TEMA'-TIGÔ,
para completar / esta história.

João Apolinário:

GÔ-NOÊNO-HÔDI / DITEDI OGILO ÔPOEDI, NAGANÔ-ONÁ-DITÉ-GETÁ:
O nosso criador / vai lá onde está urubuzada. Quando eles o veem, dizem:
"ANÁGI, / NAGÔDI; ETAM MI-HANA AWI-O", / HÊ-HENO LÁ-MÍN-NIGO;
"Venha, / coitado. Está aqui o osso da bunda". Quando chegou o *Caracará*, disse:
I-NOÊNO-HÔDI; AMINÉ METI HADATI / DJEHÉ TIHÁ-DAMÉ".
"Meu criador, quando eles nos veem / já ficam rindo".
INI-HA / GÔ-NOÊNO-HÔDI / DJA-DI-LO-GIDÊ, / ONÊ-TITA-NAGÔ:
Então / nosso criador / já está bravo. / Ele falou:
"IA-TIN-NIKÊ, / AMIN-NÁDI-GIDE DJIGOTÁ IBAHA, / ODA-HADI-ADI-HOHÁKI,
"Meu filho, / quando eu fizer sinal / com a mão / pode sair,
ADHÁ AWAN-NI-GILO / EKÔ-KJAHÁ OPOÉDI" / IÉ-LOADI-TÔDAªNIGINI
senão vai junto / com / urubuzada". / Como ele estava com fome
DIGI / TOKHÁN-NODÁ, DJÔªAÉ-LOÁ-TODÁN / NI-GIKI / DJAHAWÊ TIGETÁ ÔPOÉDI /
ficou / roendo osso. / Porque estava faminto, / ficou no meio dos urubus. /
IWI-ÁDI OPOÉDI LA-MIN-NIGO. / NÁ-DAIÓ TATI-BIGI...
Eram caçadores estes urubu-caracará. / Quando estava lá voando...

"NAGÓ, / IÁ-TIN-NIKÉ / EÔ-KOTÁ / UÉ-DÉLE",
"Coitado, / era / 'meu / filho', / agora / já / vai / comer / carrapato".

Conclusão

Mostramos no início deste trabalho que uma preliminar era indispensável no estudo da mitologia Kadiwéu e na utilização de seus mitos como documentos etnopsicológicos: o exame de sua vinculação à cultura. Os contatos que os Kadiwéu mantiveram com outras tribos e com agentes de cultura europeia foram tantos e tão íntimos, que justificavam a suposição de que estivéssemos diante de uma antologia da literatura oral daqueles povos, somente conservada em seu sentido recreativo. Se assim fosse, seu estudo só ofereceria interesse como análise de valores literários ou de difusão de temas, e os mitos não poderiam ser utilizados como fontes para a compreensão da sociedade Kadiwéu, a menos que se provasse que sua adoção fora presidida por um critério seletivo. Cabe-nos, agora, enunciar as conclusões a que chegamos no decorrer da análise precedente em relação a este problema liminar.

1. A comparação da literatura Kadiwéu com a de outras tribos evidenciou que grande número de seus elementos ocorrem em diversas outras literaturas. Esta ampla difusão de motivos míticos aliada à constatação da grande variedade de versões registradas entre os Kadiwéu sobre os mesmos temas demonstrou que seu patrimônio mítico é, em grande parte, um composto de elementos de origens diferentes.

2. O cotejamento de cada aspecto da configuração sociocultural Kadiwéu com os textos míticos revelou que na mitologia se inscreveram vigorosamente sua mentalidade e suas preocupações de caçadores, coletores e pastores nômades; sua sociedade estratificada em camadas de senhores e servos, etnicamente definidas; seu expansionismo e sua atitude senhorial para com os outros povos; a importância do comportamento guerreiro no sistema adaptativo e integrativo da sociedade Kadiwéu; e, finalmente, suas concepções do sobrenatural.

3. O confronto dos textos míticos colhidos em épocas diferentes e o exame de suas relações com a configuração sociocultural evidenciou que, às mudanças ocorridas na sociedade e na cultura, corresponderam redefinições nos mitos que os ajustaram a cada nova situação de vida assim criada; e que, em cada "momento" do *continuum* cultural Kadiwéu, a mitologia foi uma expressão da mentalidade e das preocupações então dominantes.

4. O alto grau de consistência da mitologia como expressão da configuração sociocultural provou que a adoção de elementos estranhos foi precedida por sua redefinição ou presidida por um critério seletivo que excluiu os incompatíveis, resultando disto a inexistência de correlação entre a origem estranha dos mitos e sua vinculação à cultura; tanto os originalmente elaborados pelo grupo, quanto os adotados, são intimamente relacionados à sociedade e à cultura Kadiwéu.

5. Graças a este processo de seleção e redefinição, a mitologia Kadiwéu se tem mantido vinculada à configuração sociocultural, como componente vivo e atuante que explica o mundo que os rodeia, sua posição e papel dentro deste mundo, fundamentando os valores e ideais que dão sentido à existência dos indivíduos.

Pela vivência que os Kadiwéu têm de sua mitologia ela encontra um paralelo em nossas concepções religiosas, filosóficas e éticas, como representação do mundo expressa em explanações etiológicas e como tábua de valores que motivam e sancionam o comportamento.

6. A mitologia assegurou à sociedade Kadiwéu, no período de sua máxima expansão – quando sua coesão e solidariedade estavam ameaçadas pela presença de uma maioria de cativos tomados a diferentes tribos – um núcleo de valores altamente consistente e unanimemente coparticipado, que contribuiu para a preservação de sua unidade política. Através de suas representações episódicas, a mitologia assegurou ao grupo a consciência de uma origem, situação e destino comuns, acentuando a noção de sua especificidade como povo diferenciado pelos costumes e pela "destinação".

7. A atual mitologia Kadiwéu reflete seus esforços para adaptar-se às condições de vida que lhes foram impostas; é em grande parte uma expressão da nova visão do mundo que vão adquirindo como povo dominado, impedido de fazer a guerra e que tem de acomodar-se aos meios de vida aprovados pelos seus vizinhos neobrasileiros.

Documentação mítica

Mitos e contos

Cosmologia

I
Tinha morrido o Capitão e os velhos se juntaram para um Conselho. Naquele tempo tinha muita gente e muito velho. Ficaram aqueles velhos todos tomando mate, contando casos antigos e conversando. Mas velho não é como menino, não dorme à toa. Ninguém sabe como foi, veio um *Cipó* e os velhos todos sumiram; daí a dois dias estavam lá. É bem ali (imediações de *Lupus*). Agora a gente quase não vê mais, antigamente via todos direitinho.
(*Cardoso*)

II
A criançada quando junta pra brincar não quer largar mais. A mãe chama para ir embora, mas eles estão aí brincando, não querem parar.
Passou meia-noite e a meninada está brincando. Aí um falou:
— Vamos dormir companheirada, daqui a pouco nós acordamos e vamos brincar até amanhecer o dia.
Eles dormiram. Ficou aquela meninada dormindo ali no terreiro. Aí veio o *Cipó* e carregou todos. Agora estão lá em cima no céu, aquela roda grande de meninada (Corona Australis?).
(*Cardoso*)

III
O senhor vê aquelas sete estrelas bem juntinhas? Eu sei a história delas. É assim:
Os meninos e as meninas estavam brincando no terreiro em frente da casa, bem de noite, eram sete meninos. O pai os mandava dormir, mas eles não iam. O pai dizia:
— Vão dormir meninada, senão *bicho* vem e pega vocês.
Os meninos continuavam brincando bem juntinhos. À meia-noite veio o *bicho*, pegou a meninada e levou para o céu.
Agora estão lá em cima. Chama *Nibetád* (Plêiades). Em junho, na festa do meu São João, elas aparecem na Serra Bodoquena, ficam lá muito tempo, depois vão subindo e a gente não vê mais.

Antigamente, quando elas vinham, os velhos ficavam acordados para ver e faziam festa grande. Agora, só eu é que dou festa de São João que é meu santo. Os outros só sacodem os tarecos que têm pra ficarem fortes outra vez.
(*Apolinário*)

IV

A história de *Nibetád* (Plêiades), das sete estrelinhas, é diferente. A que Apolinário contou deve ser de outras estrelas.

O que está lá é um homem muito forte, pra ele é que a gente fazia festas. Uma vez uma mulher olhou pro céu e disse que queria casar com aquele homem. Então, à meia-noite ele desceu e foi pra cama dela, pensando que a mulher ia ficar muito assustada. Mas ela já tinha falado que queria mesmo casar com ele e não assustou.

O homem ficou com ela muito tempo. Plantava roça para ela e a mandioca e o milho que ele plantava já davam no outro dia.

Tiveram dois filhos, que depois dele ir embora ficaram com a mãe, aqui, junto com os Kadiwéu. Os filhos dele foram *padres* muito poderosos.

Tem uma estrela que de manhã fica no céu, chama-se *Nibetád-Lalé* (Vênus matutina): é o penacho de *Nibetád*.

Elas aparecem na Bodoquena é no dia de Santo Antônio. A gente faz nesse dia corridas de cavalo e uma corrida de todos os homens ao redor de um capão de mato ou em torno das casas.

Antigamente, quando os homens chegavam muito cansados furavam os braços e as pernas para ficarem fortes.

Agora a gente só balança as roupas e todos os tarecos que tem para ficar forte.
(*Laureano*)

V

Um homem, dos antigos, ficou fora de casa à noite, sem fazer nada. Não queria ir dormir.

Naquele tempo tinha um *bicho* que vinha comer o resto da comida que a gente deixava pendurada na esteira. A gente podia vê-lo, era um pássaro grande, era *Gô-noêno-hôdi*.

À meia-noite o homem ainda estava lá fora, aí veio o *bicho* voando e começou a comer. Aquele homem viu e gritou pros outros virem olhar, mas atrapalhou o *bicho*, que, por isso, o pegou e foi subindo com ele.

Chegaram cinco homens, ainda pegaram na perna do companheiro e puxaram, mas o *bicho* não largava e com a força que fizeram o homem partiu; o *bicho* levou um pedaço, ficou só uma perna e um pedaço do corpo com os cinco homens.

O resto está lá em cima, chama *Agô-nagêna*; que quer dizer "sem uma perna". É o Cruzeiro dos brasileiros.
(*Matixúa*)

VI

Morava um velho e uma velha numa casa. Toda a noite vinha um *bicho* que comia o resto da comida que eles deixavam pendurada na esteira. O velho queria ver o que era e ficou sem dormir.

Padrões de desenho Kadiwéu VIII.

Padrões de desenho Kadiwéu VIII.

À meia-noite veio o *bicho*, era uma ema, e começou a comer o resto da comida que estava na cobertura da casa. O velho pegou um – o informante interrompeu a narração para perguntar aos outros índios presentes, em sua língua, o que tinham os antigos quando ainda não havia facas; não obteve uma resposta satisfatória e continuou, sem se perturbar – O velho cortou fora a cabeça da ema.

Ela é que está lá em cima agora. Chama *Apá-kaniko*; seus olhos são aquelas duas estrelas grandes (*alfa* e *beta* do Centauro) que ficam à esquerda de *Agô-nagêna* (Cruzeiro do Sul).

(*Segundo*)

VII

Uns homens estavam no mato tirando mel de uma árvore muito grossa; quando eles iam alcançando o cerne, acharam um menino feio, barrigudo, muito feio mesmo. Tinha umas pestanas grandes do tamanho do nariz.

Levaram aquele menino para casa. Ele foi logo pro terreiro brincar com a meninada; aí uns meninos tiraram um cabelo da pestana do barrigudinho e relampejou logo, a menina achou aquilo bonito e tirou mais, foi relampejando até que trovejou forte e caiu um raio que matou aquela criançada toda.

(*João Príncipe*)

VIII

Três meninos brincavam sempre até muito tarde, até depois da meia-noite, na frente da casa deles. O pai e a mãe nem se importavam.

Uma noite estavam brincando e já era muito tarde, então foi descendo do céu uma panela de barro muito grande, toda coberta de desenhos, vinha cheia de flores e ficou no meio do terreiro.

Você sabe como menino gosta de flor, não pode ver flor, tem que correr para apanhar.

Os meninos viram as flores e foram apanhá-las. Mas quando esticavam o braço para apanhar as flores, elas corriam para o outro lado da bacia. Assim os meninos foram entrando atrás das flores.

Já tinham entrado dois meninos e o outro estava só com uma perna de fora.

Aí, uma mulher da casa viu e disse para a mãe dos meninos:

— Vai ver o que está lá no terreiro, seus filhos estão brincando numa bacia bonita que você nunca viu.

A mãe da criançada foi olhar. Quando vinha chegando a bacia começou a subir, ela ainda agarrou a perninha do filho que não tinha entrado inteiro e puxou, mas a bacia ia com força e logo subiu; a mãe, puxando, quebrou a perninha do menino.

A bacia foi subindo e o sangue do menino escorrendo; mas era muito sangue, como se fosse de três ou quatro reses. O sangue correndo da perninha arrancada é a faixa vermelha do céu. Daí até hoje ela aparece quando dá uma chuvinha, antes do tempo da seca.

O sangue que correu fez no chão uma lagoa bem vermelha, perto da casa da mãe dos meninos.

Ela chorou muito e pediu a quem carregou seus filhos que ficasse com eles, já que tinha levado, mas que os tratasse como filhos.

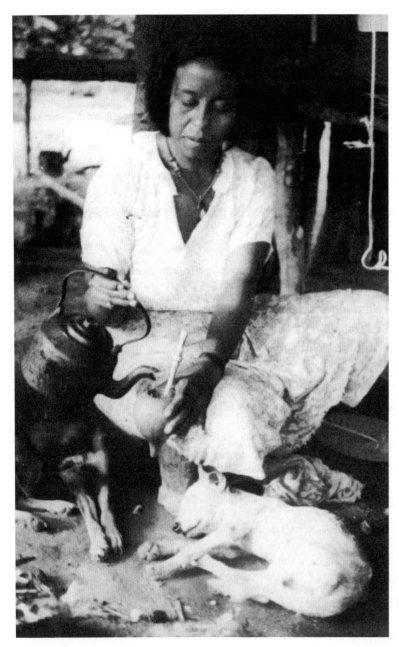
20. Servindo chimarrão.

Primeiro chegou uma arara, dessas que agora são verdes. Sim, naquele tempo nenhum bicho tinha cor, todos eram branquinhos. E até hoje os pintinhos de todos os bichos são brancos, depois é que vão mudando de cor.

A arara bateu na casa da mulher; quando ela apareceu a arara disse que tinha vindo ver a lagoa vermelha e falou o seu nome pra mulher saber quem era.

Foi banhar na lagoa e saiu bem vermelha, mas o sangue do menino começou a coçar muito no corpo dela, e como era muito quente, ela foi se esfregar na macega, por isso ficou verde e vermelha.

Chegou depois a arara de outra cor e depois a outra, todas falaram o nome pra mulher, se banharam e foram esfregar nalguma coisa, por isso tomaram as cores que têm até hoje.

Chegou, então, o urubu, era branquinho que nem os outros bichos, disse seu nome pra mulher ficar sabendo e foi tomar banho, mas não aguentou a quentura e foi depressa se esfregar. Encontrou um campo de macega fina queimada e se esfregou com a cinza. Por isso ficou bem preto. O urubu olhou pra sua cor e não achou boa, então apanhou cinza de macega grossa e esfregou nas pernas, por isso ficaram mais brancas.

Assim todos os bichos do mundo foram àquela lagoa, banharam-se e depois se esfregaram nalguma coisa. Os que não se esfregaram ficaram bem vermelhos, os que não foram à lagoa ficaram brancos.

Os homens também tomaram cor naquela lagoa do sangue do menino.

(*João Príncipe*)

Gô-noêno-hôdi e o Caracará

IX

Quando *Gô-noêno-hôdi* estava fazendo as coisas, *Caracará* andava com ele. Viu os pés de algodão que já davam novelo de linha feito e falou pro *Gô-noêno-hôdi*:

— Ó, o senhor não deve deixar isto assim não, senão estes safados dos Kadiwéu não fazem nada, senão as mulheres ficam à toa; deixa só o algodão no pé, pra elas terem que fiar a linha.

Gô-noêno-hôdi fez assim.

Quando o *Caracará* viu o mel que já dava numas cabaças grandes, era só levantar a mão para ter mel, ele disse pro *Gô-noêno-hôdi*:

— Não senhor, não é bom, não faça assim não, põe o mel bem no meio do pau que é para eles terem que cortar, senão estes safados não trabalham.

Gô-noêno-hôdi achou bom.

Antigamente, quando as roupas ficavam velhas, rasgadas e sujas, era só a gente balançar para ficarem novas outra vez. Mas o *Caracará* não gostou disso e falou pro *Gô-noêno-hôdi*:

— Não é bom, assim este safado não trabalha e a mulher dele também fica sem ter o que fazer. Quando uma roupa ficar velha, deixa acabar pra eles terem coragem de trabalhar e comprar roupa nova.

(Eu tenho visto na linha [E. F. Noroeste do Brasil] muitos homens que não têm mais roupa, nem camisa, nem chapéu, nem nada, porque não têm coragem de trabalhar.)

Quando *Gô-noêno-hôdi* fez a mandioca, a gente plantava e podia tirar as raízes para comer no outro dia, elas já estavam boas. Mas o *Caracará* disse pro *Gô-noêno-hôdi* que assim a gente não teria nada pra fazer, que era melhor a mandioca ficar na terra muito tempo para poder ser tirada. A bananeira também, a gente plantava e daí a dois ou três dias já tinha um cacho grande de bananas para comer.

Mas o *Caracará* falou pro *Gô-noêno-hôdi* fazer diferente e agora a gente planta bananeira e tem que esperar muito tempo para ter banana.

(*Apolinário*)

X

Antigamente quando a gente morria tornava a viver dois dias depois, era como se tivesse dormido.

Mas este *Caracará* vendo isso disse a *Gô-noêno-hôdi*:

— Não é bom, não pode ser assim, quem morre tem que morrer mesmo, não deve tornar a viver daí a três dias, o mundo já está cheio de gente que não cabe mais.

Gô-noêno-hôdi disse que estava bem e fez assim.

Aí morreu a mãe do *Caracará*, ele foi logo procurar *Gô-noêno-hôdi* chorando muito e pediu que desse vida a ela outra vez.

Gô-noêno-hôdi ensinou que pra mãe dele viver, bastava levar à sua sepultura um lírio vermelho (*Awá-timhá*) que tem um talo liso e dá muito no pantanal. Fazer a velha segurar na ponta do talo e puxar, aí ela levantaria já viva.

Assim fez *Caracará*, trouxe a flor, firmou bem as mãos de sua mãe no talo e puxou. Mas o talo era muito fraco e partiu com o peso da velha.

Caracará voltou chorando muito e contou a *Gô-noêno-hôdi* o que tinha acontecido, pedindo outro recurso. *Gô-noêno-hôdi* aí disse:

— Então não tem jeito, *Caracará*, sua mãe tem que ficar morta mesmo.

(Laureano)

XI

Gô-noêno-hôdi só comia peixe, tinha um jirau num rio e os peixes de noite pulavam de qualquer lado das varas, caindo nas palhas do meio do jirau.

Mas começaram a sumir os peixes. *Gô-noêno-hôdi* vinha bem cedo e não achava peixe nenhum para comer.

Ele então chamou a aniúma (*etahahá*) e pediu pra ficar vigiando, pra ver quem estava roubando os peixes. Mas a aniúma dormiu logo, não viu nada.

No outro dia *Gô-noêno-hôdi* veio e ela falou:

— Ó, eu dormi logo, não vi nada.

Depois *Gô-noêno-hôdi* experimentou o caborezinho (*étolitoli*), pediu para ele vigiar o jirau a noite toda. O caborezinho ficou, mas dormiu também e não viu os ladrões.

Gô-noêno-hôdi voltou no outro dia e ficou bravo com aquele caboré.

Então, chamou o carão (*gô-pôkoná*) e disse:

— Você quer fazer o favor de ficar aí olhando pra mim, quero saber quem é que rouba os meus peixes, você me diz depois.

O carão respondeu:

— Pois sim. E ficou a noite inteira cantando e olhando.

Gô-noêno-hôdi tinha dado caramujo para o carão comer, mas o *Caracará* botou cinza nos caramujos, por isso é que caramujo não tem gordura. Assim mesmo o carão ficou olhando e cantando a noite inteira e viu uma porção de gente, muita gente mesmo, roubando os peixes e sumindo no mato.

Quando *Gô-noêno-hôdi* voltou o carão disse:

— Eu vi muita gente, sumiram por ali — e mostrou o mato com a cabeça.

Gô-noêno-hôdi pegou seus dois cachorros que chamam *Djá-kôda* e *Uái-djuí-dá* e pôs no rastro. Os cachorros chegaram num buraco que tinha gente de todas as nações: nós, os brasileiros, os paraguaios, os Terena, todos.

Por isso não sou eu só que roubo, os brasileiros também roubam, quando a gente não é esclarecido, eles vão entregando as coisas pra gente e escrevendo, depois dizem que a gente gastou muito, que não tem mais saldo.
(*João Príncipe*)

XII

Quando *Gô-noêno-hôdi* estava tirando as nações do buraco (*ô-begi*), tirou os paraguaios e disse:
— Agora chega, já tem bastante nação.
Mas o *Caracará* lembrou que faltava tirar seus aparentados, os brasileiros.
Gô-noêno-hôdi achou certo e tirou os brasileiros quase do mesmo buraco. Por isso paraguaio e brasileiro parecem muito um com o outro. As outras nações já são diferentes, uns não entendem as línguas dos outros, porque cada um foi tirado de um buraco diferente.
(*Laureano*)

XIII

Caracará estava andando com *Gô-noêno-hôdi* dentro do buraco (*ô-begi*) onde estavam todos os homens e disse prá ele:
— Ó, o senhor já esqueceu de fazer a sua gente, não tem ainda os Kadiwéu.
Gô-noêno-hôdi falou assim:
— É mesmo, eu vou fazer a minha gente.
(*Laureano*)

XIV

O *Caracará* viu que ainda não tinha os Chamacoco e falou pro *Gô-noêno-hôdi*. Ele foi cagar e depois foi se limpando com uns paus e jogando no mato. Lá do mato os paus gritavam:
— *Dá-dêe* — que na língua dos Chamacoco quer dizer "amigo". Eram os Chamacoco, por isso é gente do mato.
Gô-noêno-hôdi os chamou e mandou esperar que ele ia voltar logo, ia arranjar alguma coisa prá eles.
Nesse tempo todas as nações já tinham casa, os brasileiros, os Terena, os Enimá, todos já estavam plantando roça.
Gô-noêno-hôdi estava demorando e os Chamacoco foram pro mato procurar comida. Quando ele voltou perguntou prá nós:
— Onde estão os Chamacoco que eu deixei aqui?
Nós respondemos que eles estavam no mato. *Gô-noêno-hôdi* foi, olhou pro lado donde vinha o barulho deles e disse:
— Deixa eles lá, coitados.
Até hoje os Chamacoco não têm casa, vivem andando no mato daqui pr'ali. Quando tem frutas num lugar eles ficam até acabar com elas, depois vão embora procurar outro lugar, são como caititu.
(*Laureano*)

XV

Quando *Gô-noêno-hôdi* fazia os homens, fez todos dois a dois; um homem e uma mulher de cada nação. Dois paraguaios, dois Kadiwéu, dois Terena e assim, de todas as nações.

Mas o *Caracará*, que estava andando com *Gô-noêno-hôdi*, viu que ele tinha esquecido de fazer mulher para o brasileiro. *Gô-noêno-hôdi* ficou com dó, foi lá onde estava o brasileiro, fez uma coisa de mulher, pôs na mão dele e disse:

— Espera aí, que eu já volto para fazer a mulher inteira para você.

Mas *Gô-noêno-hôdi* demorou e a coisa de mulher deu bicho e começou a feder; aí o brasileiro jogou fora.

Gô-noêno-hôdi voltou e perguntou ao brasileiro onde estava a coisa de mulher que ele tinha dado.

O brasileiro respondeu com muito medo:

— Ó meu Deus, bicho deu naquilo e eu tive que jogar fora.

Gô-noêno-hôdi, então, disse:

— Agora vocês têm que trabalhar prá comprar mulher.

E até hoje é assim. Eu não preciso gastar nem um tostão, quando quero uma mulher vou falar com a mãe dela e com o pai também, eles me dão a mulher e eu não tenho que dar nada. Mas os brasileiros têm que comprar suas mulheres.

(*Apolinário*)

XVI

Gô-noêno-hôdi, nosso deus, é assim como um homem muito pobre. Ele vem às vezes na casa da gente ou passa perto para ver como os pobres dele estão vivendo. *Caracará* de nosso deus chama *Gô-niá-juhúd* e esse caracará aí do campo chama *Lá-min-nigô*.

(*Apolinário*)

XVII

Gô-noêno-hôdi estava viajando com o *Caracará* e como ia ficando de noite ele disse:

— Ó *Caracará*, se encontrarmos casa de gente morena nós paramos, se for casa de gente branca passamos adiante.

Logo depois o *Caracará*, que já estava cansado, deu uma volta no caminho e veio dizendo que tinha casa de gente muito boa perto dali, convidando *Gô-noêno-hôdi* prá pousar lá.

Era casa de gente branca, mas fiado na palavra de *Caracará*, *Gô-noêno-hôdi* foi para lá. Depois de chegarem, ele começou a rezar com o *Caracará*.

Aí veio o dono da casa e disse:

— Eu não quero saber de reza aqui não, parem com isso depressa.

Gô-noêno-hôdi continuou rezando com o *Caracará*, então o branco voltou, amarrou *Gô-noêno-hôdi* numa cama e o *Caracará* na outra e deu uma surra de laço de pegar gado no *Caracará*, deu uma volta e pensando que estava batendo no velho que era *Gô-noêno-hôdi*, deu outra surra de laço no *Caracará*.

Até hoje os brancos são assim, gente ruim que maltrata os índios.
(*Apolinário*)

XVIII

Quando ainda não existia gente no mundo tinha já uma mulher, ela não tinha malícia nenhuma. *Gô-noêno-hôdi* fez um menino e deixou perto dela, a mulher olhou o menino e achou engraçado. Disse logo:

— Ora, até parece gente, tem tudo de gente, mas é muito pequeno prá ser gente. Não pode andar, nem pode sentar.

A mulher não sabia o que fazer com aquele menino e o jogou no mato.

Aí chegou *Gô-noêno-hôdi* e disse:

— Minha filha, agora você não vai saber criar seus filhos, vem comigo.

Saiu com aquela mulher por ali, mostrou a ela uma touceira de macega e mandou puxar a macega. A mulher foi, quando puxou caiu num buraco e viu lá dentro nossa gente.

Gô-noêno-hôdi tinha dado àquela mulher um fuso e um caroço de algodão, recomendou que guardasse bem aquilo, não era coisa de comer, mas a seu tempo teria serventia. E mandou a mulher esperar até que ele voltasse com mais coisas para dar a eles, daí a seis dias, não, sete dias.

Mas os patrícios não esperaram, foram andando, comendo frutas no mato, e a mulher achou que o fuso e a semente estavam estorvando, deixou num cisco, dizendo que se precisasse voltaria para buscar. Seguiram.

No dia marcado *Gô-noêno-hôdi* chegou e não encontrou ninguém. Vinha com cargueiros de todas as coisas boas para os Kadiwéu, o seu povo, seus filhos, e eles não estavam.

Então, *Caracará* que estava com *Gô-noêno-hôdi* disse:

— Eles estão aí no mato comendo fruta, vamos atrás que ainda encontramos.

Eles foram atrás, andaram sete dias sem achar. Então *Gô-noêno-hôdi* deixou as montanhas e a carga toda num pouso e seguiu com o *Caracará* de a pé. Logo encontraram. O pessoal estava todo no mato, um trazia coco acuri, outro trazia namocoli, outro mel e todos gostavam.

Gô-noêno-hôdi disse que não queria assim, que era pra todos os povos fazerem suas roças, mas como estavam gostando, que ficassem assim mesmo: andando toda a vida, cinco anos num lugar, cinco no outro, sem ter parada e comendo frutas do mato.

E nós ficamos assim até hoje, tem tapera nossa em tudo quanto é lugar e já fomos donos do mundo inteiro, andamos em tudo que foi terra.

Já os brasileiros têm de tudo, porque quando *Gô-noêno-hôdi* os tirou de uma touceira de taquaruçu, pegou o brasileiro pelos cabelos e puxou, ele veio com as mãos levantadas para segurar o cabelo, de costa para *Gô-noêno-hôdi*, quando virou e viu a cara dele, o brasileiro juntou as mãos e pediu a bênção.

Gô-noêno-hôdi gostou, riu e disse:

— Ó, esse é meu aparentado, tirei tudo quanto é gente e ninguém pediu a bênção.
Por isso deu tudo a eles, máquina de fazer pano, de fazer enxada, fuzil e tudo.
(*João Príncipe*)

XIX
Tinha uma cobra muito grande numa lagoa. *Gô-noêno-hôdi* quis matá-la e pediu emprestado o bico do jaburu que é muito grande. Vestido como jaburu, foi experimentar se podia matar a cobra. Mas achou que o jaburu era muito lerdo e não quis.

Depois pediu emprestada a pele de outro bicho mas também não quis.

Gô-noêno-hôdi aí foi conversar com o martim-pescador que é muito ligeiro, para pedir a pele dele emprestada. Martim-pescador não quis emprestar. Mas *Gô-noêno-hôdi* no meio da conversa pulou no martim-pescador, rasgou a pele dele pelo peito e foi, vestido com ela, experimentar se podia matar a cobra. Achou que martim-pescador era bicho bem ligeiro e que servia.

Aí ele voou por cima da cobra até ver onde estava o coração dela, quando achou o lugar, voou outra vez, bem alto, voltou ligeiro e deu uma bicada bem no meio do coração da cobra e subiu.

A cobra antes de morrer ainda teve tempo de jogar uma pedra no martim-pescador. A pedra pegou bem no traseiro dele. Por isso até hoje o martim-pescador quando voa, dá aquelas viradinhas com o traseiro, como se estivesse levando pedrada.

Quando a cobra estava morta, *Gô-noêno-hôdi* chamou os bichos para receberem gordura. Vieram todos correndo, na frente vinha a onça e o veado, que são os mais ligeiros, mas como estavam muito longe, receberam pouca gordura. O porco e o gado que estavam ali perto receberam mais.

A onça quando chegou comeu muito, mas como já estava cheia, deixou um pedaço bem quadrado em cima de uma pedra e ficou olhando. Os bichos todos queriam comer aquele pedaço, mas não podiam tomar da onça, que é bicho bem bravo. Então veio o jacaré, foi chegando devagar, bocou o pedaço todo e correu. A onça saiu atrás dele, aí o jacaré entrou na lagoa e a onça, como não podia entrar, disse que ele tinha que ficar lá, que jacaré não podia mais sair no campo.

O jaboti, que é bem mole e estava longe, chegou por último, mas os outros bichos tinham lambuzado o chão com a banha da cobra, ele comeu aquela lama com gordura, por isso tem um fígado que é só gordura, é preto, mas é gordura mesmo.
(*Laureano*)

XX
Gô-noêno-hôdi estava andando e encontrou um homem morto, partido ao meio, ele tomou a parte da cabeça e fez um menino, que ficou sendo *Godá-kil* (o da cabeça); da outra parte ele fez *Godá-txák* (o das pernas).

Padrões de desenho Kadiwéu IX.

Padrões de desenho Kadiwéu X.

Os irmãos foram andando, passaram pela casa de uma velha que os chamou para comer, mas *Godá-kil* viu umas sementes num prato e esperou a velha afastar-se para roubá-las. Quando a velha saiu ele escondeu as sementes na boca.

A mulher voltou e os dois irmãos pediram para ir embora, ela, que não sabia de nada, os deixou sair. Quando estavam fora da casa, já longe, a velha deu por falta das sementes e disse:

— Foram aqueles meninos que roubaram minhas sementes.

Saiu correndo atrás deles. Mas os dois irmãos vendo a velha, jogaram as sementes no campo. Logo nasceram muitas árvores iguais àquela, chama *Niká-hal* (algarobeira).

Depois os meninos viram que a árvore dava uma fava como feijão com uma capa muito doce e quiseram voltar para roubar mais.

A velha tinha feito uma armadilha no lugar onde eles passavam sempre e quando voltaram, caíram na esparrela. Aí *Godá-kil* tirou cinza do bolso, deu para *Godá-txák* e disse:

— Vamos pôr esta cinza na boca para dar bicho, quando a velha chegar pensará que nós já morremos.

Daí a uns dias apareceu a velha, quando viu os meninos, ela falou:

— Coitados. Os meninos agora estão mortos, vou levá-los prá casa e enterrar.

Levou os meninos, lá eles esperaram a velha sair e roubaram mais sementes.

Então eles foram para casa, porque tinham casa. A mãe vendo-os, disse:

— Ó, eu não quero que vocês andem por aquele lado, lá tem uma velha que faz armadilha para matar menino.

Godá-kil, que era o mais velho, disse:

— Ora, nós já fomos lá, ela nos pegou na armadilha, mas nós fizemos de mortos e roubamos as sementes do *Niká-hal* (algaroba), agora o mato está cheio deste feijão.

Aí a mãe disse:

— Não quero que vocês andem daquele outro lado, meus filhos, porque lá está a tampa do vento.

Os meninos responderam:

— Então nós não vamos lá, mãe.

Mas logo foram praquele lado mesmo. Chegaram perto da tampa do vento e ouviram o barulho dele lá dentro fazendo zum. Aí eles abriram a tampa, o vento saiu derrubando tudo, derrubou a casa da velha e a casa da mãe deles também.

Quando voltaram a mãe deles falou assim:

— Alguém andou mexendo na tampa do vento, agora nós não temos mais casa, os nossos tarecos todos voaram, quem sabe para onde.

Os meninos não disseram nada, mas foram eles mesmo que andaram abrindo a tampa do vento.

Depois disso, a mãe deles aconselhou assim:

— Vocês não podem ir daquele outro lado também, lá tem uma velha que pega gente na armadilha e, quando é homem tira a coisa dele fora.

Os meninos saíram andando, aí *Gôda-kil* disse:

— Lá não podemos ir por causa da velha do feijão; do outro lado também não podemos por causa da tampa do vento, vamos por aqui mesmo para ver como é essa velha.

Andando por ali acharam uma armadilha grande feita pela velha. *Godá-kil*, o irmão mais velho, tornou a falar pro outro:

— Vamos pôr cinza na boca para dar bicho e entrar na armadilha para a velha nos levar e a gente ver como é a casa dela. E assim fizeram.

Esta velha tinha dentes lá nela e cortava a coisa de quem a cobria. Ela chegou, viu os meninos lá dependurados, cada qual por um pé. Viu que a coisa deles era muito grande, mas a besta da velha não sabia que as coisas dos meninos ardiam como pimenta e que nenhuma mulher podia aguentá-los.

A velha disse:

— Coitados dos meninos, estão mortos e bichados.

Mas quando lidava com a armadilha viu que não estavam mortos e os chamou prá ver a casa dela. Lá deitou-se com os dois na cama e foram ver quem é que ia cobri-la primeiro. *Godá-kil* falou prá *Godá-txák*:

— Quero ver se essa velha me aguenta, posso ficar dentro dela dois dias e duas noites.

O outro respondeu:

— Eu também.

Aí *Godá-txák* subiu na velha, deu um grito e saiu correndo, a velha tinha cortado a coisa dele fora. *Godá-kil*, então subiu, mas saiu logo, também sem a coisa dele. E a velha estava gritando porque as coisas dos meninos ficaram dentro dela e ardiam muito.

Essa velha sabia que os meninos iam voltar e pôs duas laranjas venenosas para matá-los. Os meninos voltaram, roubaram as laranjas e quando acabaram de chupar, caíram mortos.

(*Lobinho e Laureano*)

XXI

Quando *Gô-noêno-hôdi* estava fazendo o mundo fez o sol e depois a lua, o sol para clarear o dia e a lua para a noite ficar clara também.

Mas aí *Caracará* disse:

— Assim patrão ruim mata os pobres de tanto trabalhar, não vão poder descansar, trabalham de dia, vão comer e depois o patrão ruim vai querer que eles trabalhem de noite também.

Gô-noêno-hôdi achou bom assim e fez a lua como está, bem escura, não dá para trabalhar, a gente tem que descansar e dormir.

(*Matixúa*)

Os heróis-xamãs

XXII

Dois patrícios eram muito amigos, um deles morreu, o outro ficou triste e, de noite, foi dormir no cemitério. Ficou por lá uns três dias, mas nunca encontrava o amigo.

Uma noite ele veio, acordou aquele patrício e perguntou o que queria. Ele respondeu que estava triste, por isto tinha ido ao cemitério. O morto não falou nada, porque pensava que o outro é que tinha morrido. Quando morre uma família inteira, ficam todos juntos outra vez, nem sabem que morreram; quando morre um só ele fica chorando sozinho, pensa que os outros é que morreram.

Aquele homem ficou junto com os mortos, andando com eles por ali.

Um dia saíram para caçar, o companheiro deu um cavalo para aquele patrício montar e disse:

— Nós vamos caçar veado branco, mas cuidado, você não pode bater neste cavalo.

Eles foram, quando estavam no campo o homem viu um veado e já saiu correndo atrás, esqueceu de tudo e bateu no cavalo que virou esqueleto, caiu ali mesmo o couro, como cinza.

O companheiro foi adiante, matou um veado branco, carneou e trouxe a carne na garupa. Mas para eles os cupins são os cervos e veados, e carne é esta folha de paineira que é muito vermelha. Quando juntaram, o patrício disse:

— Ó, já estou sem montada. — E o morto respondeu:

— Eu não falei prá não bater — e foram adiante.

Aquele homem voltou para contar como era lá, por isso nós sabemos. Depois ele foi outra vez andar com os mortos.

Um dia o companheiro mostrou uma moça bonita, toda cheia de fitas de cor e disse:

— Eu quero que você case com aquela moça lá, é bem bonita.

O patrício foi falar com a mãe e o pai da moça, depois casou. De noite ela estava ali junto e o homem que era vivo falou: — "Vamos...?"

Ela perguntou de que ele estava falando; o homem repetiu:

— Pois nós não vamos...? — e foi passando o braço para abraçar a moça, mas não achou carne e não pôde abraçar nada. A mulher perguntou:

— Que é isso, é passarinho?

Lá eles esqueceram toda safadeza, não têm malícia nenhuma.

Aquele homem voltou pro meio de nossa gente, mas morreu logo. Tudo que comia, vomitava, foi emagrecendo até que morreu mesmo.

(*Nagapi*)

XXIII

Netíue era *padre* poderoso, no tempo dele tinha muita gente. Ele quis fazer uma safadeza, então chamou os homens e disse a um deles:

— Faça um pau de cerne de aroeira bem forte e venha cá.

O homem trouxe, aí o *padre* falou:

— Agora pode me matar com ele, mas você avisa antes assim: "Olha, já vou te matar", aí desce o pau.

O homem fez como o velho tinha falado, era um homem bem forte. Ele falou: "Já vou te matar" e desceu o pau, mas o velho virou pedra e ele bateu foi na pedra, bateu muito mas não valeu nada. Depois o *padre* virou gente outra vez.

Esse *padre* mandava chamar as mulheres que queria na casa dele para fazer safadeza e ninguém podia matá-lo. O *padre* velho não morria.

Um dia o irmão de *Netíue* que estava caçando, chegou e viu a mãe dele chorando muito. Perguntou à velha o que tinha e ela respondeu:

— Sua mulher também já foi, *Netíue* já levou ela prá fazer safadeza. Já está na casa dele.

Então os homens todos resolveram mudar dali, fazer a aldeia nova em cima de um morro e largar o *padre* lá. Foram todos fazendo casa e mudando, o *padre* ficava lá sozinho. O irmão dele saiu para campear uma aroeira bem forte, fez um pau pesado, chegou perto do *padre* e disse:

— Olha que pau mais forte.

Netíue perguntou:

— Prá que essa aroeira trabalhada tão forte?

O outro falou:

— Eu queria um pau para caçar, é de aroeira forte mesmo. — Falou assim e já foi batendo com o pau na cabeça do *padre*, sem avisar nada. O *padre* caiu e tornou a sentar, o homem bateu outra vez e ficou batendo mais, já estava cansado, mas o velho sempre levantava, não morria.

Então o homem, que era irmão dele, abriu as pernas do *padre* e bateu bem ali nos bagos, aí ele morreu.

Era *padre* forte esse *Netíue*. Os *padres* de hoje ainda chamam ele prá pedir um *bicho* quando querem matar gente.

(*Apolinário*)

XXIV

Tinha um *padre* muito curador. Aquele *padre* queria muito ver *Gô-noêno-hôdi*, tava sempre falando que tinha precisão de um recurso. Era *padre* mesmo, curava tudo que era doença, mas ele queria fazer outro serviço.

Via aqueles velhos que iam enfraquecendo até morrer, queria fazê-los viver outra vez. Ele costumava conversar com os paus, aí um dia, um pau já bem seco falou prá ele:

— Ó já estou bem velho, agora não tem mais salvação; veja como estou seco, quando chegar o fogo do campo, acabou eu. Vou queimar todo.

Aquele *padre* queria dar um jeito. Precisava ver *Gô-noêno-hôdi* para pedir poder de fazer aquele serviço. Falava sempre com os *bichos* que queria ver *Gô-noêno-hôdi*. Ele era *padre*, havia de poder arranjar um jeito.

Aí um dia um *bicho* arranjou o jeito. Levou o *padre* lá no campo onde está *Gô-noêno-hôdi*. Era tudo igual que o nosso campo, tinha rio, pastaria, bastante caça e bastante peixe. O *padre* foi andando ali, tinha muita caça e o povo que morava lá era nosso mesmo. Tinha movimento grande, caçador que vinha carregando veado branco, cervo, jaboti, tudo que era caça.

Aí uma mulher viu aquele homem e falou prás outras:

— Olha, ali vai uma gente de fora que nós nem nunca vimos por aqui.

Foram conversar com ele, a mulher falou assim:

— Ah! é verdade, o senhor há de ser *padre* mesmo, veio andando por aqui adonde estamos. Conversaram. O *padre* queria era ver *Gô-noêno-hôdi*. Falou prá mulher:

— É, eu vim procurar *Gô-noêno-hôdi* para conseguir um recursozinho. É por aqui a morada dele?

A mulher foi, mostrou uma casa ali bem junto:

— É ali que ele mora, pode ir lá.

Ele foi andando pr'aquela casa, quando chegou, perguntou:

— Sim senhor, meu senhor, o senhor é *Gô-noêno-hôdi*?

O dono respondeu:

— Não senhor, eu sou o cuspe dele. O senhor vai adiante que acha a morada dele.

Ele andou mais. Aí encontrou outra casa, tornou a perguntar:

— Sim senhor, meu senhor, o senhor é *Gô-noêno-hôdi*?

— Não senhor, eu sou o cabelo dele, o senhor vai adiante que acha a morada.

O *padre* foi andando, passou muitas casas cada uma tinha um dono, mas não era o *Gô-noêno-hôdi* mesmo; era a unha dele, a bosta dele, a urina dele, porque onde ele cortava a unha, o cabelo ou deixava alguma coisa dele, ali mesmo ficava um morador.

Depois aquele *padre* achou mesmo a casa de *Gô-noêno-hôdi*, era um ranchinho como de pobre. Mas o *bicho* já tinha avisado prá tomar cuidado, não facilitar, se *Gô-noêno-hôdi* desse prá ele um cachimbo, que não fumasse, senão virava bicho. Quando *Gô-noêno-hôdi* encheu o cachimbo e ofereceu, ele fez que não viu nada, ficou ali parado. Aí *Gô--noêno-hôdi viu* que daquele jeito não dava mesmo. Fez um cigarro pr'aquele *padre*; mas o *bicho* já tinha avisado prá ele não pegar no cigarro mesmo, disse prá agarrar o sovaco de *Gô-noêno-hôdi*, assim pegaria o cigarro, se fosse pegar diretamente, virava um bicho qualquer. O *padre* fez bem assim. Aí *Gô-noêno-hôdi* falou prá ele:

— Sim, senhor, o senhor é sabido mesmo, aquele cachimbo tinha era bosta de onça, se o senhor fumasse, já era onça nesta hora. O cigarro também o senhor não pegou. Estou vendo que o senhor sabe bem das coisas, o que é que o senhor quer?

Aí aquele *padre* falou o que queria: – era um recurso pr'aquele serviço – pros velhos tornarem a ficar novos e pros paus secos tornarem a verdejar. *Gô-noêno-hôdi* falou assim:

— Sim senhor, eu arranjo isto pro senhor. E chamou a filha dele.

— Ó minha filha, traga aí aqueles pentes.

Mas o *padre* já sabia, o *bicho* tinha contado, se ele olhasse aquela moça, prenhava ela, e não podia voltar prá casa. Ele não olhou, a moça chegou por ali com os pentes, mas ele só olhava pro chão.

Aí *Gô-noêno-hôdi* viu que aquele homem era bem sabido, prometeu dar prá ele o recurso que queria.

— Sim, senhor, olhe aqui estes pentes. O senhor querendo que um que morreu torne a viver é só pentear o cabelo dele. Mas tem que ser no mesmo dia que morreu, senão não faz nada.

Gô-noêno-hôdi mandou buscar um morto, um que tinha morrido naquele dia ainda cedo, o *padre* aí começou a pentear os cabelos daquele defunto; logo ele abriu os olhos e começou a conversar, já estava vivo outra vez. Mas o *padre* queria também o recurso para fazer os paus secos tornarem a viver, pediu a *Gô-noêno-hôdi* aquele recurso. *Gô-noêno-hôdi* tornou a chamar a filha dele:

— Filha, ó minha filha, traz aí aquela resina.

Veio a moça trazendo o que o pai dela pediu, mas o *padre* não olhava prá ela. Aí ele viu que o rancho de *Gô-noêno-hôdi* não era mais um rancho pobre, já era uma casa bem boa, de material como casa de fazendeiro rico, tinha uma mesa destas bem bonitas. *Gô-noêno-hôdi* falou assim:

— Sim, senhor, o senhor passa esta resina aí naquela mesa prá ver se serve prá o seu serviço.

O *padre* passou a resina e a mesa começou logo a brotar, daí a pouco já era uma árvore alta, cresceu dentro da casa e foi furando o telhado prá cima. Aí *Gô-noêno-hôdi* falou:

— Sim senhor, agora o senhor pode ir embora prá sua casa, já fez tudo que tinha que fazer e já tem o recurso que queria.

O *padre* pegou aquelas coisas e já foi saindo, quando estava na estrada, *Gô-noêno-hôdi* mandou a filha chamá-lo prá entregar um pedaço de fumo que tinha esquecido. A moça começou a gritar pelo *padre* que já estava longe, gritava, gritava. O *padre* não queria olhar, mas olhou. Quando os *bichos* pegaram na cabeça dele para não virar, ele já tinha olhado o dedão do pé dela. A moça já estava prenha dele. Só aquela olhada prenhou a moça. Aí *Gô-noêno-hôdi* falou:

— Sim, senhor, o senhor pode ir, mas já tem um filho aqui e precisa cuidar dele.

O *padre* foi embora, mas logo morreu e voltou pr'aquele lugar, prá cuidar do filho que tinha largado lá.

(*João Príncipe*)

XXV

Antigamente tinha um *padre* muito poderoso, chamava *Ipéke-liwilã* (pele sobre os ossos) porque era muito magro. Ele saiu um dia para ver *Gô-noêno-hôdi*.

Chegou num campo onde tinha muitas fogueiras com gente esquentando fogo. Ele foi numa fogueira e disse que tinha vindo prá falar com *Gô-noêno-hôdi*. O homem que estava à beira do fogo, mandou ir adiante.

Na outra fogueira *Ipéke-liwilã* falou assim:

— *Gô-noêno-hôdi*, eu vim para falar com o senhor.

O homem falou que era o ajudante de *Gô-noêno-hôdi* e mandou ir adiante, na outra fogueira, *Ipéke-liwilã* foi em todas, na última ele encontrou *Gô-noêno-hôdi*, que falou assim:

— *Iê-ô Kubê-gád*? que quer dizer: — "vamos fazer um cigarro?" — porque cigarro na língua de *Gô-noêno-hôdi* é *Obé-gád*.

Gô-noêno-hôdi fez um cigarro e deu para o *padre*, mas ele estava com o *bicho* e viu logo que o cigarro era de bosta de cachorro, quem fuma este cigarro vira logo onça. Ele não quis.

Gô-noêno-hôdi fez outro, este de fumo, pegou numa pontinha e deu para o *padre*, mas o *padre* estava com o *bicho* junto dele e sabia que prá pegar o cigarro não podia segurar o cigarro mesmo, precisava pular e pegar bem firme no sovaco de *Gô-noêno-hôdi*. Assim fez o *padre* e o cigarro ficou na mão dele, ele começou a fumar e conversar. Falou que tinha ido lá por causa de outro *padre* que andava querendo matá-lo.

Quando o *padre* foi embora *Gô-noêno-hôdi* chamou a filha dele para mostrar o caminho, era para ele não se perder. Mas falou para o *padre*:

— Vou chamar minha filha moça para mostrar o caminho, mas você não pode olhar prá ela, tem que ir sem olhar para trás.

O *padre*, sem querer, conversando com o *bicho* dele viu o dedão do pé da filha de *Gô-noêno-hôdi* e ela ficou logo barriguda, o olho dele prenhou a moça.

Quando o *padre* voltou já era dia, o outro *padre* inimigo dele, estava numa roda de gente, cantando. Mas *padre* não pode cantar de dia, *Iképe-liwilã* foi, sentou ali perto e ficou só escutando. O outro começou a falar que queria mostrar que era mais forte.

Quando já era noite os dois *padres* começaram a chamar os *bichos* deles, um chamava um *bicho* e dava para o outro engolir para ver se aguentava a força dele. Assim foram a noite toda, mas os *padres* engoliam e o *bicho* logo saía. De madrugada *Ipéke-liwilã* falou que os *bichos* dele já tinham acabado, aí o outro disse que os dele também acabaram, mas lembrou que tinha ainda um e chamou, era *bicho* que o outro não conhecia, não sei o nome, é uma lagarta assim (1 polegada) que come folha de árvore, deu para o outro engolir e este não saiu.

Já era dia outra vez e os *padres* foram para casa. *Ipéke-liwilã* quando foi saindo chegou perto de um cavalo morto já bichado, bateu na barriga dele, o cavalo levantou, ele montou e foi embora. Chegou em casa e já disse para a mulher que ia morrer porque tinha um *bicho* comendo a barriga dele. Aí ele foi para o terreiro, mexeu, mexeu, até o *bicho* sair, ele pegou e pendurou em casa de cabeça para baixo, o *bicho* ficou lá com os dentes fazendo cru, cru, cru, uns nos outros.

Uma hora o *bicho* caiu no chão e tornou a entrar no *padre*. Aí toda a gente daquela aldeia já tinha saído para procurar alguma nação e tomar os meninos e os tarecos deles. O *padre* disse para a mulher que ele ia atrás, ela não queria, disse que ele estava doente e não podia andar com os outros. *Ipéke-liwilã* chegou junto do cavalo morto, tornou a levantá-lo, montou, apanhou a cabeça e o penacho e seguiu os outros; ele queria era matar o outro *padre*. Quando juntou com sua gente, o outro *padre* estava lá, ele cantou, chamou um *bicho* preto comprido (20 cm) parecido com lobo. Este *Ipéke-liwilã* também foi emagrecendo até morrer.

(*Laureano*)

XXVI

No meio do terreiro tinha umas mulheres conversando. Foi uma, olhou para cima e falou assim:

— Queria casar com *Nibetád* (Sete Estrelas) é tão bonito.

Depois aquelas mulheres saíram dali. Logo mais, à noite, viram um homem, vinha andando para o lado delas. Então ficaram perguntando umas pras outras quem era aquele homem bonito que vinha lá, ninguém sabia. Aí ele chegou perto da mulher que deu aquela fala e disse:

— Pois você não queria casar comigo, já vim casar com você, eu sou *Nibetád* que você chamou.

Casou com aquela mulher Kadiwéu. No outro dia já foi plantar roça, mas plantava batata ou mandioca, milho, de tudo, num dia e no outro já estava colhendo. Aquela mulher teve dois filhos deste homem e aí ele foi embora.

Os filhos dele ficaram *padres*. Vinha um doente e eles já curavam. Um filho de *Nibetád* chamava *Gawé-txéheg* e o irmão dele chamava *Nõmileka*. Um dia a mulher de *Gawé-txéheg* estava andando no mato com uma lata vazia e encontrou um rapaz melando num angico, o rapaz encheu a lata de mel e ela levou para casa.

Depois veio gente contando que tinha um homem morto no mato, foram ver o que era e aquela mulher já disse:

— Ó, este é o homem que me deu mel, foi mordido de cobra, o coitado.

Gawé-txéheg mandou chamar o irmão dele para curar o homem, o irmão carregou o homem para casa, mas não podia tirar o dente da cobra. Ele estava morto mesmo. Aí *Gawé-txéheg* ficou bravo, levou o homem para sua casa, cantou, chamou um *bicho*, um passarinho. O *bicho* entrou no homem e começou a tirar a terra que estava na barriga dele. Quando a gente morre, a barriga já fica cheia de terra; aquele *bicho* era o passarinho que tem os pés como pá, ele tirava a terra batendo a asa e cavando com os pés.

Gawé-txéheg estava bravo com o irmão porque ele não sabia tirar dente de cobra. Então era tempo de milho e a mulher dele estava fazendo mingau, ele falou assim:

— Vai chamar meu irmão, eu quero comer com ele.

A mulher de *Nõmileka* falou:

— Não vai lá, seu irmão está querendo matar você.

Mas ele foi. Chegou na casa, *Gawé-txéheg* o mandou sentar, deu uma colher e disse que já podia comer. Mas tinha posto um curimbatá dentro da panela de mingau quente, quando *Nõmileka* encostou a colher, o peixe que estava vivo pulou e jogou o mingau quente nele. *Nõmileka* voltou para casa e disse:

— Agora eu já estou todo queimado, mas não vou morrer.

Gawé-txéheg queria matar o irmão, mandou chamá-lo para pescar no campo limpo. Foram os dois e começaram a jogar linhada no campo seco, no meio da macega, jogavam e gritavam *Lodjá-kabi-djág* que é nome de um rebojo do rio Paraguai que tem muito peixe. Quando puxava a linhada já tinha pescado um pacu. Todos dois pescaram assim no campo seco. Quando iam voltando para casa, veio um gavião voando e arrancou a cabeça de *Gawé-txéheg*, ele pegou um destes cupins, pôs em cima do pescoço e foi para casa, falou prá mulher dele:

— Agora já estou morto, não tenho mais cabeça.

De noite ele saiu para procurar a cabeça, campeou muito, mas não achava, depois ele a viu inteirinha dentro da casa de *Uétxé-ligi* que é um *bicho* dos *padres*. A casa dele é como vidro, a gente pode ver tudo que está dentro dela, mas é bem fechadinha, nem mosquito, nem vento entra lá dentro. Aí *Gawé-txéheg* morreu, já estava sem cabeça.

Nõmileka ficou feiticeiro, matava muita gente, todo mundo já tinha medo dele, então seu irmão mesmo resolveu matá-lo. Mandou chamar muitos homens e combinou um jeito com eles. Foram todos para a casa de *Nõmileka*, mas ele já sabia de tudo. Falou prá mulher dele:

— Meu irmão já quer me matar, vem gente aí, muita gente, muita gente já está no caminho, mas pode deixar, estes não me matam.

Os homens chegaram, ele mandou sentar e deu comida para eles. Quando estavam no terreiro montando nos cavalos, daqueles homens todos, ninguém lembrava do que vinha fazer e seguiram viagem; no meio do caminho foram ficando fracos e morrendo, só escapou um. Este foi prá casa do irmão de *Nõmileka* e contou o que tinha acontecido, todos aqueles homens esqueceram de matar o feiticeiro e morreram; o irmão dele falou:

— Pode deixar, agora eu vou matá-lo.

Saiu, mas *Nõmileka* já sabia de tudo e falou prá mulher dele:

— Agora não tem mais jeito, vou morrer mesmo. Meu irmão vem aí, já está na estrada. Você não faz nada, deixa ele me matar, não tem jeito mesmo; mas não deixa ninguém me tirar do chão no lugar onde eu morrer, eu tenho um *bicho* que vem me salvar.

Assim foi. O irmão chegou e matou *Nõmileka* com uma flechada e a mulher o deixou caído ali no chão mesmo, ninguém mexeu.

Nõmileka tinha uma cativa que era casada e o marido dela tinha um cachorrinho magro, bem pequeno que ficava sempre andando por ali. De noite saiu do rio uma capivara grande com uma porção de capivarinhas gritando atrás, chegaram junto de *Nõmileka*, a capivara tirou a flecha e levantou a cabeça dele para as capivarinhas lamberem o sangue da ferida; *Nõmileka* começou a mexer, mas aí chegou o cachorro da cativa e espantou as capivaras, elas saíram correndo para o rio. *Nõmileka* ficou morto mesmo.

(*Laureano*)

XXVII

Todos os bichos do mundo têm dono, todas as coisas têm seu dono, até as árvores têm seu dono. Um caçador vai caçando durante muitos anos, mata muito bicho, mas chega um tempo que ele não pode caçar mais, tem que fazer outro serviço. Onça a gente pode matar 220, quando mata mais cinco já não pode mais. Olha eu, era caçador mesmo, agora nem cachorro posso criar; vão crescendo, quando chegam no tempo de caçar, morrem todos. E se teimar a caçar, a gente mesmo pode morrer.

Um homem saiu caçando queixada, todo dia ele matava quatro ou cinco e deixava muitos baleados, aí nestes matos. Um dia ele saiu para procurar queixada, vivia só de vender couro, a carne largava no mato. Não achava nenhum neste dia; andou, andou, depois achou um que já tinha baleado, viu dois mais e viu outro, e depois outro, viu a estrada cheia deles, foi andando e, aí, ele encontrou dois velhos, um velhinho e uma velhinha, estavam com uns pauzinhos escorando um queixada que ele tinha baleado; eram os donos dos bichos; todos os bichos têm dono e as coisas também têm.

Por que nos bichos não dá berne, não dá peste, quando a gente mata acha bem limpos? Tem o dono que cuida deles; é como criação, se a gente não cuida, morre tudo pesteado e com berne, carrapato, bicheira. Tem que cuidar para a criação vingar. Os bichos também, o dono solta e manda ir prá um lado, eles vão, mas no dia certo voltam naquele lugar para encontrar o dono deles.

Com os paus é a mesma coisa. Vê eu, trabalhei três anos lá no Carandazal, tirando lenha. Um dia vi um velho sentado na linha [EFNOB] gritando; gritava feito carneiro, era gente, mas gritava deste jeito. Naquele tempo eu sempre tinha um dinheirinho que ganhava, tirei meus cinco mil-réis e fui lá falar com o velho. Cheguei e falei prá ele:

— Olha aqui meu velho, toma prá comprar alguma coisinha.

O velho olhou prá mim assim com o olho do lado e respondeu:

— Não, meu filho, eu não vim prá pedir nada, não, não preciso disto.

Depois ele tornou a olhar e perguntou:

— Você é lenheiro?

Eu falei que era e ele logo foi dizendo:

— Ouça, meu filho, larga do machado, este serviço não presta, não. Estão tirando os paus todos, você está vendo estes paus, eles todos têm dono, um passarinho faz casa neles, você chega e derruba o pau, de noite eles não têm onde descansar. Larga este serviço, não presta prá gente, não.

Eu larguei de tirar lenha neste dia mesmo, vim embora, não quis ficar lá mais nem uma hora. Eu sempre falo prá minha gente, conto estes casos, eu sei porque encontrei aquele velho que falou prá mim, por isto é que eu sei, aquele velho era *Gô-noêno-hôdi*.

(*Apolinário*)

Padrões de desenho Kadiwéu XI.

Padrões de desenho Kadiwéu XII.

Contos de Gü-ê-krig

Tem aquele *Gü-ê-krig*, homem safado aquele, só fazia o que não prestava; quando chegava num lugar, já se sabia, era mais uma safadeza que ia arranjar. Dizem que ele era só no mundo, mas tinha uma tia que sempre está junto com ele nestas histórias. Não sei se antes ele era homem direito nem como acabou, mas tem tanta história que uma noite nem dá prá contar e é tudo safadeza; aquele nem fazia nada que prestasse.

(*Laureano*)

XXVIII

Dizem que um dia *Gü-ê-krig* chegou numa aldeia e quando foi entrando soube que tinha morrido um homem e deixado mulher com filho já crescido. Ele foi andando pro rumo da casa daquela viúva, quando chegou bem perto, já começou a chorar e perguntar onde é que morava a viúva do finado irmão dele.

Chegou naquela casa e falou prá mulher que ele era irmão do finado marido dela. A mulher acreditou e começou a chorar lembrando o marido. *Gü-ê-krig* falou que sabia do sobrinho que ele tinha e a mulher já mandou chamar o menino. Quando ele chegou, aquele *Gü-ê-krig* abraçou o menino e foi falando:

— Ó meu "filho órfão", agora o senhor nem tem mais seu pai, mas eu sou irmão dele, irmão de pai e de mãe e já vim prá alcançar um recursozinho para criar o senhor.

Falou muito, o menino estava ali calado; o senhor sabe como é menino quando tem gente que eles não conhecem. Depois aquele *Gü-ê-krig* já falou prá mulher que ele veio prá ficar mesmo, queria ajudá-la a criar aquele menino.

— Agora ele não tem mais o pai dele, mas eu posso ficar porque não tenho família, era só aquele meu finado irmão. Eu tenho um recursozinho e quero ajudar a criar o menino do meu irmão. Quando a gente sair de viagem, já estou aqui para ir carregando os tarequinhos dele.

A mulher não queria não, falou que nem o conhecia, não podia casar assim. Mas a mãe dela aí começou a aconselhar, dizendo que era viúva, já estava com aquele filho, quem sabe outro marido não ia ser ruim para o menino. Ao menos aquele era um velho e devia ser homem sério, ele mesmo era bom prá ela e ainda tinha um recursozinho para ajudar. Aí a mulher aceitou.

De noite. *Gü-ê-krig* foi dormir com a mulher, depois que andou com ela já ficou pensando num jeito de ir embora, casado é que não queria ficar. Aí este *Gü-ê-krig* falou prá mulher que estava com muita dor de barriga e queria ir no mato e já foi saindo, mas a mulher falou assim:

— Ó marido, eu vou com o senhor, também estou com vontade.

E foi. Quando voltaram ele ficou pensando para achar outro jeito; aí começou a rolar na cama, a gemer como quem tá ruim de dor de barriga, tornou a falar que ia no mato, mas a mulher saiu junto, ele não queria, mas ela falou assim:

— Não, marido, tenho que ir, o senhor está doente assim, pode piorar neste mato.

E foi. Ele não sabia mais como ir embora. Aí começou a fazer que ia vomitar, repuxava a barriga quanto podia e ia se afastando da mulher. Quando alcançou uma distanciazinha, correu e sumiu, ainda fazendo que estava vomitando. A mulher voltou pro rancho para esperá-lo. Que nada, aquele safado já estava era longe, tinha pegado a vaquinha dele que estava amarrada num pau e fugido.

(*Laureano*)

XXIX

Quando *Gü-ê-krig foi* chegando noutra aldeia, já bem longe, viu aquela meninada tomando banho, numa baía. Os meninos estavam todos brincando dentro d'água. Aí ele chegou na beira e falou assim prá um que estava lá:

— Ó meu sobrinho, eu já cheguei. Sou o irmão do seu pai, vou lá prá sua casa agora.

Aí os meninos todos chegaram para ver aquele parente. Ele conversou e disse que era tio de uns, avô de outros, primo dos outros. Os meninos acreditaram, ele, então, falou:

— Eu vou levar estas roupinhas, estão bem estragadas, vou levar prá suas mães irem consertando, assim eu fico conhecendo as casas dos senhores.

E carregou todas. Os meninos quando cansaram de brincar foram prá casa, chegaram todos nuzinhos, aí o pai já perguntava:

— Ó meu filho, que foi que aconteceu lá na brincadeira; por que os senhores estão todos nus?

Os meninos contaram, cada um falava que era um parente dele e perguntava se ainda não tinha chegado. Os pais já sabiam quem era e falaram:

— Ora, foi aquele *Gü-ê-krig* que já andou enganando vocês todos.

E *Gü-ê-krig* tocou prá diante, foi mascatear os tarequinhos daquela criançada, bem longe.

(*Laureano*)

XXX

Foi andando aquele *Gü-ê-krig*, chegou numa outra aldeia, já era de noite e ele não tinha onde pousar. Aí viu um balaio destes grandes com uma galinha choca e muitos pintos dentro. Estava chovendo e ele não achava mesmo outro pouso; tirou a galinha prá fora e deitou em cima dos pintos; já ia dormir ali. Mas a galinha estava choca e começou a gritar e os pintos também e acordaram a dona da casa. Ela já chamou o marido:

— Olha o que tem ali fora, aquela galinha parece que largou os pintos, estão gritando. Ou será que tem bicho aí?

O marido estava bem com sono e não levantava, aí a mulher foi olhar. Quando chegou lá fora enfiou a mão dentro do balaio para ver se a galinha estava lá, mas pegou foi na cabeça do *Gü-ê-krig*. Aquela mulher assustou grande, pulou longe e já foi gritando:

— Ó marido, vem ver, tem bicho aqui, uma coisa, aqui no balaio da galinha.

O marido pulou da cama apurado e pegou aquela zagaia dele. *Gü-ê-krig* tinha acordado quando a mulher meteu a mão no balaio e quando o marido veio chegando ele pulou fora, jogou o balaio em cima do homem e saiu correndo.
(*Laureano*)

XXXI
Antigamente não tinha fumo que nem agora, eram só umas folhas secas, picadas. Esse *Gü-ê-krig* tava com pouco fumo porque já tinha passado do tempo e ele não trabalhava, o tempo dele era só prá fazer o que não presta.
Ele tinha uma namorada e queria dar fumo a ela. Mas não podia chegar perto, porque tava cheio de gente acordada lá na casa da moça. Aí *Gü-ê-krig* pegou um caramujo, encheu de fumo e jogou perto daquela chamacoca, namorada dele. Mas ela nem sabia que era fumo. Tornou a pegar o caramujo e jogou fora no terreiro.
Naquele tempo do antigamente não tinha nem faca, nem tareco de ferro e a gente gastava muito destes caramujos, era daqueles de baía, de rio, dos chatos e dos mais compridos, dos de campo, todos tinham aquele serviço. Perto das casas ficavam aqueles montes de caramujo. O caramujo que *Gü-ê-krig* tinha enchido de fumo prá namorada dele, caiu bem no meio daquele monte.
Era de noite e estava relampejando, mas assim mesmo *Gü-ê-krig* foi procurar aquele fuminho dele ali no escuro. Pegava cada caramujo, cheirava prá ver se era o dele e tornava a jogar fora, mas com os relâmpagos, lá da casa eles viram um vulto perto do lixo e já pensaram que era algum bicho, *Gü-ê-krig* teve de fugir.
No outro dia estava apurado para achar um pouco de fumo e foi procurar aquele, pegou uma bolsa, pôs uns cinco caramujos dentro e saiu por ali catando até chegar naquele monte. Perguntaram o que ele queria com caramujo e ele respondeu assim:
— Ora, estou fazendo um serviço de madeira e preciso de muito caramujo para alisar.
Encheu bem a bolsa e foi prá casa daquela tia dele; quando ela perguntou prá que tanto caramujo, ele falou assim:
— Sim, senhora, é para fazer um serviço que eu vou trocar por fumo, vou escolher um agora, os outros a senhora guarda aí prá mim, mas não deixa perder nenhum.
Procurou o caramujo dele e deu os outros prá tia guardar.
(*João Príncipe*)

XXXII
Gü-ê-krig chegou noutra aldeia bem grande. Foi andando ali e já viu uma moçada na frente de uma casa. Era costume dos antigos, as moças todas juntavam numa só prá fiar algodão, levavam bastante boneca e ficavam ali conversando e fiando até de noite. Aí ele chegou perto, mas ainda longezinho, sentou e começou a contar caso, mas era prá ele só escutar.

Logo as moças viram aquele estranho, mas não ligaram prá ele. Mas a cabeceante daquelas moças viu que ele estava contando casos e rindo, então ela ficou escutando. Como tava longe prá poder ouvir, ela falou pras outras:

— Ó, aquele estranho lá, ele sabe caso, tá ali contando, parece que é bem engraçado.

As outras já olharam; aquela cabeceante falou prá uma que era cativa dela:

— Vai lá falar pr'aquele velho se ele pode chegar mais perto que nós queremos escutar.

Ela falou, mas *Gü-ê-krig* só respondeu assim:

— Não, senhora, quando eu tenho vontade de contar caso, conto prá mim sozinho, não é pros outros escutar, não.

Aquela cativa falou isto mesmo prá dona dela, mas tornou a voltar com recado:

— Não, senhor, meu senhor, minha senhorazinha disse que quer escutar, o senhor pode chegar perto, as moças todas querem escutar os seus casos.

Ele respondeu assim:

— Não, senhora, eu já disse, tou contando meus casos é prá mim sozinho; se elas querem escutar, elas que cheguem mais prá perto.

As moças foram chegando, foram chegando bem prá perto, elas queriam ouvir aqueles casos. *Gü-ê-krig* ficou contando e rindo sozinho, nem olhava prás moças, era como se elas não estivessem ali.

Aí foi ficando bem de noite, foi dando sono naquela moçada. Uma hora a cabeceante esticou o corpo, deitou ali no chão numa esteira prá descansar, logo ela dormiu. Outra moça viu aquela cabeceante dormindo e quis descansar também. Logo a moçada estava toda dormindo.

Foi *Gü-ê-krig* chegou perto delas, primeiro tirou as roupas de umas e vestiu nas outras, depois fez safadeza com todas elas. Era bem safado aquele velho. Depois pegou uns pedacinhos de pau roliço, abriu as coisas das moças e pôs uns pauzinhos atravessados lá na coisa de cada uma. Aí ele foi embora ligeiro.

O senhor sabe, aqueles antigos tinham casa tudo feita de esteira deste piri; aquelas moças estavam perto de uma esteira. Quando a cabeceante acordou e fechou as pernas o pauzinho que tinha espetado lá nela pulou e bateu na esteira; logo as moças foram todas acordando e fechando as pernas. Foi aquele barulho, poc, poc, poc, dos pauzinhos pulando na esteira. Aí uma moça olhou prá outra e falou:

— Ó, a senhora está com minha roupa. Aquela já virou prá outra e falou:

— Ó, a senhora está com minha roupa. Estava tudo trocado. A cabeceante logo viu o que era e disse:

— Foi aquele safado daquele velho que fez isto prá nós.

Os pais daquelas moças já queriam sair para pegar aquele *Gü-ê-krig*, mas ele estava longe e as moças não queriam ajuda de ninguém, queriam era pegá-lo sozinhas para vingar.

(João Príncipe)

Padrões de desenho Kadiwéu XIII.

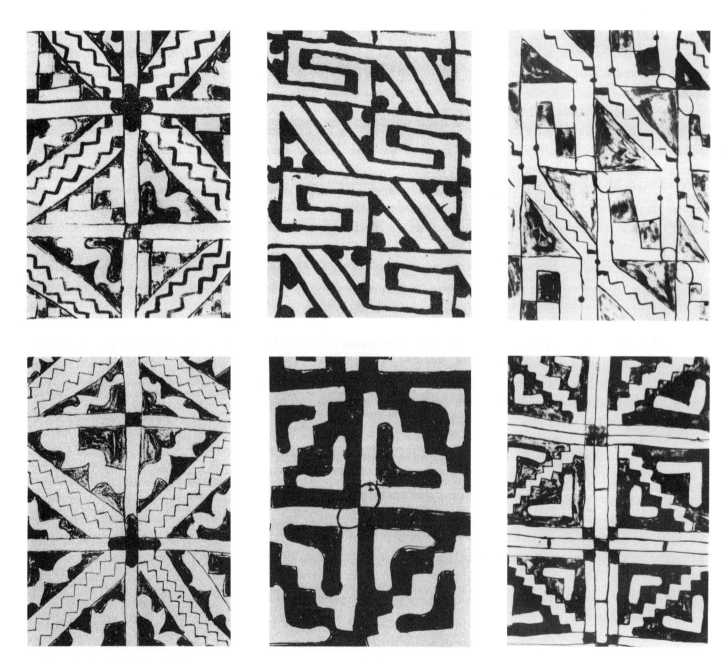

Padrões de desenho Kadiwéu XIII.

XXXIII

Foi caminhando aquele *Gü-ê-krig* até chegar numa aldeia. Achou uma casa grande de muito morador, tinha um velho e uma velha, muitas filhas com os maridos e filharada e muitos cativeiros. Aí ele chegou, pediu pousada; o dono da casa disse:

— Como não, meu senhor, pode chegar.

E mandou arranjar jeito daquele velho dormir. *Gü-ê-krig* viu uma bolsa de couro de avestruz como os antigos faziam para guardar mel, estava cheia, pendurada ali num pau. Ficou já pensando como ia comer aquele doce, o dono não tinha dado nada prá ele comer.

Aí pensou num jeito, saiu como para fazer um serviço e arranjou uma vara, fez uma ponta nela e foi deitar bem debaixo daquela bolsa de couro de avestruz. Cutucou até fazer um buraco e o mel começou a pingar; abriu a boca e ficou ali deitado comendo mel. Mas adormeceu logo e o mel ficou ali pingando a noite inteira na cara dele; ficou todo lambuzado.

Quando a mulher do dono da casa acordou, viu aquilo e já foi chamar o marido prá contar que aquele velho tinha comido o mel todo e estava ali lambuzado. Aí chegaram os moradores e ficaram rindo de *Gü-ê-krig*. O velho cutucou ele prá acordar, ia falar prá não fazer aquilo, que a criançada dele ficou sem ter o que comer, mas não queria maltratá-lo, não.

Mas *Gü-ê-krig* assustou e levantou apurado, com medo. Os olhos dele estavam pregados de mel e ele não via nada; saiu correndo por ali e o velho atrás. Como ele não estava vendo nada, correu, foi prá dentro da casa, foi derrubando os tarecos, quebrando pote, acordando gente, quando o velho o pegava, ele pulava como louco. Aí foi prá fora derrubando aquelas casas de piri, quebrando tareco que nem uma ventania.

(*João Príncipe*)

XXXIV

Este *Gü-ê-krig* estava numa casa conversando, mas tinha muita fome e ninguém dava de comer a ele. Aí ele viu um destes potes de pescoço fino prá guardar graxa. Estava cheio de graxa e com carne frita no meio. Ele ficou esperando, quando o dono saiu, meteu a mão no pote para tirar aquela carne e comer. *Gü-ê-krig* estava bem apurado, a mão não queria entrar porque o pescoço era bem fino, ele fez força até que entrou, mas depois que encheu bem a mão de carne, ela não podia sair. Aí o dono da casa chegou e viu o serviço que ele estava aprontando. *Gü-ê-krig* saiu correndo, derrubou o homem e sumiu com aquele pote pendurado no braço; foi correndo pro sujo e encontrou uma velha lá agachada, aí ela levantou assustada e ele quebrou o pote na cabeça dela e sujou a mulher toda de graxa.

(*João Príncipe*)

XXXV

Aquele *Gü-ê-krig* tinha uma namorada, uma chamococa, de noite ele entrava na casa do senhor dela e ia dormir com ela.

Uma noite estava chovendo e ele estava lá com a chamacoca. Aí começou a pingar água dentro da casa. Os antigos tinham estas casas de esteira, quando dava goteira era só passar a mão e ir apertando mais os talos de piri, ficava boa outra vez.

A dona daquela chamacoca viu a goteira e mandou tapar. Mas quando a cativa levantava a mão para consertar a goteira, *Gü-ê-krig* que estava deitado debaixo dela, mexia e ela ficava tremendo, aí a goteira aumentava ainda mais.

A dona não gostou e perguntou assim:

— O que é que tem aí que esta goteira está é aumentando e não para, eu já vou ver. E levantou prá olhar. *Gü-ê-krig* suspendeu a chamacoca, jogou em cima da dona dela e saiu correndo prá fora.

A mulher assustou grande e gritou prá o marido dela que a chamacoca tava brigando com ela, mas o marido viu que era um homem que tinha feito aquele serviço e fugido. – Era *Gü-ê-krig*.

(João Príncipe)

XXXVI

Um dia aquele *Gü-ê-krig* voltou naquela aldeia onde tinha feito safadeza com as moças. Logo todos o conheceram, os pais daquela moçada já queriam pegá-lo, mas a cabeceante não deixou; ela queria vingar-se sem ajuda de outros.

Gü-ê-krig estava andando por ali bem desconfiado. Bem que não era besta de pensar que ninguém se importou com o serviço malfeito dele. Aí veio aquela cativa conversar com ele; disse que a cabeceante a tinha mandado convidá-lo para ir ver a patroa dela.

— Ó meu senhor, minha senhorinha está lá chamando, disse que o senhor pode chegar que ela quer ouvir mais casos daqueles que o senhor conta.

Ele não era besta e falou assim pr'aquela moça:

— Eu que não vou lá, não sei mais contar caso nenhum, não.

Mas a cativa voltou e depois veio outra moça insistindo com *Gü-ê-krig*. Ele que não era besta de ir. Aí a cabeceante mandou outra companheira dela falar pr'aquele *Gü-ê-krig* assim:

— Ó meu senhor, ela quer que o senhor vá lá, o senhor bem sabe da sujeira que já fez. Ela quer casar com o senhor, agora que o senhor já aprontou aquilo. Até o pai dela já disse que deixa.

Mas *Gü-ê-krig* não queria ir, estava era com medo de elas o maltratarem, falou assim:

— Eu, não senhora! Eu não fiz nada, não, aquele dia eu já fugi prá não cair a culpa em cima de mim. Foi outro, pois a senhora não vê que eu sou um velho de idade, que sou um homem sério. Eu nem quis chegar lá perto, fiquei de longe, as senhoras é que quiseram escutar meus casos.

Aí aquela cabeceante veio falar com ele.

— Não, senhor, o senhor vem comigo. O senhor mesmo foi que me fez aquilo, eu sei. Agora eu quero o senhor, não posso mais passar sem o senhor. Vem comigo, ninguém vai ver nada e o senhor se não quiser nem precisa casar comigo. O senhor sabe o que é que eu estou querendo, pois, vem comigo. Aí ele foi chegando, mas o medo não o deixava andar muito, logo ele parava e queria voltar.

— Não, senhora, eu não vou, não quero saber de nada com a senhora, não, eu sou velho.

— Que nada, não, senhor, o senhor é bem novo, vem, eu quero o senhor outra vez.

Ele foi chegando, ela entrou prá cama, levantou o mosquiteiro e chamou *Gü-ê-krig* para entrar. Ele aí animou e foi chegando. Quando ele foi entrando, as moças que estavam escondidas, correram e apertaram a cabeça dele entre aqueles paus que os antigos usavam para segurar a cumeeira. Apertaram bem a cabeça dele ali; aí veio toda aquela moçada com quem ele tinha feito safadeza e combinaram unhá-lo bem. Tiraram a roupa do velho e arranharam ele todo com a unha. Aquele safado do *Gü-ê-krig* gritava, gritava que ele não fez nada, que era velho. Nada, as moças aí é que arrancaram mais couro dele com a unha. Quando soltaram não tinha lugar que não estava arranhado e tinham arrancado todo o cabelo dele.

(*João Príncipe*)

XXXVII

Saiu correndo aquele *Gü-ê-krig*, mas a dor era muita, que ele não podia mesmo. Aí ele juntou muito jenipapo verde, bateu, espremeu e passou aquele sumo no corpo para acabar a dor, que era demais.

Foi seguindo até chegar na casa da tia dele. Encontrou todos dormindo, aí ele deitou e pôs muita coberta em cima, dos pés à cabeça, e ficou bem quieto.

No outro dia a tia dele acordou e todos os moradores também, todos comeram. O sol já estava alto e nada de *Gü-ê-krig* acordar. Aí aquela tia dele falou:

— Será que este homem não morreu, o sol já está alto e ele nem acordou; vou olhar.

E chegou perto prá ver, quando ela levantou a ponta da coberta para olhar, ele pulou da cama e saiu gritando:

— Ó minha tia, a senhora já me machucou, ai, ai. E saiu correndo, a tia dele assustou grande, nem o conheceu porque quem pulou foi um negrinho bem preto, de cabeça pelada e todo inchado. Naquele tempo dos antigos eles nem conheciam negro.

(*João Príncipe*)

Histórias de animais

XXXVIII

Uma vez começou uma briga da onça contra o tatu. A onça chamou todos os bichos do mato para ajudá-la, o tatu chamou só os maribondos, os pequenos, os grandes, estes pretos, os vermelhos, os amarelos, os rajados, os que fazem caixa no chão, os de cupim, os dos paus. Todos os maribondos vieram ajudar o tatu.

Você sabe por que o cervo não tem rabo, é pitoco? Foi nesta briga. O cervo e os veados, o branco e o mateiro eram capangas da onça e foram matar o tatu, aí chegaram os maribondos e assanharam nos veados, mordendo em todo lugar e veio maribondo que é cortador de cabelo e tosou o rabo do cervo. Antigamente os cervos e os veados tinham rabo bem grande.

A onça veio atacar, mas os maribondos pegaram a cara dela que ficou inchada, até hoje está inchada; o tamanduá também estava do lado da onça, aí os maribondos morderam bem a cara dele, que ficou inchada, por isso os olhos são tão miudinhos.

O tatu ganhou na briga, onça é bicho besta.

(*Laureano*)

XXXIX

A onça ia casar com a veadinha do mato, aí veio o macaco e disse que queria casar com aquela veadinha. Ela falou que não, porque já era noiva da onça, então o macaco falou:

— Onça? onça é meu cavalo. — E foi s'imbora.

Quando a onça chegou a veadinha contou o que o macaco tinha falado, ela ficou brava, disse que depois mostrava ao macaco quem era cavalo.

Macaco era tocador de viola e no dia do casamento a onça queria matá-lo bem na casa da veadinha, foi chamá-lo. Chegou na casa do macaco e disse:

— Ó macaco, vamos lá na casa da festa, eu vou casar hoje.

O macaco respondeu que não podia ir, estava doente, não podia andar. A onça pediu para ir assim mesmo, então macaco falou:

— Eu não tenho montada, onça, só se você quiser me levar montado, vou na sua cacunda até chegar perto, depois eu desço.

Onça respondeu:

— Está bem macaco, pode montar.

O macaco montou e quando andaram um pedaço ele caiu no chão. A onça perguntou: "o que foi?" – Ele disse:

— Eu não sei montar sem arreio, assim eu caio no chão, não posso ir.

A onça falou que podia trazer o arreio, perto da casa da festa, tirava. O macaco pôs o arreio mas não apertou a chincha. Adiante ele caiu outra vez e disse que não sabia andar sem esporas, que caía à toa quando montava sem esporas. Onça deixou pôr esporas. Adiante o macaco tornou a cair e disse:

— Eu não vou, onça, estou só caindo, não sei montar assim sem freio e de chincha solta, não quero mais ir à festa.

A onça não queria freio, mas deixou pôr para o macaco ir, macaco apertou bem a chincha, pôs o freio e foram andando. Quando chegaram perto da casa da festa, a onça disse:

— Agora desce macaco, a festa é bem aí.

Macaco pediu para a onça ir mais adiante, só um pouquinho que ele estava doente e cansado. Onça andou, quando chegou perto, o macaco apertou a espora com força, a onça pulou e foi cair bem na casa, aí o macaco meteu o laço na cabeça e no lombo da onça e gritou:

— Eu não disse, veadinha, que onça é meu cavalo?

Aí o macaco amarrou bem a onça num pau e foi festar.

Chegaram dois caçadores e a onça pediu para eles a desamarrarem. Eles conversaram, todos dois tinham medo da onça, mas um ficou com a arma apontada para ela e falou: "pode desamarrar". O outro tirou os arreios e desamarrou a onça. Ela ficou muito envergonhada e fugiu logo para o mato.

Ficou esperando um jeito de matar o macaco. Só tinha uma aguada nesse lugar e a onça ficou esperando o macaco beber água. Quando o macaco ficou com muita sede, foi num pau, tirou mel e passou no corpo todo, depois esfregou o corpo nas folhas secas e ficou todo cheio de folhas. Assim ele foi beber água. Estava bebendo bem ligeiro e a onça ali olhando, perguntou:

— Que bicho é você que eu não conheço?

— Sou o bicho das folhas – disse o macaco.

Mas a onça descobriu e correu para pegar o macaco, ele entrou no buraco do tatu e ficou lá. A onça chamou o sapo grande que é bicho muito besta e disse:

— Compadre, fica aqui olhando o macaco prá mim, que eu vou apanhar uma pá para desenterrá-lo.

O sapo ficou olhando para dentro do buraco; aí macaco falou:

— Ó sapo, o senhor não me conhece, arregale bem os olhos com as duas mãos para me ver e ficar me conhecendo.

O sapo fez assim e macaco pegou terra seca, jogou bem nos olhos dele e fugiu. Quando onça chegou, o sapo falou que o macaco estava lá e ela cavou até o fundo do buraco e não tinha mais macaco. Pegou o sapo pela perna e jogou dentro d'água, longe.

Onça ficou procurando matar o macaco, mas não achava jeito. Depois ficaram companheiros, andando juntos, mas um queria matar o outro.

Um dia pousaram numa fazenda, tinha um chiqueiro com um porco bem gordo. De noite o macaco tirou a faca da onça e sangrou o porco. No outro dia o fazendeiro chegou, viu o bicho morto e perguntou quem matou o capado dele. Macaco disse:

— Eu não fui, cada um tem sua faca, é só olhar.

Aí a onça já foi tirando a faca para mostrar que não foi ela, estava toda suja de sangue, o homem foi na casa pegou a carabina e matou a onça.

(*Laureano*)

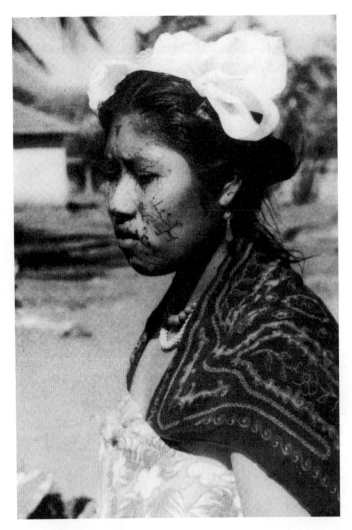

21. Iracema.

XL

Tem um bichinho, parece cupim, não sei como é o nome dele, é rajadinho. Pois este bichinho estava andando com a onça e ela o mandou buscar água porque estava com sede. Ele voltou dizendo que tinha bicho ali, não sabia o que era, mas tinha quebrado o pote dele.

A onça foi com ele para ver; era anta que estava banhando no rio, cada um pegou a flecha e flechou; a do bichinho matou a anta, mas a onça correu, trocou a flecha e falou:

— Fui eu que matei, veja a flecha.

O bichinho sabia que foi ele, mas ficou calado olhando a onça comer a carne sozinha. Como ela ficou com sede outra vez, mandou o bichinho buscar água. Ele foi, mas não queria trabalhar prá onça e quebrou o pote no caminho. Chegou e falou:

— Ó onça, agora não tem mais pote, o jeito é o senhor ir beber água lá no corrixo.

Onça estava com sede, foi beber. Aí o bichinho bem ligeiro levou a carne da anta para cima de um coqueiro carandá. A onça voltou e ficou arrodeando, quando deu fome, pediu o bichinho prá jogar carne prá ela. Ele falou assim:

— Abre a boca, amigo, que vou jogar a carne.

A onça abriu bem a goela e o bichinho jogou junta de anta, caiu bem nos dentes da frente da onça e quebrou todos; até hoje, onça tem dentes bem pequenininhos na frente.

(*Laureano*)

Religião: o controle do azar

Padrões de desenho Kadiwéu desdobrados por G. Boggiani.

Observações preliminares

O documentário com que contamos para o estudo da religião dos Mbayá é suficientemente amplo para permitir uma visão de conjunto, mas padece de sensíveis lacunas quanto a certos aspectos do problema. Consiste de informações deixadas por vários escritores, principalmente Sanchez Labrador que se ocupou extensamente do assunto. Os dados que colhemos em campo compreendem: cantos religiosos, histórias de caso e relatos dos *nidjienigi* sobre suas experiências sobrenaturais, além de certo número de comentários ouvidos em conversas com os índios, a respeito da formação, atribuições e técnica dos xamãs.

Estes dados foram obtidos de diversos homens e mulheres Kadiwéu que se dispuseram a falar de sua vida religiosa, quando se convenceram de nosso respeitoso interesse pelo assunto. Procuramos caracterizar aqui somente os principais informantes, os *nidjienigi* dos quais obtivemos a maioria dos dados em que se baseia o presente trabalho.

João Gordo terá talvez 65 anos, é Chamacoco e foi trazido ainda criança, aos seis ou oito anos de idade, para as aldeias Kadiwéu. Como vivia entre eles, naquela época, um grande número de cativos da mesma tribo, João nunca chegou a aprender bem a língua kadiwéu e hoje é o último cativo que fala sua própria língua (ao menos pretende) e o único *nidjienigi* que canta em chamacoco. Tornou-se *padre* há uns dez anos. Desde então nunca se fixou em qualquer aldeia, vive sempre viajando porque teme os parentes de seus clientes mortos que o acusam de feitiçaria. É o *nidjienigi* menos prestigioso, os homens sempre caçoam de sua linguagem atrapalhada em kadiwéu e em português, de seu lábio e orelhas furadas e do seu medo de ser assassinado, mas o procuram e dizem que tem curado algumas doenças. Por estas razões os dados obtidos de João Gordo nos merecem certa reserva e só foram utilizados na medida em que encontraram confirmação em outras fontes.

Morcego é um Kadiwéu de quarenta anos, muito magro e alto, cabeleira negra, basta, e olhos expressivos. Tornou-se *padre* ao mesmo tempo que João Gordo, depois de uma doença que parecia incurável. É o *nidjienigi* mais apreciado, pelo seu grande poder de cura, e, também, o mais temido como feiticeiro responsável por muitas mortes. Atribuem-lhe diversas façanhas, entre outras a de se ter transformado, certa vez, em onça, para proteger um caçador Kadiwéu que se perdera

22. João Gordo, *nidjienigi* Kadiwéu.

no Pantanal.[1] Suas sessões atraem grande assistência; às vezes todos os moradores da aldeia se juntam na casa onde vai cantar, levando esteiras, couros e mosquiteiros, para passarem a noite, ouvindo-o. Preferem-no a João Gordo porque canta em kadiwéu e todos o podem entender. Estas sessões, além das finalidades curativas, são motivos de recreação pois todos gostam de ouvir seus cantos, geralmente entremeados de ditos humorísticos, adivinhações e prognósticos que podem interessar não só ao cliente como a qualquer dos presentes.

João Apolinário é um dos principais líderes do grupo. Identifica-se com os padres católicos, cura por benzeções, beberagens e rezas. Iniciou estas atividades há cinco anos, depois de voltar das fazendas vizinhas, onde, trabalhando como peão, lenheiro e caçador, teve oportunidade de apreender alguns elementos do ritual católico, sem atingir-lhe o conteúdo. Contou-nos que ser *nidjienigi* é perigoso porque sua gente sempre os mata e que não pode misturar os seus santos com coisas de *nidjienigi*. Os Kadiwéu insistem sempre para que ele tome a cabaça e o penacho e se torne um verdadeiro xamã. Apolinário tem em casa algumas estampas de santos e nos pediu uma imagem de São João, o santo que festeja e é seu "padrinho". Segundo K. Oberg ele foi batizado por um padre católico aos doze anos e recebeu seus poderes sobrenaturais, durante uma doença, de São João e Santo Antônio que lhe apareceram em visões.[2]

23. Vicença, mulher *nidjienigi*.

24. Apolinário, benzedor Kadiwéu que temia ser *nidjienigi*.

---

1 K. Oberg, 1949, p. 64.
2 *Ibidem*.

Assistimos a duas sessões de cura de Apolinário; em ambas, pôs a mão sobre a testa do doente e murmurou uma oração; depois ajoelhou-se e rezou em voz baixa durante alguns minutos; por fim, apalpou as juntas do doente (um caso de hérnia, outro de gripe) e mandou banhá-lo numa infusão. Nunca quis nos ensinar suas orações que dizia serem iguais às dos padres. Durante as duas semanas que vivemos em sua casa o vimos abençoar a inúmeros homens e mulheres que lá apareciam e é preciso notar que é o único Kadiwéu que vimos fazer isto. Todos os dias, ao anoitecer, ele acende uma vela diante de suas imagens, ajoelha-se com a mulher e reza por uma meia hora. Aparentemente, trata-se de um caboclo católico, talvez um pouco mais devoto, mas igual a todos os outros da campanha mato-grossense. Contudo, João acredita em todas as práticas dos *nidjienigi* Kadiwéu, está convencido de que é, ele próprio, um *nidjienigi*, mas não quer assumir a responsabilidade, nem arrostar os perigos que aquela situação acarretaria. Seu "catolicismo" lhe assegura um grande prestígio entre os índios, sem aqueles percalços.

Vicença – velha Guaikuru de cinquenta ou sessenta anos, vive no Posto Indígena de Lalima, onde é a *nidjienigi* mais conceituada, não só entre os índios, mas até entre os caboclos das fazendas vizinhas que frequentam suas "festas" e apelam para seus serviços. Tornou-se *padre* há uns sete anos, depois da morte de sua irmã Sinhana, de quem era auxiliar. Hoje Vicença substitui a irmã, mas não conseguiu ainda o mesmo prestígio, pois aquela "era procurada até por brancos ricos de Miranda e Aquidauana".

Vicença não só é uma líder religiosa, mas também a pessoa mais influente no grupo, seu conhecimento da língua guaikuru que ainda fala em casa e com um irmão lhe assegura grande prestígio aos olhos dos outros índios,

25. Menina, aprendiz de *nidjienigi*.

mestiços de Terena, Kinikinau, Laiano e Guaikuru que já perderam a unidade cultural e a língua. A única expressão ainda viva da antiga cultura é, em Lalima, o xamanismo de Vicença que se tornou, por isso, um símbolo das tradições grupais, ao qual todos se apegam.

Muitos outros informantes além dos xamãs nos forneceram dados que aproveitamos neste trabalho. Em alguns casos suas informações se revelaram mais relevantes que as dos *padres* por serem menos eivadas de racionalizações. Os xamãs, como profissionais do sobrenatural, e, mais ainda, em virtude de sua posição insegura na sociedade Kadiwéu, sentem-se no dever de satisfazer prontamente a qualquer pergunta sobre seu "ofício" e não raro improvisam as respostas de acordo com as circunstâncias ocasionais. Para evitar respostas desta ordem que eles procurariam manter por coerência, nos abstivemos de lhes fazer perguntas diretas, preferindo ouvir explicações de outros membros do grupo sobre os problemas que estudávamos, quando elas eram indispensáveis. E todas as vezes que nos servimos de dados intencionais, procuramos reproduzir os trechos do diário de campo em que foram registrados, segundo as próprias palavras do informante.

Desenho cinético Kadiwéu.

Crenças e cerimoniais

Gô-noêno-hôdi — o criador

Gô-noêno-hôdi é o personagem central da mitologia Kadiwéu; por sua ação, complementada pela inteligência e argúcia do *Caracará*, eles explicam o mundo. Suas características mais acentuadas são a preferência pelos Kadiwéu e a bondade ingênua e indiferente.

As lendas apresentam *Gô-noêno-hôdi* com muitos caracteres contraditórios; sua figura mais comum é a de um simples Kadiwéu sujeito aos mesmos vícios e virtudes e enfrentando as mesmas dificuldades. Fric o retratou com as seguintes palavras: "somente sua imortalidade o diferencia dos índios Kadiwéu. Fora disso, vive e se movimenta exatamente como eles, come os mesmos alimentos, briga quando se embebeda, engana e intriga. Como grande feiticeiro cura as doenças, mas tem também o poder de trazer doenças e desgraças; transforma os homens em animais e pratica outras maldades."[3]

A primeira referência que conhecemos a este personagem se deve a F. Mendez; Labrador menciona várias vezes o seu nome na gramática Mbayá e, sobretudo, na tradução do catecismo[4] como sinônimo de criador, porém não parece ter tido conhecimento de que seus catecúmenos acreditavam numa divindade suprema, como diria seu sucessor, F. Mendez, que assim se expressou: "*Reconocen en Diós el atributo de criador, y así lo nombran en su idioma, y le llaman* Conoe-Natagodi, *que suena rigorosamente 'el que nos crió' – empero ni lo adoran, ni le prestan culto alguno como à tal criador*".[5] Ao contrário disto, Labrador frisa repetidas vezes a inexistência de uma divindade e quando fala de "seu pouco claro conhecimento de Deus", refere-se às cerimônias pleiadares e lunares, para asseverar que não estavam ligadas a qualquer crença desta ordem.

À vista destes fatos, é muito viável que o "criador" a que se referem F. Mendez e todos os cronistas posteriores tenha resultado da atividade missionária de Labrador; neste caso *Gô-noêno-hôdi* seria um novo personagem posto em companhia do *Caracará* depois de prolongados contatos mantidos com cristãos no século XVIII e, talvez, até a redefinição de um herói cultural mais antigo ao qual atribuíram novos feitos, aproximando-o da divindade de que lhe falaram os cristãos.

---

3   V. A. Fric, 1913, p. 399.
4   S. Labrador, 1917, vol. III, escreve: *Conoenata-godi*, que se decomporia em *Co* (nos, ou nosso), *noen* (fazer, obrar), *godi* (aquele que), ou seja: "aquele que nos fez" – p. 114, 297 e 301. Outros autores grafaram *Conoenatagodi* (Aguirre, 1898, p. 490); *Conoennataggoddi* (Gilij. apud Boggiani, 1895, p. 253); *Coroenatagodi* (Hervás apud Boggiani, loc. cit.); *Canoouainatagodit* (Martius, 1863, p. 127); *Conoenatagodi* (Boggiani, loc. cit.); *Onoenrgodi* (Fric, 1913, p. 397) e *Onoé-noe* (Oberg, 1949, p. 63).
5   F. Mendez, 1772, p. 19.

Neste terreno, à falta de provas é difícil passar de conjecturas mais ou menos gratuitas. Todavia a hipótese explicaria satisfatoriamente a ausência de referências a este personagem nas obras de Labrador e dos cronistas do século XVII e seu súbito aparecimento nos autores que os sucederam. E uma confirmação da possibilidade de que os Mbayá tivessem um antigo herói mítico que fora transvestido de criador, encontra-se na existência de personagens semelhantes nas mitologias dos outros grupos Guaikuru. Embora estes sejam identificados com as Plêiades e apresentem, neste sentido, mais semelhança com *Nibetád*, um traço os liga de modo peculiar a *Gô-noêno-hôdi*: é que todos eles, como demonstrou Lehmann-Nitsche, têm a mesma etimologia, tanto o *Gdoapi-dalgate* dos Mocovi, o *Yacaoguodi* dos Toba, o *Groaperikie* dos Albipón e o *Gonoenotagodi* (Albrador) dos Mbayá, significam "o fundador da linhagem da tribo".[6]

Gô-noêno-hôdi jamais alcançou uma caracterização acabada de alto deus, na forma como ocorre, por exemplo, entre os Yahgan,[7] sua amoralidade e indiferença, o fato de não representar qualquer esperança de salvação para os Kadiwéu, o situa na posição de herói mítico que apenas se aproximou da ideia de divindade. Entretanto, *Gô-noêno-hôdi* continua vivo e atuante para os Kadiwéu, enquanto *Nibetád*, que era reverenciado nos rituais pleiadares, persiste apenas como figura literária.

O confronto dos textos míticos que se referem a *Gô-noêno-hôdi* revela sucessivas redefinições deste personagem que exprimem, a nosso ver, diferentes momentos da configuração sociocultural do grupo. Em alguns mitos é o criador bom e ingênuo, cheio de interesse pelo destino dos homens, particularmente dos Kadiwéu; outros o descrevem como um personagem aterrorizador que se fixou no "céu", onde foi procurado por diversos xamãs excepcionais e onde ainda pode ser encontrado, se um xamã atual for suficientemente poderoso e quiser arrostar os perigos da empresa; outros, ainda, o apresentam como um velho humilde que às vezes aparece em suas casas "para ver como os pobres dele estão vivendo". Nesta última feição não lhe atribuem poder algum, é apenas um velho que merece piedade por sua pobreza e não conduz qualquer ameaça.

A primeira figura, o *Gô-noêno-hôdi* heroico, aparece nos mitos de origem que são as mais expressivas racionalizações do comportamento guerreiro, as mais claras justificações da rapina e do domínio de outros povos. Obviamente estes elementos correspondem à fase mais alta do imperialismo Mbayá, foram colhidos por volta de 1800, quando apenas iniciava seu declínio e suas relações com portugueses e espanhóis eram antes de aliados, que de povo subjugado.

A última feição – o *Gô-noêno-hôdi* pobre e sofredor – é a concepção que os Kadiwéu de hoje têm dele e reflete o drama destes nossos contemporâneos Mbayá, depois de um século de convívio pacífico com o branco, impedidos de exercer os padrões de comportamento para os quais foram preparados e que ainda não puderam – e quiçá jamais o consigam – estabelecer outros interesses e motivações capazes de substituir suas antigas fontes de inspiração na luta pela vida.

---

6   Lehmann-Nitsche, 1924/5, vol. 28, p. 72.
7   W. Koppers, 1946, p. 280-313; A. Métraux, *El Dios*, 1946, p. 10-13.

Só assim se pode compreender a transformação do criador de todos os povos, o distribuidor das riquezas, aquele que forjou as características superiores de "seu povo", na figura humílima e sofredora do velho pobre, andando a pé pelas estradas de Mato Grosso, que mesmo espancado pelos fazendeiros não esboça qualquer reação.

Trata-se de mais um caso de redefinição do deus pelo povo que o idealizou. A divindade tribal, exclusivista, etnocêntrica do povo senhorial, é reinterpretada à luz de novas experiências, quando este povo é subjugado, para poder explicar sua própria tragédia e situar o dominador que, no antigo contexto, só podia ser visto como inferior.

A hipótese de que tal redefinição se deva a uma conciliação de Gô-noêno-hôdi com a versão do Cristo humilde que se sacrifica pelos homens não nos parece verossímil. O cristianismo, na forma em que se apresenta aos índios, que só o podem ver através da magnificência do culto, não tem aquelas características.

Os movimentos messiânicos são frequentes entre os Tupi-Guarani,[8] os "homens-deuses" dos Chiriguano e de tantos outros povos[9] têm sido analisados como consequências das condições de penúria e desespero ocasionados pelo impacto do invasor europeu com aquelas tribos. Nestes casos se trata de reações ativas, da polarização das últimas energias destes povos, depois de traumatizada sua cultura, para a reconquista da felicidade perdida: enquanto que no caso dos Mbayá temos uma reação passiva.

Schaden demonstrou que o surgimento destes messias não se explica apenas pelas condições de *deprivation*, é necessário que a cultura tenha pré-elaborado estes padrões para que eles entrem a funcionar.[10] Os Mbayá não têm estas promessas de salvadores, de Messias que voltariam para conduzir seu povo a um paraíso. Ao contrário, toda a sua literatura frisa uma dominância *presente*, explica e justifica sua prioridade e seus direitos *atuais* sobre os outros povos e sobre seus bens. O herói-xamã é também na mitologia Kadiwéu um pequeno deus, mas através dele o grupo tem apenas a confirmação da validade de seus ritos. Ele não representa esperanças de salvação e nem pode reencarnar-se como profeta ou redentor para liderar rebeliões místicas.

Nibetád – O herói pleiadar

Os antigos Mbayá realizavam grandes festas em meados de junho quando as Plêiades voltavam ao céu austral, depois de alguns meses de desaparecimento. As descrições que os vários cronistas nos deixaram as caracterizam como cerimônias religiosas, embora alguns deles lhes neguem expressamente esta feição. Datam do início do século XVII as primeiras informações que conhecemos sobre o assunto, e são, no essencial, consistentes com todas as posteriores.

---

8   C. Nimuendaju, 1914; A. Métraux, 1950; E. Schaden, 1945.
9   A. Métraux, 1931.
10 E. Schaden, 1945, p. 39.

Padrões de desenho Kadiwéu XIV.

Padrões de desenho Kadiwéu XV.

Lozano, baseado em documentos das missões jesuíticas que trabalharam com os Mbayá durante quase duas décadas, na primeira metade do século XVII, as descreve com as seguintes palavras:

> *Hay tiempo en que en sus tierras no se descubren las siete estrellas a que vulgarmente llamamos las Cabrillas, y cuando se comienzan a aparecer, es muy para vista la fiesta y regocijo que hace toda la nación, pero fiesta propia de gente bárbara, y que carece de la luz del Santo Evangelio; porque aquel día sacuden todos sus esteras, dando muchos golpazos en ellas, y lo que es más de reír o de llorar, los indios varones entre sí, y las indias unas con otras se están por largo tiempo aporreando, imitandoles los muchachos y muchachas con grande algazara y rogocijo. Después corren, y hacen fiestas a su modo, prometiéndose con esto salud y hartura, y victoria de sus enemigos. Luego se remata todo con una gran borracheira.*[11]

Em linhas gerais, esta é a descrição de todos os cronistas que o seguiram, e, também, a que ouvimos de velhos Kadiwéu que, na juventude, participaram delas. Consistiam na sacudição de todos os pertences a fim de ficarem fortes, para conjurar doenças e assegurar fartura. Além destes elementos nossos informantes falaram de danças, cantos e provas esportivas que eram seguidas de sangrias.

Sánchez Labrador, comentando as descrições de Lozano e suas próprias observações, assevera que os

> *Eyiguayeguis nos tienen claro conocimiento de Dios, y que viven como unos ateístas. De que se alegren cuando empieza á verse por el horizonte ó algo más alta la luna nueva, y al aparecer las pléyades ó cabrillas en su hemisferio, nada se concluye para cargarles el error de idolatría, como ya en su lugar se dijo. No son sus tripudios otra cosa que indicios de la interior alegria de que con las luces de la primera podrán divertirse sin recelo de tigres y de enemigos que les acometen ó atalayan à obscuras, y del buen tiempo para buscar su caza y la algaroba con las segundas. Ya así no se ve en ellos cerimonia que indique idolatria.*[12]

Rodrigues do Prado e Almeida Serra deram, por volta de 1800, explicações semelhantes para aqueles cerimoniais, relacionando-os, porém, com o amadurecimento dos cocos bocaiuvas mais importantes na alimentação do Mbayá quando eles os conheceram, porque, então, viviam em território pobre de algarobeiras.[13]

Estas explicações são muito razoáveis, mas incompletas; a vinculação das cerimônias às fontes de subsistência não lhes tira o caráter religioso, pois, em muitos casos, a principal atribuição dos rituais é precisamente o controle daquelas fontes.

---

11 P. Lozano, 1941, p. 74.
12 S. Labrador, 1910, vol. II, p. 53; ver também F. Mendez, 1772, p. 35.
13 Rodrigues do Prado, 1839, p. 35; Almeida Serra, 1850, p. 354. Ver também F. Mendez, 1772, p. 34.

A ocorrência de cerimoniais pleiadares entre outros povos chaquenhos, conectados com diferentes heróis míticos, mostra que estamos diante de um dos rituais mais amplamente distribuídos e elaborados naquela área.

Nas fontes bibliográficas há extensas informações sobre estes personagens. Guevara nos deixou notícias de um *Gdoapidalgate* "nosso avô e senhor" identificado com as Plêiades e reverenciado como o criador dos Mocovi em cerimônias essencialmente idênticas às Mbayá.[14] Os Abipón, por sua vez, saudavam nas Plêiades a *Groaperikie* "nosso avô", atribuindo seu desaparecimento anual à doença e regozijando-se com seu regresso.[15] Os Payaguá, segundo Azara, "realizavam cerimônias nas imediações de São João" – o que vale dizer por ocasião do reaparecimento das Plêiades.[16] Métraux se refere à identificação daquela constelação entre os Toba e Pilagá (com um grande pássaro),[17] entre os Mataco (com um homem),[18] descrevendo rituais semelhantes. Cerimoniais pleiadares foram registrados na mesma área, também entre os povos não Guaikuru; é o caso dos Guaná, cujos rituais mais complexos estavam vinculados àquela constelação.[19]

Segundo nossos informantes Kadiwéu, era a *Nibetád*, o herói mítico identificado com as Plêiades, que seus antepassados saudavam cada ano pedindo saúde, poder e riqueza. Qual seria a origem deste personagem, o único reverenciado e que, por isto, mais que *Gô-noêno-hôdi* mereça a qualificação de divindade?

Como se viu acima, a presença de um herói pleiadar não pode causar estranheza na mitologia de um povo chaquenho, em vista de sua ampla distribuição entre outros grupos da mesma área, entretanto certas particularidades da lenda Kadiwéu sugerem que ela foi adotada de outra literatura e reinterpretada como racionalização das cerimônias ligadas às Plêiades.

Nibetád é descrito como um homem que desceu do céu para casar com uma Kadiwéu com quem teve dois filhos, os quais depois se tornaram *padres* famosos. O elemento a que a lenda dá mais ênfase é sua qualidade de agricultor, cujas roças produziam logo depois de plantadas. Este é um motivo inesperado num povo que viveu da caça, da pesca, da coleta, do pastoreio e do saque, mas nunca da agricultura. É mais estranha ainda a conexão de um agricultor com o período de mais intensas e rendosas atividades coletoras (algaroba e bocaiuva). Estes fatos estão a indicar, como assinalamos, que a lenda foi tomada de outra literatura, acrescida de elementos novos – como os filhos xamãs, tão característicos da mitologia Kadiwéu – e aplicada como racionalização a um cerimonial preexistente.

Uma confirmação desta hipótese se encontra na ampla difusão do tema em outras áreas. O motivo da estrela ou constelação que desce do céu em forma de homem para se unir a uma mulher ocorre nas mitologias Umotima e Karajá.[20]

---

14 J. Guevara *apud* Lehmann-Nitsche, 1924/25, vol. 28, p. 72.
15 Dobrizhoffer *apud* G. Fúrlong Cárdiff, 1938, p. 39-40, 47.
16 F. Azara, 1904, p. 363-364; M. Schimdt, 1949, p. 248-249.
17 A. Métraux, 1946, *Ethnography*, p. 366.
18 A. Métraux, 1935, p. 137.
19 F. Altenfelder Silva, 1949, p. 356.
20 H. Baldus, 1946, p. 19-23 e 88.

Na última a semelhança é das mais estreitas, pois *Tahina-can*, o herói civilizador dos Karajá, é descrito com os característicos referidos, e até como o plantador de roças prodigiosas do qual aqueles índios aprenderam seus métodos agrícolas.[21]

Motivos semelhantes ocorrem também no Chaco, como o tema Chamacoco da mulher-estrela que se casa com um índio.[22] A uma destas personagens astrais, os Toba, Pilagá e Mataco atribuem a criação das plantas cultivadas, de algaroba e de suas pinturas de rosto e adornos.[23]

Como se vê, as cerimônias pleiadares e os heróis míticos ligados àquela constelação são muito comuns no Grande Chaco, o que nos autorizaria a considerar *Nibetád* como originalmente Kadiwéu. Entretanto, os mencionados caracteres estranhos nos levam a acreditar que estamos diante de uma aquisição recente e que *Nibetád* veio reforçar uma cerimônia mais antiga, vinculando as Plêiades ao destino do grupo, explicando e validando os ritos que marcavam, no passado, o período anual de maior fartura; o amadurecimento da algaroba quando seu *habitat* era o Grande Chaco e das bocaiuveiras, ao se deslocarem para as margens do Rio Paraguai, e, principalmente, o início da vazante dos campos do Grande Chaco e do Pantanal, depois dos longos meses em que ficam alagados, dificultando as caçadas.

Para os Kadiwéu de hoje que nos contaram a lenda de *Nibetád*, ela é apenas uma história sem qualquer consequência, este herói nada lhes deixou, o segredo de suas roças prodigiosas foi perdido e depois de seu desaparecimento não se relata nenhum outro contato com ele. As cerimônias que no passado lhe eram atribuídas tomaram nova feição; hoje são organizadas por Apolinário e dedicadas ao "meu São João"; e os Kadiwéu, que se vão acaboclando, estão prontos a acreditar que os antigos rituais pleiadares também eram dedicados a este santo ou a outro qualquer.

Cerimoniais lunares

O padre Pedro Romero, que foi um dos primeiros missionários a trabalhar junto aos Mbayá, afirma que eles só reverenciavam "à lua e ao carro celeste, não reconhecendo qualquer outra divindade". A notícia escrita em 1613 por aquele padre adianta que *"los Guaucuruus adorã la Luna, los tres o quatroprimeros diasq sale y esto com mui grande algaçara de gritos (flautas) y otros ynstrumentos saliendo todos deentre sus esteras averla"*.[24]

O mesmo missionário nos deixou também um relato de sua intervenção numa destas cerimônias. – Notando, certa noite, que os índios se juntavam para reverenciar a lua nova, o bom padre, cheio de santa indignação, vestiu seus paramentos, tomou um crucifixo nas mãos e, assim preparado para impressioná-los, foi pôr fim à heresia.[25]

---

21 H. Baldus, 1946, p. 19-21; A. Botelho de Magalhães, 1942, p. 354-356.
22 H. Baldus, 1946, p. 88.
23 A. Métraux, 1935, p. 136.
24 Esta é a única referência que conhecemos a um culto lunar.
25 C. Leonhard, 1927, tomo XIX, p. 160-161.

Labrador, que conheceu este episódio através de referências de Lozano,[26] adianta que, a seu tempo, os Mbayá conservavam aquelas práticas, mas pondera que não se tratava de cerimônias religiosas.[27] Ele as descreve como festanças *"dignas de las pocilgas de inmundos animales"*. Conta que nestas ocasiões dois cantores se revezavam, um cantava até meia-noite, discorrendo sobre assuntos indiferentes; daí em diante outro tomava seu lugar e prosseguia até a madrugada; este último cantaria "temas próprios de lupanares". Quando aparecia a estrela da manhã suspendiam os instrumentos e entoavam estas palavras:

> *"Yá viene nuestro amo", no porque reconozcan soberanía en aquel cuerpo lúcido, sino por seguir los despropósitos de sua educación bárbara. No quieren significar otra cosa sino que el lucero anuncia cercano el dia. Al empezar la luna nueva, tienen también sus regocijos, y al verla gritan: Epe-nai, Epe-nai, la luna, la luna. Aun los que no son bárbaros se consuelan viendo las noches claras y serenas.*[28]

As festas nas noites de lua nova são, hoje, puramente recreativas, não temos nenhum elemento que permita avaliar até que ponto pode ter sido um cerimonial lunar como queria o missionário Romero. Nas noites claras, os jovens Kadiwéu de hoje, como de resto todos os jovens índios que conhecemos, costumam reunir-se no terreiro de uma casa, para fazer música, dançar, organizar jogos esportivos e conversar, com o mesmo entusiasmo e alegria que os rapazes e moças de qualquer fazenda.

Práticas rituais

As fontes bibliográficas nos dão notícia de outras cerimônias das quais teremos de tratar sumariamente aqui, para situar certos procedimentos rituais. Grandes festejos que duravam semanas eram realizados por ocasião do nascimento de um filho de cacique e durante as cerimônias de iniciação dos rapazes e moças; festas menores tinham lugar antes e depois das sortidas guerreiras e quando recebiam visitas de membros dos outros grupos locais.

O programa geral destes festejos, afora certas práticas específicas em alguns deles, era o mesmo para todos. Consistia na realização de competições esportivas, farsas de mascarados, música instrumental, cantos e danças – enquanto a bebida fermentava – e, em seu consumo, no último dia.

Nosso propósito é indicar o papel da bebida e das sangrias na vida cerimonial Mbayá. Para isto, vejamos como Labrador descreveu a maior festa que assistiu em suas aldeias, aquela com que comemoravam o nascimento do filho

---

26 *Ibidem.*
27 S. Labrador, 1910, vol. II, p. 68; Lozano, 1941, p. 152.
28 S. Labrador, 1910, vol. II, p. 10. Ver também vol. I, p. 301-302.

de um cacique e, segundo sua expressão: *"es un compendio de cuantas diversiones se celebran en el círculo del año"*.[29] Anotemos, de passagem, que as Cartas Ânuas de 1618 dão notícia das mesmas cerimônias: *"hacen grandes fiestas cuando nacen [os caciques] ó cuando empiezan á andar, sacando la criatura en público*[30] *con mucho gozo de todos, con danzas y publicas borracheras y muchas cerimonias à su uso; lo cual yo vi hacer en una nieta de un cacique..."*.[31]

Conta Labrador que, logo depois do nascimento, os homens saíam para colher mel e as mulheres se pintavam de urucu em sinal de regozijo. Perto da casa da parturiente levantavam uma paliçada de esteira onde juntavam grande número de cabaças que deviam ser enchidas de hidromel. A partir do segundo dia os homens começavam a chegar com os carregamentos de mel que era separado da cera e posto a fermentar ao sol, sob a vigilância de doze velhos respeitáveis, ao som de tambores, cantos e de muitas buzinas de chifre de vaca e de cabaças. Aos velhos cabia experimentar a bebida e recolher à casa da festa as cabaças que iam atingindo o ponto desejado.

Desde o primeiro dia, a cada manhã, um velho cativo Guaná tocava um tambor feito de um vaso de barro, cheio de água, a cuja boca era preso um tímpano de couro e cantava predizendo ao infante muitas felicidades e glórias na guerra. À tarde era substituído por jovens que rufavam tambores semelhantes e maracás, convidando os presentes a participarem dos festejos, animando as lutas corporais, as corridas, os jogos de peteca e *"chueca"* (*hockey*) em que eram contendores crianças e adultos de ambos os sexos e as danças das mulheres e moças que se prolongavam até à noite. As velhas participavam organizando todas as tardes uma farsa em que remedavam aos inimigos Mocovi; tecendo uma esteira com fios de várias cores para servir de berço ao recém-nascido e dando, cada uma, seu peito seco para a criança mamar.

A festa terminava ao oitavo dia depois das cerimônias em que eram escolhidos os "caciques de favor",[32] com uma "solene bebedeira", para a qual todos se preparavam jejuando desde o dia anterior.

Referindo-se ao entusiasmo de seus catecúmenos pela bebida, Labrador comenta que até parecia um vício inato, tal a paixão com que se entregavam a ele. A seus esforços para combatê-la, respondiam que bebiam para dormir e ver, em sonhos, coisas nunca vistas, festas, jogos e delícias.[33]

As bebedeiras duravam 24 horas, os participantes – homens e mulheres adultos – se dispunham em círculo, alternando a bebida com o tabaco, mascado pelas mulheres e fumado pelos homens.[34] Algumas moças serviam o hidromel em meias cuias de cabaças, enquanto outras cuidavam de aparar os vômitos ocasionais.[35] Os cativos não podiam participar, cabia-lhes cuidar dos "senhores" e levá-los para casa quando seu estado não permitisse ingerir mais hidromel.

---

29 S. Labrador, 1910, vol. II. p. 14-18.
30 Não encontramos referências a esta prática em nenhuma outra fonte bibliográfica.
31 Cartas Ânuas, *Breve notícia* etc. Ms., 1618.
32 Não cabe aqui uma análise desta cerimônia da maior importância no estudo do cacicato Mbayá. Ver H. Baldus, 1945, p. 30-31.
33 S. Labrador, 1910, vol. II, p. 3-5.
34 S. Labrador, 1910, vol. 1, p. 277-278.
35 S. Labrador, 1910, vol. II, p. 4.

Mesmo exprobando os exageros e as balbúrdias destas festanças, Labrador acrescenta que sempre transcorriam em harmonia, sem dar lugar a conflitos sérios entre os participantes.³⁶ A bebida era servida em ordem hierárquica, realçada pelos cantos ditirâmbicos com que os jovens tamborileiros saudavam cada guerreiro que ia sendo servido.

Um tratamento especial era dispensado às pessoas embriagadas. Lê-se em Sánchez Labrador: "*Es como ley entre ellos que lo que uno pide á otro cuando está entre dos luces y sin saber lo que habla, no se le ha de negar: lo contrario fuera falta de hidalguía*".³⁷

A descrição deixa manifesta a importância cerimonial da bebida, toda a festança girava em torno de sua preparação e consumo, ambos extremamente elaborados. A fermentação era entregue a velhos veneráveis e acompanhada de música instrumental, cantos e danças que asseguravam um resultado satisfatório; o consumo obedecia a uma complicada etiqueta, finalmente o embriagado era tido como em estado especial, merecia cuidados particulares, sendo até investido de certas prerrogativas.

Vimos que as festas pleiadares eram, antes de tudo, ritos propiciatórios ligados ao amadurecimento da algaroba. Ora, esta fruta era usada principalmente na preparação da *aloja*, a chicha preferida das tribos chaquenhas. Karsten fala até de carnavais de algaroba que seriam as principais cerimônias daquela área. O mesmo autor mostra que os Mataco Noctenes concebiam as bebidas como detentoras de um espírito, sendo que a *aloja* de algaroba teria o espírito mais suave, mais benfazejo, e que os cuidados rituais seguidos em seu preparo tinham por objetivo proteger o nascimento e a conservação daquele espírito.³⁸

Não sabemos de concepção semelhante entre os Mbayá, porém seus cuidados no preparo do hidromel e as ideias ligadas a ele, já referidas, mostram que bem poderia ter existido.

A utilização cerimonial do hidromel preparou o terreno para a introdução da aguardente pelos brancos, contribuindo para que chegasse a constituir o maior fator de dissolvência do grupo, aquele que mais influi, isoladamente, para a destruição de sua unidade tribal.

Os cronistas posteriores a Labrador documentam este fato; Almeida Serra, Castelnau, Boggiani e Fric³⁹ dão extensas descrições da corrupção que se seguiu à sua introdução. Estudando o álcool como fator de decadência da tribo, escreve Baldus: "O álcool que antigamente fez funcionar certas particularidades da sua cultura, conservando a etiqueta e animando tendências para o êxtase, razão essa pela qual ficaram bem-vindos os importadores brancos, tornou-se agora o meio de perturbar a mesma cultura. Sujeitou-a, cada vez mais, às influências daqueles 'importadores', cujo número cresceu ao redor do número minguante dos Caduveo".⁴⁰

---

36 *Ibidem*.
37 S. Labrador, 1910, vol. II, p. 6.
38 R. Karsten, 1913, p. 203.
39 Almeida Serra, 1850, p. 354; F. Castelnau, 1949, p. 313; G. Boggiani, 1945, p. 84, 164, 171, 188, 191, 209 e 330; V. A. Fric, 1913, p. 405.
40 H. Baldus, 1945, p. 41.

Pudemos observar em suas aldeias que a bebida é, ainda hoje, um elemento cerimonial indispensável, além de ser o mais sério fator de corrupção. Os índios a obtêm em troca de couros e artefatos, com os negociantes vizinhos, viajando dois a três dias para conseguir algumas garrafas. Suas cerimônias que são, de certo modo, uma caricatura das antigas, não dispensam nunca este substituto do hidromel. As festas de nominação, de corte de cabelos, de iniciação das moças e até de suspensão do luto, começam quando o festeiro parte para comprar a aguardente e se prolongam em danças, jogos e competições esportivas até o dia de seu regresso. Ainda é servida com uma etiqueta complicada, bebendo os participantes em ordem de hierarquia, e acompanhados de toques de flauta e tambor que anunciam as qualidades de quem bebe, se é o "capitão", seu "ajudante", "cabo" ou "soldado" – palavras com que traduzem os antigos títulos.

Os Mbayá praticavam sangrias em muitas ocasiões e para diferentes fins. Todas as fontes antigas se referem a esta prática, associando-as aos ritos de passagem, à guerra, às provas esportivas e ao xamanismo.

Uma Carta Ânua do padre Diego Torres, datada de fevereiro de 1613,[41] descreve um cerimonial de iniciação, fazendo referências às sangrias, a que os iniciados deviam submeter-se, como prova de valor.

Lozano[42] descreve os ritos de passagem dos antigos Mbayá como consistindo de três cerimônias, uma na passagem da infância à adolescência, outra que integrava o jovem entre os soldados e, uma terceira, pela qual atingia o *status* de adulto. Nos dois últimos ritos seriam submetidos a sangrias.

Segundo esta descrição de Lozano, o adolescente, para passar do primeiro ao segundo estágio, escolhia um velho ou um guerreiro famoso que o submetia a várias provas em que devia demonstrar coragem e resistência à dor, uma delas era furar-lhe os membros, inclusive a genitália, com um osso de veado e untar-lhe a cabeça com o sangue derramado. Para passar ao último estágio e integrar-se na vida adulta como guerreiro veterano, as provações eram ainda mais exigentes. Vejamos como o mesmo autor descreve as sangrias então praticadas: o iniciando

> *toma siete huesos de venado muy aguzados o espinas del pescado raya, y los reparte a los soldados veteranos, que el mesmo escoge; éstos, llegando al puesto en que está cantando, que es fuera de la ranchería, le cogen el miembro natural, y con el dicho hueso o espina se le traspasan de parte a parte cuatro o cinco veces cada uno como y por donde quiere haciéndosele una criba, y el mártir del demonio se está inmóvel sin quejarse, embijándole luego la cabeça y cuerpo con su propria sangre.*[43]

---

41 C. Leonhard, 1927, p. 160.
42 P. Lozano, 1941, p. 75.
43 *Ibidem*.

Labrador refere-se a esta descrição, confirmando-a em linhas gerais, quanto às sangrias[44] e acrescentando:

> *Los de edad de 12 años á 16 tienen su particular fiesta, que les sirve de ensayo para hombres. El que se ha de despojar la puericia, se pinta bellamente de colorado y blanco: vístese cuantas galas de plumas, cuentas y metales tiene: Dispone el tamborilillo: toca y canta toda una noche y el siguiente dia hasta que el sol se pone. Antes de ocultar-se el planeta un Nigienigi ó médico inhumano toma el punzón de hueso de tigre. Así armado, le punza en varias partes de su cuerpo, sin ocultar las que oculta el recato. Desángrase el muchacho, que mira con grande serenidad su sangre. Con esto el Nigienigi le tiñe el cuerpo, dejándole así rubricado en ta categoria de hombre. Todo se acaba con solemne borrachera, à costa del inaugurado.*[45]

Vê-se que é essencialmente a mesma cerimônia, com o pormenor muito expressivo de que o sangrador é um *nidjienigi*.

Labrador refere-se, ainda, à prática de sangrias depois das grandes provas esportivas. Os competidores, assim que regressam das corridas em meio aos aplausos dos circunstantes,

> *se hacen crueles sangrías en varias partes del cuerpo. Tienen unos punzones hechos de huesos de tigre, poco menos grueso que el dedo meñique. Con este instrumento se taladran de parte à parte las pantorrillas junto al talón del pie y cerca de las corvas. Del mismo modo barrenan ó abren agujero en los muslos, en los brazos y algunos junto á la cintura. Cada uno se sacrifica á si mismo; y raro es el que en ésto muestre cobardía; pero no es desdoro hacer que otro ejecute la carnificina. Dicen, y creo que no yerran, que con tales sangrías no sienten el cansacio.*[46]

Práticas muito semelhantes foram observadas por Azara entre os Payaguá, que as realizavam também, por ocasião do aparecimento das Plêiades – ou nas imediações de São João – como diz este autor. Os homens depois de se sangrarem reciprocamente com espinhas de arraia, nos braços, músculos, pernas e língua, banhavam os rostos com o sangue que jorrava, repetindo algumas vezes os mesmos atos, sem que se ouvisse queixa ou o menor indício de sofrimento.[47]

Labrador indica a sangria entre os métodos de cura dos *nidjienigi* Mbayá, descrevendo a prática do seguinte modo:

---

44 S. Labrador, 1910, vol. I, p. 316.
45 S. Labrador, 1910, vol. II, p. 8.
46 *Ibidem*.
47 F. de Azara, 1904, p. 363.

> *Pónese de rodillas el que necesita la sangría, si ésto ha de ser con los hombres ó hacia la cabeza. Siéntanse, se se le ha de picar en los muslos ó en las pantorillas. En esta postura coge el médico un hueso de tigre con punta y pasa la carne de una á otra parte, cuantas veces gusta. Substituye también el hueso por dos agujas ó lesnas de hierro, y separada un poco la una de la otran con las dos toladra la parte que punza. No sabía de que admirarme más, si de la barbaridad del médico ó de la del enfermo. Aquél pica sin piedad, y éste sufre sin hacer el menor movimiento. Esto es á cuanto puede llegar la presunción que tienen los Guaycurus de su valentia.*[48]

Estas informações são confirmadas por Almeida Serra, que também se refere à prática das sangrias como método de cura e para aliviar a fadiga.[49]

Resta-nos ver, agora, o papel das sangrias na guerra; segundo Labrador, elas eram praticadas antes dos combates para avivar o valor dos guerreiros e como ostentação de coragem.[50] Mas devemos a Almeida Serra uma descrição mais expressiva e que realça seu papel na guerra como ritual de purificação diante da ameaça de morte ou de derrota anunciada pelos *nidjienigi*. Depois de descrever o modo de sangrar, ele aduz

> quando são muitos os assustados, que é sempre nas suas marchas, e os seus padres lhes prognosticam que o inimigo que buscam, ou está a chegar, ou sairá com a vantagem imediatamente se sangram em um instante uns aos outros, e basculham o corpo com ramos, gritam, sacodem os panos, para afugentarem assim o mal, ou a morte que estava a chegar; e se retiram apressadamente. Esta cerimônia, filha do terror pânico, praticaram eles em janeiro deste ano, quando acompanhando o alferes Floriano José de Mattos, e mais vinte soldados portugueses, já nas vizinhanças de S. Carlos, cheios de medo, não foi possível passarem adiante, nem ensinarem o caminho, apesar dos prêmios que se lhes prometiam.[51]

Os testemunhos citados, cuja consistência interna é notória, embora abranjam um período de duzentos anos, esclarecem perfeitamente o papel das sangrias na cultura Mbayá. Além de processo curativo usado pelos *nidjienigi* desempenhavam papel ritual, como nas cerimônias de iniciação, em que constituíam as principais provações; só depois de lavar-se com seu próprio sangue, derramado por guerreiros, o jovem podia assumir o *status* de adulto. Tinham, ainda, significados religiosos, como sacrifícios coletivos de oferta – nas festas pleiadares, e de expiação – na guerra.

---

48 S. Labrador, 1910, vol. II, p. 44; ver também p. 35.
49 Almeida Serra, 1850, p. 365-366.
50 S. Labrador, 1910, vol. II, p. 21.
51 Almeida Serra, 1850, p. 367.

Os Kadiwéu apenas conservam a sangria curativa e mesmo esta é somente usada como recurso extremo pelos *nidjienigi*. Não tivemos oportunidade de assistir a nenhuma, mas alguns de nossos informantes disseram que haviam sido submetidos a tais tratamentos, sendo sangrados nos braços e nas pernas.

Durante as principais festas Kadiwéu, são realizadas carneações de gado tão sangrentas que recordam as antigas práticas rituais. Assistimos a uma cerimônia de iniciação de uma moça em que duas reses foram abatidas assim. A primeira foi solta num cercado diante de um grupo de quatro mascarados que avançaram para ela, armados de facas e facões e a abateram depois de cortar-lhe os tendões. Após a matança os mascarados se afastaram e um dos amigos do festeiro carneou-a e distribuiu porções para cada família. A segunda rês foi solta no mesmo lugar, diante de todos os adultos do grupo; cada qual levava seu laço, além de facões e machados. O contendor que conseguiu laçar a cabeça do touro firmou-o para os outros que atacaram numa algazarra indescritível, retirando patas e quartos do animal ainda vivo. O laçador ficou com a cabeça, os outros, com os pedaços que conseguiram arrancar, mas antes de levarem-nos para suas casas tiveram de disputá-los com as mulheres e com os outros homens, numa batalha em que se atiravam chifres, fezes e cascos do animal.

O aspecto sangrento destas matanças e, sobretudo, o fato do *nidjienigi* presente se lambuzar com o sangue da rês, lembram as sangrias descritas acima; todavia, provavelmente, estas práticas não são mais que versões Kadiwéu das touradas à espanhola que seus antepassados assistiram quando conviviam com paraguaios.

Padrões de desenho Kadiwéu XVI.

Padrões de desenho Kadiwéu XVI.

Fetiches

Boggiani e Fric dão notícia de "insígnias" e "ídolos" que encontraram nas aldeias Kadiwéu em 1892 e 1904, respectivamente. As primeiras são descritas como "paus entalhados na parte superior com figuras simbólicas e revestidas na parte inferior, lisa, com uma espécie de forro de pano vermelho, recamado de pequenas contas brancas e azuis".[52] Boggiani viu nelas insígnias familiais e Colini as comparou com postes totêmicos.[53]

Não encontramos mais estes elementos, vimos apenas uma imitação que um Kadiwéu com quem falamos a este respeito fez para nos mostrar; este e todos os outros informantes as descreveram como simples cabides esculpidos em que "os antigos guardavam seus tarecos": as roupas, faixas recamadas de contas, colares e capacetes. Cada homem tinha um destes objetos que levava consigo, quando se casava, para a casa da esposa, fincando-o ao pé do jirau onde dormia; só pelas riquezas que guardava podia simbolizar sua posição social.

Labrador faz ligeiras referências a estas peças, descreve-as como postezinhos lavrados que os índios cravam em terra para pendurar seus trastes[54] e que depois da morte do dono continuam no mesmo serviço, junto à sua sepultura,[55] mas não lhes empresta qualquer significação particular.[56]

As figuras femininas e masculinas modeladas em barro ou entalhadas em madeira, adquiridas por Boggiani representavam "santos", segundo lhe disseram os índios. Eram designadas como Santo Antônio, São José, São João etc. "Porém – acrescenta Boggiani – eu os vi usados pelas crianças a modo de bonecas e brincar com eles vestindo-os e despindo-os, jogando-os pelo ar ou ao solo, com a maior indiferença"[57] e adianta que os índios não tinham qualquer escrúpulo em vendê-los.

Fric fez uma coleção destas pequenas imagens e conta que depois de comprar várias delas que serviam de brinquedo às crianças, embora fossem chamados "santinhos", encontrou algumas melhor entalhadas que os donos não lhe quiseram vender por preço algum, porque "eram os brinquedos dos parentes mortos, tinham recebido o nome deles e agora significavam os próprios parentes".[58]

---

52 G. Bogginai, 1945, p. 190, fig. 88.
53 G. A. Colini, 1946, p. 51.
54 S. Labrador, 1910, vol. I, p. 169.
55 S. Labrador, 1910, vol. II, p. 47; F. Mendez, 1772; p. 29; A. Rodrigues Ferreira, Ms. 1848 – refere-se a "forquilhas" usadas nos cemitérios para pendurar os pertences dos defuntos.
56 Não pudemos consultar a comunicação de V. A. Fric e Paul Radin sobre estas peças – "Notes on the Grave-posts of the Kadiuéo". – Man, tomo VI, London, 1906, p. 71-72.
57 G. Boggiani, 1945, p. 200, fig. 101.
58 V. A. Fric, 1913, p. 309.

Kalervo Oberg faz comentários semelhantes a respeito de bonecas que encontrou quando estudava os Kadiwéu em 1947; as descreve como feitas por *padres* e tidas como detentoras de poder mágico.[59]

Encontramos também algumas pequenas esculturas, todas modeladas ou entalhadas por Kadiwéu que não eram *padres* e às quais ninguém atribuía poder mágico ou religioso. O fato de serem chamadas "santinhos" nos parece apenas o uso mais livre de uma das poucas palavras portuguesas conhecidas deles, aplicáveis àquelas peças.[60] Naturalmente podem ter tido, no passado, outras atribuições, mas hoje são somente brinquedos de crianças e achamos muito provável que tenha sido sempre assim e que sua semelhança ocasional com as imagens católicas permitiu estas comparações por parte dos próprios índios sem que chegassem a constituir ídolos.

João Apolinário, o "benzedor" Kadiwéu, tem em sua casa uma imagem de gesso e algumas estampas de santos católicos, diante das quais acende velas, mas ninguém as identifica com as bonequinhas das crianças.

Além destes "ídolos" e "postes", a bibliografia provê poucas informações sobre outros objetos aos quais os Mbayá atribuíam poder mágico; só conhecemos referências a uma jaqueta de couro de onça, às tintas usadas na pintura de corpo e alguns instrumentos utilizados pelos *nidjienigi*.[61] As referidas jaquetas eram usadas na guerra, acreditando os Mbayá que, vestindo-as, se tornavam invulneráveis às flechas e até às balas dos inimigos, além de se investirem do poder daquele animal.[62]

Segundo Labrador a tinta vermelha do urucu era tida como infausta para a guerra, aquele que se pintasse com ela antes de um combate fatalmente morreria.[63] A tinta negro-azulada do jenipapo conserva até hoje uma restrição semelhante; não pode ser usada pelas moças durante a festa de iniciação. Porém os padrões de desenho, em si mesmos, não parecem ter tido qualquer valor simbólico; são usados atualmente pelos Kadiwéu na pintura de rosto, como recursos puramente decorativos, sem qualquer implicação mágica.[64] As pinturas grosseiras feitas com cinza, tabatinga ou carvão pelos *nidjienigi* durante as suas festas ou curas mais difíceis, não têm nenhuma relação com a pintura decorativa comum.

Animismo

Os Kadiwéu povoam o mundo com um grande número de seres sobrenaturais; tais são os entes notívagos que ameaçam aos homens que não se recolhem cedo, principalmente às crianças; já os vimos retratados na mitologia como

---

59 K. Oberg, 1949, p. 64.
60 D. Ribeiro, 1950.
61 H. H. Manizer, 1934, p. 309, refere-se a zunidores (*bull-roares*) semelhantes aos usados pelos Bororo, assinalando sua utilização nos ritos funerários Kadiwéu.
62 S. Labrador, 1910, vol. I, p. 189; Rodrigues do Prado, 1839, p. 40.
63 S. Labrador, 1910, vol. I, p. 308.
64 D. Ribeiro, 1950.

bichos ou *cipós* que carregaram para o céu alguns homens e mesmo grupos de velhos e de crianças, transformando-os em constelações. As lendas referem-se, também, a seres que preservam os recursos naturais contra a exaustão; são os donos das caças ou das árvores que as defendem das maldades e desperdícios.

Labrador descobriu entre os Mbayá um personagem que, a seus olhos, seria "uma confusa ideia de demônio".[65] Os homens o chamavam *Ayamarigodi* e as mulheres *Guayemagayego* que significa "o dos pesares, das desditas", nomes aliás, acrescenta ele, muito usados nas descomposturas mútuas e, sobretudo, nas brigas de marido e mulher. Os Kadiwéu de hoje têm algumas notícias do demônio de que tanto lhes falam os neobrasileiros vizinhos, mas não creem que exista um êmulo tribal deste personagem.[66]

K. Oberg faz referências a alguns outros entes sobrenaturais dos quais não obtivemos informação; fala de *hodini*, uma grande cobra que persegue e devora os caçadores; de *nakotákra*, um touro aquático que arrasta as mulheres para ter relações sexuais com elas no fundo dos rios e lagos; e de *emariko-koné*, espécie de macaco aquático que também persegue as mulheres, mas tem decidida preferência pelas moças bonitas.[67]

Há outra categoria de entes sobrenaturais, estes realmente operantes na vida diária dos Kadiwéu. Labrador os chamou *latenigi* caracterizando-os como os personagens com quem sonham e aos quais os *nidjienigi* invocam[68] e lhes aparecem na forma de tigre, galo ou outro animal[69] para adverti-los de perigos iminentes ou lhes dar o poder de curar ou causar doenças. É o mesmo *niguigo* ou *nianiguaigo* que Almeida Serra define como o espírito demoníaco, com quem os *padres* se comunicam[70] e, ainda, o *iú-igo* de que nos falaram os Kadiwéu.

No seu português, eles não encontram melhor tradução para *latenigi* ou *iú-igo* que *bichos*, mas estes "bichos" tanto podem ser animais como onça e cachorro, ou pássaros, insetos, moluscos, quanto espíritos dos xamãs Kadiwéu, Terena, Chamacoco e, até, de médicos brasileiros. Ouvimos a mesma expressão aplicada também aos ovos, pedaços de ossos, larvas, espinhas de peixe e outros objetos que os *nidjienigi* expelem ou extraem de seus clientes.

Desta aplicação ampla dos termos *latenigi* ou *bicho* se depreende que eles tanto se aplicam a espíritos de pessoas mortas, quanto a espíritos puros, impessoais; os Kadiwéu não dão ênfase a esta distinção, parecem considerar uns e

---

65 S. Labrador, 1910, vol. II, p. 54; F. Mendez, 1772, p. 20.
66 Outros autores registraram em seus vocabulários os seguintes nomes Kadiwéu para demônio: *Aguppeiguaghi* (Gilij *apud* Boggiani, 1885, p. 253); *Ittenianegoggigodo* (Castelnau *apud* Martius, 1863, p. 127); *Nauigogigo – spirito fatale* para Boggiani (*loc. cit*); *Ayamagaigo* (Aguirre, 1898, p. 490).
67 K. Oberg, 1949, p. 63.
68 Esta palavra tem sido grafada das seguintes maneiras: *Niegienigi* (S. Labrador, 1910, vol. II, p. 31); *Niniénighi* (Hervas *apud* Boggiani, 1895, p. 253); *Nieguiênigui* (Aguirre, 1898, p. 490); *Unigenes* (Almeida Serra, 1850, p. 364); *Ninienigi* (Boggiani, *loc. cit*.); *Nidjyienigi* (Fric *apud* Loukotka, 1933, p. 275).
69 Labrador, 1910, vol. I, p. 191-192 e vol. II, p. 32, 40, 53; F. Mendez, 1772, p. 20.
70 Almeida Serra, 1850, p. 367.

outros como sendo do mesmo caráter. Até certos personagens míticos, como os heróis-xamãs, quando invocados pelos *nidjienigi* são designados como *latenigi* ou *bicho*.

A utilização desta palavra portuguesa se deve a que a grande maioria dos entes sobrenaturais invocados pelos xamãs Kadiwéu lhes aparecem sob a forma de animais e a que o sentido de *iú-igo*, *niguigo* ou *liguigo*[71] em sua língua se aproxima muito de *bicho* em português, porque o termo usual para indicar qualquer animal só se diferencia dele pela terminação, é *niguicadi* ou *ninicadi*,[72] assim como a designação do mundo de além-túmulo, que soa *nigiyodi*.[73] Sanchez Labrador, embora usando sempre o termo *latenigi* para indicar estes entes, fala de *y-guicadi*, "animal" e de *liguicatedi* "animal de *padre*", ou *bicho*.[74]

Ouvindo um barulho estranho à noite, os Kadiwéu podem julgar que seja um dos entes referidos, se o ruído for maior, podem até tomá-lo por uma multidão deles. Mas é preciso frisar que este animismo não pode ser tido como uma obsessão constante, nada mais falso que a imagem de um Kadiwéu permanentemente aterrorizado por fantasmas. Não conhecemos nenhum que ao menos se aproximasse deste estereótipo tão comum nas digressões sobre o "primitivo". Uma personalidade instável, sujeita a temores e sustos constantes, encontraria na cultura Kadiwéu muitos fantasmas e duendes para identificar e temer, mas esta personalidade, por estas mesmas preocupações, seria logo tida como *nidjienigi*, pois só a eles cabe ter tais visões e seria posta, assim, a serviço da comunidade.

Embora o mundo esteja povoado destes seres e todas as pessoas sujeitas à sua ação maléfica ou benéfica, somente os *nidjienigi* e mesmo estes em situações especiais, podem vê-los e tratar com eles. Cada xamã tem certo número de *bichos* sob seu controle e seu poder é proporcional à quantidade deles que possa invocar e às qualidades de cada um. Assim, o *latenigi* da onça só pode ser invocado pelos grandes *nidjienigi* pois constitui um perigo para eles próprios.

---

71 *Niguiggo* (Hervás *apud* Boggiani, 1895, p. 253); *Nianigugigo* (Almeida Serra, 1850, p. 367); *Niguigo* (Boggiani, *loc. cit.*), *liguigo* (Aguirre, 1898, p. 490).
72 *Niguicadi* (Martius, 1863, p. 127); Labrador, 1910, vol. III, p. 40 e Boggiani (*loc. cit.*).
73 *Niguiyoddi* (Hervás *apud* Boggiani, *loc. cit.*); *Niguiyiodi* (*loc. cit.*).
74 S. Labrador, 1910, vol. III, p. 170, 253, 295, 368.

Os vivos e os mortos

É ainda em Sánchez Labrador que encontramos a principal fonte para o estudo da concepção da morte, dos ritos funerários e do mundo de além-túmulo dos antigos Mbayá. Acompanharemos, mais uma vez, suas pormenorizadas descrições, anotando sempre as confirmações e infirmações de outras fontes, anteriores e posteriores e mostrando até que ponto as práticas e crenças observadas por ele permanecem atuantes, ou como foram modificadas.

Os Mbayá explicavam a morte pela separação de corpo e alma. As fontes bibliográficas não esclarecem perfeitamente esta separação; em alguns casos parece tratar-se do roubo por parte de outra alma,[75] ou de um agente furioso[76] que a arrebatava,[77] em outros a simples abandono consequente de sofrimentos físicos acidentais ou provocados por sortilégios. A estas concepções se liga a ideia de que a morte é sempre resultado de uma violência, ou, ao menos, de que não há morte natural. Todas são atribuídas a sortilégios dos *nidjienigi* ou à atuação de fantasmas.

O estudo dos rituais funerários permitirá uma visão mais completa destas concepções.

Sepultamento

Os preparativos para o sepultamento iniciavam antes mesmo do falecimento; uma das atribuições dos *nidjienigi* era prever a morte e anunciá-la para que aqueles preparos tivessem início. Quando percebia que seu cliente não tinha cura, encerrava-se num cercado de esteiras e cantava fazendo os últimos esforços para obrigar a alma a voltar ao corpo; depois de um colóquio com o seu *bicho* entrava em êxtase e anunciava estar vendo a alma do enfermo que vinha montada num cavalo, correndo pelos campos, até aproximar-se da aldeia. Esta visão da alma cavaleira era o prognóstico da morte.[78] Após esta desobriga, o xamã esperava o desenlace para entrar novamente em atividade.

Quando o moribundo começava a expirar o *nidjienigi* tomava o chocalho e saía em disparada, corria um quarto de légua, gritando, cantando e chamando a alma. Voltava, depois, e, de longe, comunicava que seus últimos esforços tinham sido vãos. Então todos os circunstantes começavam a xingá-lo, a atirar-lhe tições e quantos objetos pudessem alcançar.[79]

---

75 S. Labrador, 1910, vol. II, p. 36, 39.
76 S. Labrador, 1919, vol. II, p. 45.
77 S. Labrador, 1910, vol. II, p. 41.
78 S. Labrador, 1910, vol. II, p. 40; Almeida Serra, 1850, p. 367.
79 S. Labrador, 1910, vol. II, p. 42; ver também Almeida Serra, 1850, p. 366.

Os parentes se punham a chorar e a preparar o moribundo para o enterramento.[80] Pintavam-lhe de urucu o rosto, os braços e o peito; adornavam-no com os mais belos tembetás, brincos e colares que usara em vida. Quando era mulher, além das pinturas faziam também os arranjos de cabeleira usados nas grandes festas.[81]

Assim paramentado, como nos melhores dias, expirava o Mbayá. Juntavam-se, então, todas as mulheres do toldo para chorá-lo e cantar seus feitos heroicos.[82] Depois acocoravam o cadáver e o amortalhavam com uma manta; nesta posição era levado em seu melhor cavalo para o cemitério.[83]

Assim que saía o féretro, se o falecido era adulto, as casas da aldeia eram queimadas, bem assim todos os pertences do defunto que não tinham sido levados com ele, e quebrados os potes e tudo o mais que pudesse recordá-lo. Em seguida todo o grupo mudava-se para outro sítio, a fim de afastar-se da alma que continuaria andando, embora invisível, nas imediações da morada.[84]

O cemitério não diferia do toldo em que viviam, era uma aldeia das mesmas proporções e com o mesmo número de casas, feitas de esteiras constantemente renovadas. Aí era enterrado em sepultura rasa, ao lado de seus parentes; cobriam-no com pouca terra sobre a qual colocavam uma pequena esteira, cântaros de água muito bem decorados e às vezes guarnecidos de contas. Junto à sepultura fincavam o postezinho lavrado, que em vida lhe servira para pendurar os pertences e ali continuava guardando as suas armas e adornos – se era homem, e, se era mulher – as cuias, fusos e outros petrechos femininos.[85]

Quando o morto tinha cavalos, matavam alguns (mas não as éguas) ao lado da sepultura para que pudessem servi-lo em seu novo estado.[86] Já F. Mendez[87] e Rodrigues do Prado falam da matança de um apenas: aquele em que foi levado ao túmulo e era a sua melhor montaria.[88]

Encontra-se nas Cartas Ânuas, da primeira missão jesuítica junto aos Mbayá (século XVII),[89] uma descrição de sacrifícios humanos que seriam realizados por ocasião do enterramento dos caciques. Labrador que conheceu estas informações, através da obra de Lozano,[90] conjetura que os Mbayá tivessem perdido este costume, pois já não era observado ao tempo em que os conheceu. Assinala que a única diferença entre o enterramento de um cacique e o de outros membros do grupo era que

---

80   S. Labrador, 1910, vol. II, p. 165.
81   S. Labrador, 1910, vol. II, p. 41-42; Rodrigues do Prado, 1839, p. 36; F. Mendez, 1772, p. 29.
82   S. Labrador, 1910, vol. I, p. 26; vol. II, p. 46, 277.
83   S. Labrador, 1910, vol. II, p. 46; Rodrigues do Prado, 1839, p. 36-37.
84   S. Labrador, 1910, vol. II, p. 46, 48.
85   S. Labrador, 1910, vol. II, p. 47; F. Mendez, 1772, p. 29; A. Rodrigues Ferreira, Ms., 1848.
86   S. Labrador, 1910, vol. II, p. 47.
87   F. Mendez, 1772, p. 29.
88   Rodrigues do Prado, 1839, p. 36-37.
89   C. Leonhard, 1929, vol. XX, p. 72-82 e 123-131.
90   P. Lozano, 1941, p. 76, 150, 158, 159.

> *mientras está presente el cadáver, ponen cerca una cazuela con agua y uno como hisopo para que los que llegan le asperjen. Ceremonia que acaso tomaron de los cristianos cuando fueron sus caseros, como ellos se explican, ó entraban y salían á hacer sus contratos.*[91]

É possível que esta prática tenha substituído a antiga, por sua vez, inteiramente verossímil, pois baseava-se nas mesmas ideias que levaram, posteriormente, à matança dos cavalos. Antes eram sacrificados os cativos para servir aos caciques mortos, como depois passaram a ser mortos os cavalos para assegurar montarias aos que as tiveram em vida.

Lozano escreve

> *Muerto el cacique o hijo suyo, o algún indio principal, matan a algunos así varones, como mujeres, para que les vayan a servir, teniendo por cierta la inmortalidade de las almas engañados a que andan por este mundo con necesidad de quien las acompañe y sirva; y hay así indios, como ideias tan ciegos en esta parte, que ellos mismos se ofrecen de su propia voluntad para este sacrificio del demonio, pareciéndoles que con esto muestram el amor y estima que les tienen. El lugar donde con esto entierram el cacique o sus hijos, le cubren de esteras, y al difunto adornan com collares de cuentas, quitándoselos gustoso cada uno, aunque les haya costado mucho, para parecerles acto de piedad debida con los muertos, y al llevarle a la sepultura usan algunas ceremonias bárbaras nacidas del natural sentimiento que ocupa su corazón por la pérdida de quien amaban.*[92]

A narração do *padre* Romero em que se baseou Lozano para suas observações é das mais convincentes; conta que morrendo uma menina que havia sido batizada pouco antes, ele a fez enterrar na igreja e conseguiu que seu pai desistisse de sacrificar alguns cativos para servi-la, em seu novo estado. Mas os outros membros do grupo não concordaram, mataram secretamente uma velha e quiseram sepultá-la ao lado do cadáver da menina, custando-lhe grandes esforços e perigos impedir o sacrilégio.[93]

Almeida Serra se refere a cerimônias idênticas, como sendo praticadas ainda a seu tempo: "costumam enterrar um cavalo e um cativo para servirem na outra vida a seu senhor; haverá oito anos que deu assaz trabalho ao tenente Francisco Rodrigues, então comandante de Coimbra, para salvar uma criança que o bárbaro uso destes homens queria sepultar com seu senhor; mas presentemente já vão abandonando esta prática".[94]

Surge aqui uma questão: como teria passado desapercebido a Labrador um uso desta ordem? A única hipótese aceitável é a de que tivesse sido abandonada e até substituída pela borrifação d'água a que ele se refere, nos grupos que

---

91 S. Labrador, 1910, vol. II, p. 48.
92 P. Lozano, 1941, p, 76; ver também p. 150.
93 C. Leonhard, 1929, vol. XX, p. 76-82 e 123-131; e P. Lozano, 1941, p. 158-159.
94 Almeida Serra, 1850, p. 361.

conheceu melhor e que eram exatamente aqueles que mantinham mais frequentes contatos com os espanhóis. E teria sido conservado nos outros, mais distantes e menos afetados pelas influências europeias, podendo ser observado por Rodrigues do Prado ainda em 1795, 28 anos depois dos últimos contatos de Labrador com os Mbayá.

A hipótese de que Almeida Serra houvesse fantasiado a informação não nos parece aceitável, em vista de sua semelhança com a descrita quase dois séculos antes e porque ele invoca o testemunho de seu antecessor num relatório ao comandante de ambos. Merece, porém, ser considerada com reserva, porque o próprio Rodrigues do Prado, referido como testemunha, não a relata em sua magistral monografia sobre os Mbayá, o que só se explicaria se tivesse ocorrido depois de escrita aquela obra.

Os Kadiwéu de hoje têm a mesma concepção da morte, seus *nidjienigi* continuam perseguindo as almas fugidas e explicando por estas fugas os desmaios e a morte. Quase todos os falecimentos de que nos deram notícia foram atribuídos a sortilégios, mesmo o caso de velhos alquebrados que conhecemos, como Bili, um cativo Enimá de seus oitenta anos, cuja morte era esperada por todos, mas foi tida como provocada por malefícios de um civilizado; e a de Segundo, outro velho, cativo Chamacoco, falecido em 1947 "por coisas de minha gente". A morte do Cap. Matixúa, vitimado por uma hérnia, e a do Cap. Laureano, atacado de varíola em Campo Grande, foram também consideradas sobrenaturais. Só fazem exceção os casos de *padres* assassinados e referências a pessoas mortas na guerra.

26. Interior da casa Kadiwéu.

Atualmente os Kadiwéu têm dois cemitérios, um muito antigo junto do Rio Paraguai, outro fundado em 1942, pelo Posto do SPI. O primeiro é ainda utilizado pelo pessoal de Tomázia, embora fique à distância de setenta quilômetros daquela aldeia; o segundo serve às povoações mais próximas do Posto. Já não são réplicas da aldeia, mesmo porque os ranchos armados com esteiras de piri foram substituídos por casas de duas águas, cobertas de palmas ou de capim. Mas as sepulturas continuam sendo familiais; enterram juntas as pessoas aparentadas biologicamente ou por relações de servidão[95] e revestem suas sepulturas com cobertores ou mosquiteiros, dando-lhes forma de barraca.

---

95   Sobre esta questão ver D. Ribeiro, 1949, p. 185-187.

A pintura de corpo, hoje usada quase somente por mulheres e apenas no rosto, não é mais aplicada para o enterramento, mas ainda colocam junto à sepultura em latas ou vasos de barro todos os adornos do morto, assim como os demais objetos de uso pessoal. Encontramos no cemitério de Pitoco um amontoado de tralhas que constituiriam uma riqueza em qualquer casa Kadiwéu, como uma máquina de costura, fuzis, lanternas, lampiões, copos, pratos, talheres, panelas, moringas, garrafas, guarda-chuvas, roupas e muitas outras miudezas, em que ninguém toca. A matança de cavalos ainda é praticada em alguns casos raros. Vimos, em 1947, as ossadas de dois cavalos abatidos dois e cinco anos antes e os restos dos arreios que foram destruídos na mesma ocasião. E dando vida à cerimônia, persiste a crença de que os mortos podem usar os cavalos sacrificados por ocasião do seu enterramento.

27. Cemitério Kadiwéu.

Algumas vezes queimam a moradia do falecido, mas quando se trata de uma boa casa, antes da cremação, as melhores tábuas são distribuídas aos que desejam aproveitá-las, o mesmo acontecendo com outros pertences do morto. O grupo ainda não conseguiu estabelecer normas unanimemente aceitas para a distribuição dos cavalos e bois que pertenciam aos mortos, o que constitui um dos motivos frequentes de desentendimento, principalmente entre pais, irmãos e filhos, de um lado e a viúva com seus parentes, do outro.[96]

Conta Labrador que os mortos nas guerras e durante as epidemias, bem como todos os que morriam em lugares muito distantes da aldeia, eram enterrados em sepulturas provisórias, muito rasas, cobertas com uma esteira e cercadas com troncos para evitar que onças retirassem o corpo. Posteriormente, quando julgavam que a carne já se havia decomposto, e só restavam os ossos, voltavam a recolhê-los em mantas de algodão para levar à sepultura familial. Só então, realizavam as cerimônias de luto que se tornavam ainda mais martirizantes, se acaso uma onça houvesse

---

96 D. Ribeiro, 1949, p. 191.

retirado o corpo ou o fogo do campo queimado os ossos. Neste caso, redobrava-se o sentimento e as velhas levavam a extremos seu pesar, chorando e cantando ao redor do toldo, vestindo apenas um trapo, de modo que as nádegas ficassem desnudas, o que, mesmo então, devia ser suprema vergonha[97] segundo se depreende das frequentes referências de Labrador ao recato das mulheres Mbayá.[98]

O sepultamento provisório é ainda praticado pelos Kadiwéu, quando, num acidente de caçada ou em fatalidade semelhante, morre algum deles, muito longe dos cemitérios. Segundo nos informaram, costumam, nestes casos, fazer o enterramento num fosso, cobrindo-o com troncos, ou envolvendo o defunto em esteiras, pendurá-lo numa árvore, de modo que não possa ser atingido por onças nem urubus. Voltam depois para recolher os ossos e levá-los em esteiras[99] ou sacos de pano "que nunca foi usado", para o cemitério comum. Ouvimos falar também de sepultamentos provisórios realizados em conexão com o xamanismo, quando acreditam que a morte foi causada por feitiçaria, a fim de descobrir qual o *padre* culpado e puni-lo magicamente.[100]

Luto

Ao tempo em que foram observados por Labrador, as formalidades do luto iniciavam assim que os parentes se estabeleciam no novo toldo. O membro mais velho do grupo escolhia novos nomes para todos os outros aparentados com o morto por consanguinidade, casamento ou por servidão. Os enlutados cortavam os cabelos para deixá-los crescer até que o luto fosse levantado, meses depois. Passavam a alimentar-se somente de palmitos, frutas e verduras (*sic*) quando as conseguiam dos servos Guaná; abstinham-se de pescado, cervo e outras carnes e deixavam de usar pinturas de corpo e adornos, bem como de frequentar festas. Deviam ficar em casa, guardando silêncio só quebrado pelas lamentações ao amanhecer de cada dia, até que o cacique os mandasse suspender o luto e alegrar-se.[101]

Os Kadiwéu conservam hoje o mesmo cerimonial, depois de reunirem-se numa casa todos os parentes do falecido que lhe devem consagrar luto, ficam sujeitos às abstenções referidas, durante dois ou três meses. Já não cortam o cabelo após o falecimento, o deixam crescer, porque hoje usam cabeleira à europeia e cabelos longos é que passaram a servir como símbolo de pesar. O mesmo acontece com as depilações, antigamente todas as pessoas cuidavam sempre de extirpar os pelos do corpo, exceto a cabeleira, hoje, porém, a depilação só é praticada pelos velhos e velhas que a iniciam quando estão de luto e conservam daí por diante.

---

97 S. Labrador, 1910, vol. II, p. 47-49; ver também F. Mendez, 1772, p. 29.
98 S. Labrador, 1910, vol. I, p. 147, 280.
99 G. Boggiani, 1929, p. 532.
100 E. Palavecino, 1935, p. 180 – estuda o sepultamento provisório entre algumas tribos chaquenhas antigas e contemporâneas.
101 S. Labrador, 1910, vol. II, p. 48-49, 146.

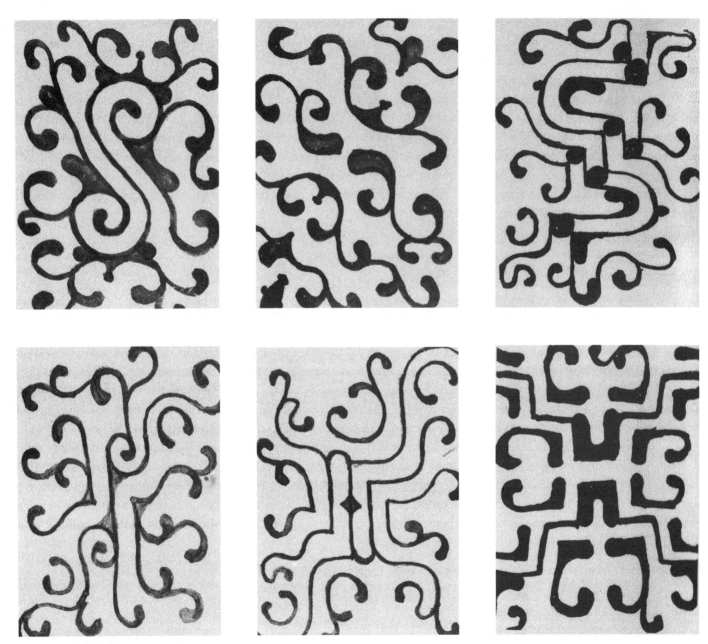

Padrões de desenho Kadiwéu XVII.

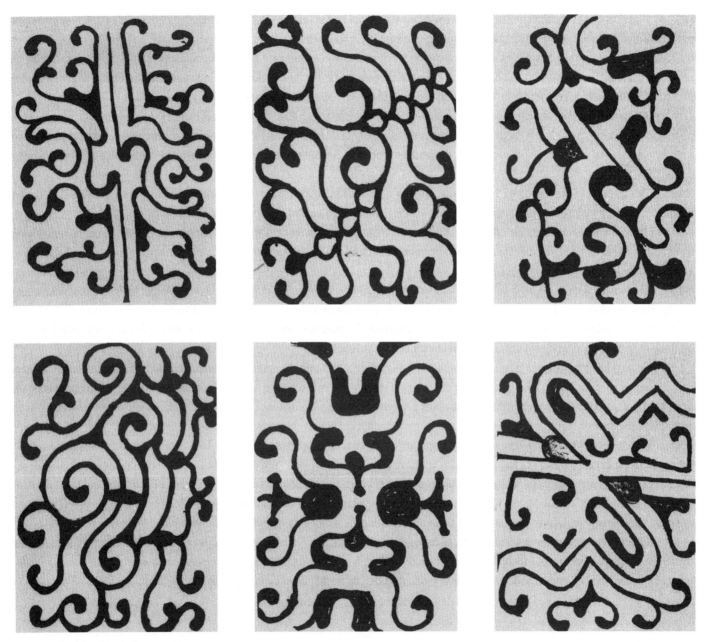

Padrões de desenho Kadiwéu XVIII.

É ainda observada a mudança de nome por parte de todas as pessoas aparentadas com o morto. Os nomes são patrimônios de família e quando alguém morre, seu nome não pode mais ser pronunciado, até que um neto ou bisneto o retome. Os nomes portugueses adotados pelos Kadiwéu e aos quais nos referimos sempre são usados somente nas relações com estranhos e não mudam com a morte de parentes, hoje eles têm uma nova utilidade que é permitir falar dos parentes mortos, o que era muito difícil, em virtude de não se poderem referir aos seus nomes tribais.

As modificações resultantes da morte de um parente vão além da troca de nome; verificamos que ocorrem mudanças nos próprios termos de parentes com que os membros mais intimamente aparentados com o morto se designam reciprocamente.[102] A mudança de nomes, todavia, não está associada a qualquer crença na transmigração das almas.

Encontramos de luto, em 1948, uma família que conhecemos no ano anterior, cujo chefe havia falecido. Todos haviam mudado os nomes tribais, os homens vestiam somente calças e explicaram que assim faziam para sofrer frio e chuva pelo parente morto. Tinham os cabelos crescidos e não tomavam banho desde há um mês. Uma mocinha de doze anos, filha do falecido, não pusera luto porque "ainda não sabe nada", mas uma velha a substituiu, submetendo-se a todas as privações.

O levantamento do luto se fez, em alguns casos que nos foram relatados, por ocasião de festas: o festeiro manda tirar o luto, dando calças e saias novas a todos, uma garrafa de pinga a cada um, sentando-os num couro de boi para cortarem o cabelo e recebem pinturas no rosto e adornos. Depois da bebedeira divertem-se na festa, confundidos com os demais e daí por diante retomam o comportamento ordinário.

Segundo informações que obtivemos em Lalima, de um Kadiwéu que nos acompanhou até aquela aldeia, e que, infelizmente, não pudemos aprofundar, existe ainda um ritual muito complexo pelo qual se "consagra" uma criança a uma família que perdeu um membro importante. Consiste numa cerimônia pela qual a criança muda de nome e passa a ser designada por aquela família com certos termos reverenciais. No caso que nos foi relatado, o "Cap." Laureano pretendia "devotar" sua filha à família do "Capitão" Matixúa, que acabara de perdê-lo e estava de luto; segundo nosso informante, a criança seria "como o capitão" e quando qualquer de seus parentes estivesse fazendo alguma coisa errada, bastava sua presença para acalmá-los; além disto a criança teria autoridade para lhes dar ordens que seriam imediatamente cumpridas. Como se vê, parece tratar-se da substituição simbólica de um parente morto por uma criança que passa a representá-lo, sendo investida de toda a autoridade e prestígio que o falecido gozava em sua família.

Queremos nos referir, ainda, a duas cerimônias ligadas aos ritos funerários, das quais obtivemos informações muito precárias, através de índios Kadiwéu, que as assistiram há anos. São os preceitos rituais a que devem submeter-se os homens que querem casar com viúvas e os ritos de purificação pelos quais o matador expia seu ato.

---

102   Estas designações foram estudadas em D. Ribeiro, 1949, p. 184-185.

O primeiro, denominado *Dá-txigeté*, consiste, ao que soubemos, de uma festa realizada pelo noivo, durante a qual ele canta e rufa um tambor feito de um vaso de barro; esta cerimônia se prolonga por uma noite e um dia, em que todos dançam e bebem. Só depois desta longa cantoria, sobre a qual não conseguimos mais pormenores, o noivo pode casar-se sem o perigo de morrer.

A outra cerimônia chamada *Diwá-tiká* consiste também de cantos e toques do mesmo tambor, antigamente usado em todas as festas Mbayá e que parece ter sido conservado em associação com os ritos descritos. Segundo nossos informantes, todo aquele que mata alguém, seja um inimigo em combate ou um membro do grupo, tem de submeter-se a esta cerimônia. Deve tamborilar e cantar durante toda uma noite, contando como matou, em que lugar, que armas usou e se teve de lutar muito.

Somente a equiparação do assassinato de um estranho com o de um membro do grupo é que caracteriza esta prática como ritual de purificação, através do qual o matador procura livrar-se de alguma influência maléfica. Senão, a julgar pela descrição, seria apenas um canto de vanglória do guerreiro vitorioso em meio às homenagens com que era recebido na aldeia.

A utilização ritual de um tambor não é uma particularidade cultural dos Mbayá, o tambor acima referido tinha ampla distribuição no Chaco e segundo Karsten era usado pelos Mataco Noctenes para conjurar espíritos malignos durante a preparação da *aloja* nas cerimônias especiais de nascimento, iniciação e, ainda, para espantar fantasmas de enfermidades.[103]

Além-túmulo

Os ritos funerários acima descritos tinham objetivos claramente expressos: excluir do seio do grupo um membro que se tornara perigoso e ameaçador, e integrá-lo, nas melhores condições possíveis, na nova sociedade de que passaria a participar.

Depois dos esforços inauditos para recuperar a alma fugida, quando as forças sobrenaturais que a disputavam conseguiam mesmo arrebatá-la, a atitude do grupo mudava completamente: urgia afastar, excluir aquele membro perdido. Para isto, queimavam a moradia e todos os seus pertences, mudavam-se para outro sítio, adotavam novos nomes e até novos termos de parentesco, destruíam tudo que pudesse recordá-lo e mesmo o seu nome não mais podia ser pronunciado.

Os ritos asseguravam, também, a integração do morto numa outra comunidade essencialmente idêntica à dos vivos, o que se manifestava na própria forma do cemitério que era uma cópia da aldeia; lá "vivia" a outra comunidade,

---

103 R. Karsten, 1913, p. 207-208.

cujas necessidades e prazeres eram os mesmos. Por esta razão o paramentavam como ele costumava estar nos melhores dias, pois devia apresentar-se em toda a grandeza que atingira em vida. Levava suas armas, adornos, montarias e até cativos para servi-lo, se antes os tivesse possuído. É manifesto o esforço, não só de integrá-lo na nova sociedade, mas, também, de assegurar-lhe o mesmo *status* anterior.

Como se vê, a estratificação da sociedade Mbayá em camadas de senhores e servos se estendia também à comunidade dos mortos; os nobres conservavam lá suas riquezas e prerrogativas.

Nos esforços para levar os restos mortais ao cemitério, onde quer que ocorresse a morte, se revela a concepção de que o componente imortal não era completamente desvinculado do mortal – era necessário conduzir o corpo, ou ao menos os ossos à outra aldeia, para que lá, junto dos ancestrais, entrasse a "viver" o novo estado.

O morto, porém, mesmo depois de integrado na comunidade dos ancestrais não fica completamente isolado dos vivos; através dos *nidjienigi* as duas comunidades se comunicam e, ocasionalmente, ele pode intervir, prevendo uma desgraça iminente e acautelando os vivos contra ela. Mas voltaremos a este assunto ao tratarmos do xamanismo.

É na mitologia que se encontra a expressão mais completa da concepção Mbayá sobre a vida de além-túmulo. Já comentamos neste trabalho a lenda que relata as experiências sobrenaturais de um Kadiwéu que visitou os mortos, conviveu longamente com eles e voltou para contar qual a "vida" que se deve esperar depois da morte (doc. XXII). Vimos, então, que os mortos "vivem" no mesmo campo que os Kadiwéu, cavalgando, caçando, pescando e até casando-se como os vivos, porém em condições ideais, sem os percalços e a malícia do mundo real. Este mito confirma inteiramente a explanação que inferimos dos ritos funerários. Duas das lendas dos heróis-xamãs (docs. XXIV e XXV) relatam suas visitas a um "céu" diferente deste mundo de além-túmulo ao qual nos referimos. Embora seja descrito como a morada de *Gô-noêno-hôdi*, habitada por gente da mesma fala e costumes dos Kadiwéu, nossos informantes acreditam que não se trata do lugar de destino dos mortos, nem de um "céu" especial dos *nidjienigi*. Todavia, uma informação dos Castelnau indica que os Mbayá acreditavam que a "alma dos chefes como a dos feiticeiros, uma vez desprendida do corpo, passa a voltear em torno da lua, ao passo que a das outras pessoas fica vagando pelas planícies e campos".[104] Não conhecemos referências explícitas de outros autores a este "céu" especial, contudo, nos parece muito provável que a projeção da estrutura de senhores e servos sobre a concepção do além-túmulo tenha sido mais profunda que nossos dados indicam. E bem pode ser que, no passado, este "céu" descrito na mitologia fosse o paraíso da aristocracia e dos xamãs.

Os Kadiwéu mantêm viva sua crença nesta morada de *Gô-noêno-hôdi*, os cantos e os relatos de seus *nidjienigi* atuais fazem referências frequentes a ele. João Gordo conta que o visitou numa de suas viagens xamanísticas e o descreve do seguinte modo:

---

104 F. Castelnau, 1949, vol. II, p. 246. Labrador diz, ao contrário, que os mortos "vivem" melhorados de estado, em festas e outros exercícios que não lhes causam fadiga, mas sempre junto ao cemitério (*napiog*) – 1910, vol. II, p. 53-54.

> Lá em cima tem campo grande, tem macega, pirizal e tem rio colorado, rio vermelho. Lá em cima tem tudo. Mas lá é ruim, padre vai lá, bicho pega, mata padre lá: coitado padre já tá morto aqui, mas foi lá. Padre forte pode ir lá. É ruim lá no campo do rio vermelho.
> Tem baía grande naquele campo lá de cima. A lua entra dentro da baía, fica até dois dias lá dentro, vem o sol e tira a lua fora outra vez. O sol é bicho forte mesmo, ele não cai na baía. Lá tem luta grande do sol com a água, por isto chove aqui. E tem peneira lá no campo, peneira grande mesmo. O sol queima o campo, queima tudo, vem a água, mas é chuva grossa como rio, luta com o fogo. O sol queima mais, vem mais água. Aquela chuva de lá passa na peneira e vem cair aqui embaixo fininha, fininha, é da peneira. Quem sabe quanto padre já morreu lá, mais de trinta. Chama *Nipá-digôdi* aquele campo lá em cima.

A descrição reúne elementos das mitologias Kadiwéu e Chamacoco, o que não é de estranhar porque João é Chamacoco de nascimento e nas aldeias Kadiwéu conviveu com muitos outros cativos de sua tribo. Os temas da luta do sol ou fogo contra a água e da peneira que origina a chuva foram registrados por Baldus[105] entre aqueles índios.

Um outro *nidjienigi* Kadiwéu deu notícias deste "céu"; não o visitou, porém apenas entrou em contato com um "morador" de lá, durante uma sessão xamanística. Eis o caso tal como nos foi relatado por João Príncipe:

> Rodrigues era padre bem curador, cantava bonito, era melhor que esse Morcego, mas matava muita gente, como Morcego mesmo. Mas meus patrícios o mataram numa caçada, nos campos do Barranco Branco. Uma noite ele estava cantando e muita gente juntou para escutar; aí ele chamou o bicho, mas não era bicho, era gente mesmo e veio um fulano. Contou que lá em cima era um campo também, tinha aldeia de minha gente, aguada, gado, animais, plantas e que eles fazem roças. Eu acredito porque ele falava nossa língua mesmo.

Os relatos citados demonstram que persiste a crença nesta morada de *Gô-noêno-hôdi*, embora não seja concebida como o mundo de além-túmulo que espera todos os vivos.

---

105   A. Métraux, 1946 – *Ethnography*, p. 351. H. Baldus, 1931; p. 538 e 548.

Xamanismo

As duas faces da sociedade Mbayá, a comunidade dos vivos e a dos mortos, se comunicam através dos *nidjienigi* que, de certa forma, participam de ambas. Estes contatos, da maior importância na vida da tribo, têm por objetivos: aplacar os espíritos que se arremetem contra os vivos, aliar-se a eles para obter poderes benéficos ou maléficos, disputar as almas que eles roubam e servir de intermediário e porta-voz dos ancestrais.

O bem e o mal, os impulsos de ajuda e de perdição, estão associados tanto nos seres sobrenaturais como nos xamãs; os primeiros aparecem algumas vezes como forças malignas responsáveis pelas desgraças, outras vezes como espíritos tutelares que protegem a sociedade dos vivos, advertindo-a de perigos e ensinando como evitá-los. Correspondendo a esta ambiguidade dos espíritos a atuação dos xamãs tanto pode ser benéfica como maléfica, e o grupo toma certos cuidados para se defender de uns e outros. Está sempre observando o comportamento dos *nidjienigi*, pronto para obrigá-los a explicar qualquer ato que lhe pareça suspeito.

Quando estivemos no Posto Indígena Presidente Alves de Barros, ouvimos o velho João Gordo ser advertido por um grupo de homens que estavam preocupados por vê-lo cantar todas as noites até muito tarde. Um dos desconfiados nos disse então:

> Estes padres são mesmo safados. João Gordo está cantando aí toda noite, não tem ninguém doente e ele está cantando. Já foram falar com ele para não cantar mais, o velho ficou com medo e disse que tinha muita doença chegando, por isto cantava; mas largou de fazer isto, só cantou ontem por causa da criançada. Isto é história dos antigos, mas eu acredito: padre é contra doença, se eles ficam cantando muito, chamam doença pra gente. Tem padre bem ruim, se não fosse padre tinha muita gente. Olha esta gente velha toda que morreu! Foi padre que matou [citou uma dezena] mas a gente não cria padre ruim aqui, acaba com eles logo.

Os heróis-xamãs são os personagens mitológicos mais vivos para os Kadiwéu, suas histórias são narradas com grande riqueza de pormenores e elevada emoção. Eles atuam não somente como expressões alegóricas do xamanismo real, que comprovam sua validade, mas também como modelos pelos quais os xamãs atuais pautam sua conduta e a comunidade ajusta suas expectativas.

Para os Kadiwéu, seus xamãs atuais são do mesmo tipo dos míticos, menos poderosos, naturalmente: creem, contudo, que poderia surgir ainda hoje um *nidjienigi* capaz das mesmas proezas. Aquelas lendas nos foram contadas juntamente com histórias de xamãs que conhecemos, de outros, mortos recentemente, e, ainda, de alguns mais antigos; e para nossos informantes elas são notícias tão verdadeiras quanto os relatos sobre xamãs que conheceram e façanhas que assistiram.

A história seguinte dá uma ideia desta transição entre lenda e tradição histórica; nos foi contada por João Príncipe que a situou em Coimbra, ao tempo de seu pai, quando os Kadiwéu costumavam passar longas temporadas caçando nas imediações daquele forte:

> Uma vez no Forte de Coimbra mandaram pedir remédio para uma mulher que estava doente, quase à morte. Aquele padre escutou e prometeu curá-la. De tardinha vestiu um chiripá e uma faixa de caraguatá e foi saindo de casa. A mulher estava olhando e perguntou: aonde vai vestido deste jeito, você não vê que deste lado está o rio e do outro o povoado? Ele respondeu:
> — Não, minha velha, o *cafesinho* [um pequeno pássaro aquático] me deu passagem na água. Eu volto de madrugada, não precisa dizer nada a ninguém. À meia-noite aquela mulher já vai saber que está curada.
> Todos ficaram acordados esperando o padre. Depois de meia-noite a doente mandou dizer que já estava salva, o padre apareceu pra ela e disse que ia voltar de madrugada e que ela estava curada. Sarou aquela mulher e de madrugada o padre voltou, caminhando em cima da água do rio.

Tanto quanto os xamãs míticos, os atuais oscilam entre dois polos: o *nidjienigi* ou *padre* que serve fielmente à comunidade e usa seus poderes para protegê-la e o *otxikonrigi* ou feiticeiro ao qual se atribuem as mortes, as doenças e quase todas as infelicidades. A atitude do grupo para com eles é, por isto, impregnada de suspeição e temor; a expectativa é de que todos se transformem, ou ao menos atuem algumas vezes como *otxikonrigi*.

Em virtude deste jogo de expectativa, os Kadiwéu estão sempre prontos a acreditar que os sucessos e os insucessos de um xamã, na cura das doenças e no esforço para controlar os elementos naturais, se devem à sua vontade. E o seu prestígio, uma vez estabelecido, firma-se cada vez mais, porque os fracassos do *nidjienigi* são apregoados como vitórias do *otxikonrigi*.

Sánchez Labrador e Almeida Serra referem-se a xamãs Mbayá que se vangloriavam tanto das mortes quanto das curas de seus pacientes.[106] Encontramos a mesma situação entre os Kadiwéu, agravada pela competição existente entre os xamãs. Em seus esforços para se fazerem reconhecer como o melhor e o mais poderoso, cada qual acusa os demais de charlatanice e imputa a sortilégios alheios as doenças de seus clientes, além de se atribuir toda a sorte de experiências sobrenaturais.

Assim, João Gordo nos contou sua visita ao "céu" já mencionada; Morcego não se cansava de falar do prestígio que alcançara nas fazendas onde estivera trabalhando; João Apolinário readaptou algumas lendas, fazendo-se intervir como personagem e nos contou dois encontros que teve com *Gô-noêno-hôdi*; finalmente, a velha Vicença, embora mais modesta, nunca perdia oportunidade para vangloriar-se de suas curas em meio às lamentações dos ossos de seu ofício: as visões que a assaltavam, seu temor à multidão de espíritos dos antigos Guaikuru que viveram e morreram em Lalima e à noite ainda perambulavam pelas estradas em grandes grupos visíveis a seus olhos.

---

106   S. Labrador, 1910, vol. II, p. 43; Almeida Serra, 1850, p. 365.

Esta competição pelo prestígio tem também seu modelo nos heróis-xamãs, cujas histórias, como vimos, retratam a luta selvagem em que se empenhavam para se superarem uns aos outros.

Atualmente até os neobrasileiros vizinhos são incluídos nestas disputas; os curandeiros das pequenas comunidades mato-grossenses, próximas à reserva, são, às vezes, responsabilizados pelas doenças dos xamãs Kadiwéu. Uma enfermidade de Apolinário e o fato de ter sido surpreendido em viagem por uma tempestade foram explicados como perseguições de um certo curandeiro que ele conhecera anos antes.

O mais comum, porém, é se incriminarem uns aos outros; o caso mais grave que conhecemos, atribuído a esta competição, é a doença da filha de João Gordo, que ele e todos acreditam ser efeito de um sortilégio. Vejamos como o relatam:

> Aquela filha do João Gordo, veja ela, tá assim doente, foi padre. Queria saber se João era padre mesmo e pôs *carrapato* no pescoço dela. João tirou o *bicho*, mas a ferida foi crescendo até ficar daquele jeito. João não pode curar, é filha dele. Onde tem muito padre, eles brigam uns com os outros, acabam fazendo malfeito, pondo feitiço nos outros. Também aqui matam estes padres, não duram muito tempo.

Presentemente há um conflito aberto entre Morcego, João Gordo e Apolinário, principalmente entre o último que procura firmar seu prestígio de benzedor e os dois *nidjienigi* cuja posição é quase insustentável pelo número de vítimas que lhes atribuem. Entretanto, ambos são muito procurados para tratamentos, sobretudo Morcego, cujas sessões reúnem grande assistência. As queixas contra ele são tão sérias que já não pode permanecer na aldeia, vive quase sempre trabalhando nas fazendas vizinhas e em suas rápidas visitas evita ir a caçadas e não se afasta do Posto. Ele atingiu aquele grau de prestígio a que aspiram os *nidjienigi*; sua gente está convencida de que tem nele um grande xamã, mas por isso mesmo o teme, lhe atribui muitas mortes e já o hostiliza a ponto de mantê-lo desterrado.

As seguintes opiniões colhidas num grupo de conversa de que participamos exprimem bem a situação atual de Morcego e a atitude dos Kadiwéu para com seus xamãs bem-sucedidos. Apolinário, falando de si próprio e de Morcego, disse:

> — Quando morreu o filho do Bonifácio, um menino assim [três anos], falaram que fui eu, mas não fui eu. Eu só curo gente, não mato. Eu não sou padre. Eu sei de tudo, mas não mato gente. Chamei o Morcego um dia e falei pra ele: "Por que o senhor mata gente, isto não é bom, cura gente doente e fica homem bom. O senhor por que mata gente? Isto é coisa ruim." Ele não falou nada, eu sei que já matou gente.
>
> Mariano intervindo na conversa, confirmou:
>
> — Pois é assim mesmo, meu senhor, olhe este Morcego, um dia ele estava bêbedo e contou tudo, gritou bem alto: "eu sou padre mesmo, sou padre, já matei muita gente, matei aquela minha irmã, matei a filha de Toá",
> — falou muita gente que tinha matado. Matou mesmo. Mas ele não para aqui, vem e volta no mesmo dia, tem medo porque há gente querendo matá-lo. Santiago um dia tava bebendo com ele, aí Morcego foi falando dos que já matou, Santiago pulou na guela dele, agarrou para matar, mas os outros viram e separaram.
>
> O "Capitão" Matixúa que também participava da conversa, concluiu:

— Padre é assim mesmo, antigamente tinha muita gente, por que nossa gente acabou? Foram os padres! Eles mataram nossa gente toda, homem, mulher, criançada. Também muito padre morreu, eles matam, mas a gente não erra um.

Vários *nidjienigi* foram assassinados nos últimos dez anos por pessoas revoltadas contra seus "feitiços"; um deles foi morto durante uma caçada para a qual o atraíram com este propósito. A morte de outro nos foi descrita do seguinte modo:

Tinha um padre Venâncio aqui, irmão deste Júlio, matava muita gente e quando bebia contava os que tinha matado; matou muitas mulheres e homens, velhos e meninada. Aí ele matou um irmão deste Joaquim Mariano; outro padre descobriu e falou pra nós. Foram então uns cinco homens pegá-lo. Quando chegaram na casa, o pai de Mariano disse:
"Ei, amigo velho, estamos aqui, vamos divertir"; era de madrugada, mas ele já estava esperando com uma *winchester*, viu o vulto do velho e soltou logo um tiro em cima... O pai do Mariano morreu ali mesmo; aí ele saiu com um machete, sua arma era de um tiro só. Saiu perseguindo os outros, deu uma facada no Honório e foi atropelando um por um, os homens corriam, paravam e atiravam, foi um tiroteio doido. A mãe do padre, lá da casa, uma velha, ficou gritando: "Briga, meu filho, briga que eles querem é matar você!" Quando uma bala pegou nele e os homens chegaram perto para acabar de matar a porrete e facada, a velha saiu com um machado e avançou por cima deles. Só neste dia morreram três por causa do padre; morreu ele, morreu o pai do Mariano e a mãe dele.

Ainda um terceiro, mais recentemente, foi assassinado durante uma festa oferecida por ele próprio. Vejamos como Matixúa relata o caso:

Tinha um padre aqui bem ruim. Ele matou minha irmã que podia estar aí cuidando daqueles dois filhos; matou uma filha do velho Pinto e a filhinha dela, no mesmo dia. Uma noite estavam aqui todos os moradores do Nalique, para uma festa. Aí aquele padre começou a falar que tinha matado muita gente e ninguém podia com ele, porque era padre mesmo, tinha muita força. Uma hora o padre começou a provocar. Disse que Barbosa tinha falado em matá-lo mas não podia porque quem fala em matar padre já está acabado, o padre não morre mesmo. E perguntou se tinha ali algum parente do Barbosa com coragem para brigar. Tinha o Guasca, mas ele ficou quieto. O velho continuou provocando e, perguntou ao Guasca se ele não tomava a defesa do parente. Guasca disse que tinha ido lá tomar pinga e não para brigar, ficou quieto. Aí o Rufino puxou o Guasca e foram saindo abraçados. O padre viu os dois, tirou o revólver e tocou fogo no meio, o tiro pegou no pé do Rufino que já ficou brabo. Aí Guasca disse: "Bem, este homem hoje quer brigar mesmo". Eles foram apanhar armas em casa, voltaram e atiraram no padre. O tiro do Guasca pegou nas cadeiras dele e quebrou, saiu do outro lado, o padre ficou no chão, sentado. Rufino chegou e disse: "Não feche os olhos, não foi você mesmo que começou esta briga?" – encostou o fuzil na testa dele e abriu fogo. Os irmãos deste padre ficaram brabos e queriam brigar, diziam que era para matar Guasca e Rufino, mas depois não fizeram nada, o pessoal do Nalique era muito e eles não tiveram coragem, toda gente tinha algum parente matado pelo padre e andava com raiva dele.

Labrador, referindo-se a alguns *nidjienigi* expatriados[107] que conheceu, pondera que eram os mais jatanciosos, pois os recatados viviam sem ameaças. Mas tudo indica que o destino dos *nidjienigi* bem-sucedidos em seu papel é mesmo este, de se transformarem em *otxikonrigi* e serem mortos ou banidos.

O grupo os estimula através de toda a ordem de reverências e prêmios a adquirir um poder cada vez maior e lhes oferece como padrões ideais os heróis-xamãs da mitologia, mas os bane quando, à semelhança daqueles modelos, eles se tornam *otxikonrigi*.

Ouvimos dos Kadiwéu algumas referências a outro modo de punir os *nidjienigi* que se tornam *otxikonrigi*. O primeiro a nos falar disto foi o "capitão" Laureano. Contou que: "um homem morreu, a gente sabia que aquilo era serviço de padre, mas não sabia qual era. Quando nós queremos saber qual foi, não enterramos o finado. Deixamos num buraco com pau debaixo, dos lados e em cima para bicho não mexer e vamos olhar todo o dia. Fizeram assim com aquele homem, aí viram sair do corpo dele três formigas grandes; eles pegaram as formigas e cortaram a cabeça. Não levou um mês, o padre quebrou o pescoço e morreu. Tinha sido ele, tinha matado o homem".

Um outro caso nos foi contado por João Apolinário, quando procurávamos verificar a informação anterior: "um homem morreu e do buraco saiu uma lagartixa, nós pegamos o bicho, abrimos a boca e enchemos de fumo, depois quebramos pelas cadeiras; não levou um mês e já um padre ficou doente, pegava toda porcaria do chão e punha na boca, depois quebrou as cadeiras e morreu".

Práticas semelhantes ocorriam entre outros grupos chaquenhos estudados por Palavecino. Segundo suas observações, os Mataco e outras tribos daquela área costumavam quebrar, antes do enterramento, os ossos das pessoas que julgavam terem sido mortas por sortilégios de intrusão, a fim de evitar que os *bichos* (*Kiakaik*) fizessem mal a outras pessoas e para causar a morte do feiticeiro. Observou, ainda, entre os mesmos índios a cremação do cadáver de pessoas más, de cujos espíritos só pudessem esperar malefícios.[108]

Lozano fala de uma feiticeira Frentone, cativa dos Mbayá, batizada pelos primeiros missionários, não obstante o clamor do grupo que pedira para não fazê-lo, porque, sendo cristã, deveriam enterrá-la na igreja e isto os poria em perigo, pois fatalmente se transformaria em tigre depois de morta.[109] Comentando esta informação, diz Labrador que os Mbayá não tinham tal ideia da transmigração da alma dos maus para o corpo das feras.[110]

Estas indicações nos levaram a investigar a forma de enterramento dos xamãs e constatamos que todos eles, mesmo os assassinados, são enterrados no cemitério comum pelos seus parentes como qualquer Kadiwéu.

---

107 S. Labrador, 1910, vol. II, p. 43; F. Mendez, 1772, p. 21; Almeida Serra, 1850, p. 365.
108 E. Palavecino, 1935, p. 374, 380.
109 P. Lozano, 1941, p. 156.
110 S. Labrador, 1910, vol. II, p. 72.

Formação

Obtivemos algumas histórias de vida de xamãs atuais e antigos que lançam luz sobre a formação dos *nidjienigi*. Segundo estes dados, não há qualquer processo formal de instrução, nem uma pessoa pode tornar-se *padre* apenas por desejá-lo. O noviço, que tanto pode ser criança como adulto, ou mesmo um velho, homem ou mulher, nobre ou cativo,[111] sempre *descobre* suas vocações xamanísticas.

Em todas as histórias de caso que colhemos, tal *descoberta* se dá por revelação através de sonhos, visões, experiências sobrenaturais, sempre acompanhadas de doenças que não se curam enquanto o noviço não se decide a cantar. Depois desta revelação o noviço começa a exercitar seus poderes que irão aumentando à medida que consiga controlar novos *bichos*. Devemos a Laureano o seguinte caso, muito característico:

> Um padre estava em viagem quando foi chamado para atender uma moça doente, já na miséria, para morrer. Ele voltou para vê-la; quando chegou e viu a moça, disse logo à mãe dela: esta menina não está doente, já chegou o dia dela cantar, ela não quis e agora não tem jeito, só cantando. A moça que estava muito magra e já com a barriga dura disse que não tinha falado por vergonha da mãe, não queria que a velha soubesse que ela era padre. O pai dela, então, mandou vender um boi, comprou um garrafão de pinga e convidou os padres para a casa dele. Sentaram-se todos no terreiro, a moça no meio deles. Deram a cabaça a ela, mas a moça estava muito fraca para cantar, só podia balançar a cabeça e falar baixinho, foram assim até meia-noite. Na manhã seguinte a moça já tinha sarado e ficou muito boa padre, curando muita gente. Meu pai conheceu aquela mulher.

A moça não só estava doente, mas *sabia* que era *nidjienigi*; o cerimonial da primeira noite repete-se em todos os outros relatos que obtivemos.

Mas vejamos como Laureano descreve esta transformação:

> Antigamente os padres começavam já de criança, hoje não, é homem maduro que fica padre. Eles já sabem que são padres, mas não querem falar pra ninguém. Mas um dia encontram um bicho e contam pra gente, depois tornam a encontrar e contam outra coisa. A gente vai sabendo que ele é padre. Depois este homem adoece e fica bem ruim, não pode sarar com remédio, fica que quase morre, a gente dá remédio, mas ele não levanta, aí vem um dá cabaça e penacho pra ele, aquele homem canta e no outro dia já está bom, pode levantar, está bem são. Vê Morcego e este João Gordo? Não faz nem dez anos que são padres. Morcego veio de Tomázia, chegou e adoeceu, não tinha remédio pra ele, não sarava mesmo, ele falava que via bicho, contava

---

111 S. Labrador, 1910, vol. II, p. 32-33, 54, 72, 151.

as coisas. Então eu falei: este homem já é padre. Aí eu arrumei uma cabaça e um penacho para ele e fomos levar lá, foi bastante gente, fomos de tardezinha. Chegamos lá, sentamos, eu pus a cabaça na mão dele e ficamos conversando. Ele não queria cantar, estava com vergonha. Ali pelas dez horas ele cantou, aí cantou a noite inteira e já estava curado, depois ficou bem são.

Morcego e João Gordo contam que receberam seus poderes de antigos xamãs que lhes apareceram e ensinaram os cantos, dando-lhes a faculdade de invocar certos *bichos*. Ambos estão convencidos de que não podem utilizar impunemente os cantos de *padres* antigos, mesmo que se lembrem perfeitamente deles, porque cada *padre* tem seus próprios cantos. Há, entretanto, uma grande semelhança na melodia de todos os cantos xamanísticos que gravamos, particularmente entre os de Morcego e de Vicença que, aliás, nunca se viram e pertencem a diferentes subgrupos Mbayá.

Conhecemos um amigo de Morcego que domina perfeitamente os seus cantos e o auxilia nas sessões xamanísticas, às vezes, até recordando ao *padre* algum canto de que não se lembre no momento. Entretanto, este rapaz não se considera xamã e o grupo acredita que não tem mais oportunidade de tornar-se *padre* que qualquer outra pessoa.

Dos *nidjienigi* que conhecemos, Morcego é o único que pode ser considerado como uma personalidade instável, todos os outros são pessoas comuns; o nervosismo que às vezes denotam explica-se perfeitamente pela situação em que vivem: o medo de serem assassinados e a competição para conservar o prestígio já alcançado. Até mesmo a instabilidade de Morcego bem poderia ser uma decorrência dos exaustivos esforços físicos e psíquicos a que se tem submetido desde que se tornou xamã. Contudo, devemos levar em conta que um indivíduo de sistema nervoso alterado, sujeito a alucinações, tem mais probabilidade de tornar-se xamã, porque estes sintomas coincidem aproximadamente com o estereótipo Kadiwéu de *nidjienigi*, e, ocasionalmente, poderia encontrar neste papel um ajustamento satisfatório que lhe daria oportunidade de exercer um comportamento atípico, sem ser repelido.

As histórias de vida dos xamãs de Lalima confirmam os dados que colhemos entre os Kadiwéu. Todos eles se tornaram *padres* depois de experiências semelhantes às descritas. Os seus testemunhos são muito expressivos, porque evidenciam, com maior clareza, a característica de condenação e autotratamento da atividade xamanística.

Uma menina de dez ou onze anos, ajudante de Vicença, tornou-se *padre* do seguinte modo: "Era uma menina fraca, até os quatro anos sempre andou doente e ninguém conseguia curá-la; mas os *guias* de minha irmã Sinhana falaram: 'Ó! por que não dá logo uma cabaça pra ela? Dá!' Deram-lhe então uma pequena cabaça e um penacho, reuniram os *padres* e fizeram a cantoria, a princípio a menina só chorava, mas acostumou-se, agora é *padre*, canta no meu dia e eu vou deixar meus preparos para ela".

Vicença, a verdadeira xamã de Lalima, tem seis outros "ajudantes" além desta menina, todos se dizem *padres*, cada um tem seu dia anual de cantar mas não são capazes de curar, cantam apenas para não adoecerem.[112] Curioso é

---

112 Vicença herdou de sua irmã também a data da festa, 20 de agosto; somente um de seus acólitos realiza festa semelhante, não relacionada com "dias santos"; todos os outros têm seus dias de festa, mas ao lado dos cantos xamanísticos rezam e fazem ladainhas.

que a maioria destes acólitos de Vicença só fala o português e como creem que devem cantar na língua de seus antepassados, apenas chocalham o maracá, balançam o penacho e gemem, esforçando-se por imitá-la em litanias sem palavras.

Os testemunhos indicam que, teoricamente, qualquer pessoa está sujeita a tornar-se xamã e que isto acontece independentemente de sua vontade, por iniciativa de forças sobrenaturais que a põem em contato com as fontes do poder xamanístico. E esta escolha tem o caráter de condenação, o noviço fica doente, enquanto não se comunica, através da técnica xamanística, com os "espíritos" que o distinguem e o perseguem.

Entretanto, deve-se considerar que o xamanismo envolve técnica complexa, além de terem os *nidjienigi* um vocabulário especializado, uma boa sessão xamanística ao gosto Kadiwéu, exige pantomimas, imitação de pássaros, animais e de outras línguas e escamoteios difíceis. Obviamente, só aos poucos é que os *padres* vão dominando esta técnica e nem todos se tornam virtuosos.

Sánchez Labrador não atribui o poder mágico à revelação, descreve a formação dos *nidjienigi* como resultado de um aprendizado formal, coroado por uma cerimônia de iniciação que merece ser transcrita:

> *Satisfeicho el maestro de los talentos del candidato, se congregan en el toldo de éste cada uno con su plumero y calabazo que forman el distintivo. Á vista del pretendiente cada uno levanta el Otigadi, y con el Lodani mete ruído; entonando la canción que sirve de Prolusión, y tienen para estos grados cantar de costumbre. Muéstrase á todo muy atento el discípulo, que en cada lección aprende el modo de vivir libre y de engañar autoritativo.*[113]

Na noite seguinte reúnem-se novamente os mestres e bebem por conta do iniciado, enquanto ele canta até o amanhecer.

Ao tempo em que foram observados por Labrador, os Mbayá conservavam quase intacto o seu patrimônio cultural e em cada uma de suas várias aldeias, cheias de gente, tinham dois ou três *nidjienigi* que, para ocasiões especiais, ainda se reuniam em juntas[114] com os colegas de outros grupos locais. Os seus remanescentes estão hoje reduzidos a um vigésimo e contam apenas com dois *nidjienigi*, um dos quais é Chamacoco e canta em sua língua. Estas mudanças explicam as diferenças no cerimonial de iniciação, então mais elaborado e a cargo dos xamãs.

Acreditamos, porém, que o aprendizado formal a que se refere Labrador provavelmente sucedia a uma experiência sobrenatural que distinguia o novo xamã. Teria a finalidade de comunicar a técnica xamanística a um indivíduo que já tivera acesso às fontes do poder mágico e que seria, em breve, integrado na condição de xamã, através de um cerimonial.

---

113 S. Labrador, 1910, vol. II, p. 32-33; Almeida Serra, 1850, p. 364, fala de sucessão hereditária no xamanismo, informação que não encontra apoio em nenhuma outra fonte.
114 S. Labrador, 1910, vol. II, p. 43.

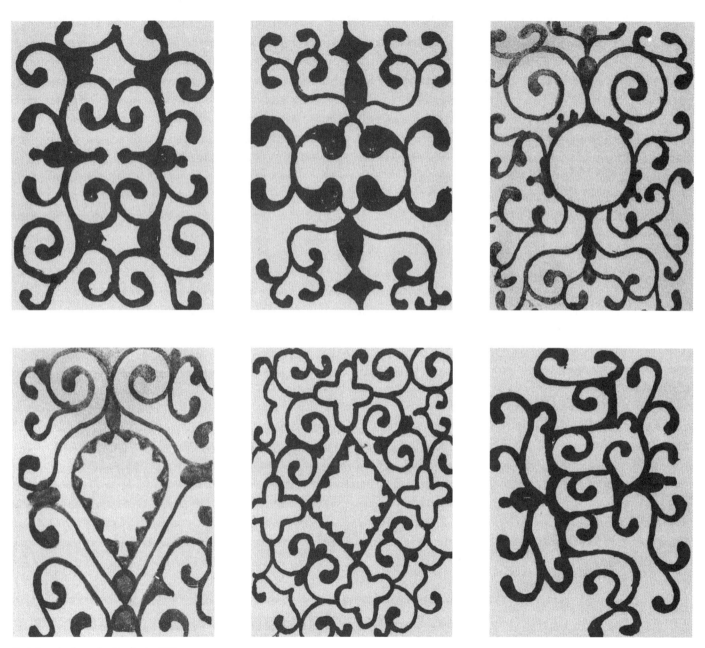

Padrões de desenho Kadiwéu XIX.

Padrões de desenho Kadiwéu XIX.

Atribuições e retribuições

A carreira de *nidjienigi* é hoje a principal fonte de prestígio com que contam os Kadiwéu, nenhuma outra atividade é tão altamente honrada ou igualmente remunerada, exceto, talvez, a de cacique, que é hereditária. Impedidos de fazer a guerra e, portanto, de viver os ideais de herói guerreiro e rapinador, em parte ainda vivos, só lhes resta este caminho de glórias. Todavia, parece ser demasiadamente pesado o preço que se paga por este prestígio: a perspectiva do assassinato como fim mais provável. Talvez por isto, os Kadiwéu o tenham em conta de uma condenação por todos os títulos indesejável. Mas para o iniciado, ou seja, aquele que independentemente de sua vontade estabeleceu contato com as fontes do poder sobrenatural, a condenação pode parecer compensada pelas promessas de prestígio e de riqueza.

As atribuições dos *nidjienigi* são muito variadas, a principal delas, como fonte de prestígio e riqueza, é curar e causar doenças. Como médicos e como feiticeiros é que os *nidjienigi* firmam o seu prestígio alcançando retribuições às vezes muito altas.

O pagamento de seus serviços é feito, geralmente, antes da cura, porque o doente e seus parentes temem tanto a má vontade e até as intenções malignas dos *nidjienigi* que se apressam em satisfazê-los. Em alguns casos que presenciamos, o padre sugeriu o que desejava em pagamento, noutros o doente se adiantava acumulando dádivas, como Laureano, por exemplo, que deu a Morcego uma vaca, um cavalo e dinheiro para que curasse sua neta que acabou morrendo. Não é de estranhar, pois, que Laureano se queixasse de Morcego, lembrando estas dádivas e toda pinga que ele bebeu à sua custa para, afinal, "matar a menina". O pagamento varia com as posses do doente, o caso relatado é excepcional pelo apego de Laureano à sua única neta e por sua riqueza.

Os *nidjienigi*, contudo, não podem acumular estes bens, a expectativa do grupo é de que os consumam logo e com liberalidade. Durante nossa estada na aldeia, Morcego iniciou o tratamento de uma moça que lhe prometera uma vaca em pagamento e logo ouvimos comentários de que, em breve, todos teríamos carne. Apolinário, o benzedor, cobra também suas curas, embora assevere que nunca o faz, e está granjeando certa fama de avarento porque guarda os bezerros e potros que ganha, ao invés de transformá-los logo em festanças.

Segundo Labrador os *nidjienigi* sempre recebiam suas retribuições; nos casos fatais, quando percebiam que o enfermo ia morrer, tiravam seus melhores pertences e, nos felizes, podiam roubar o que desejassem. Acrescenta ainda que os caciques-*nidjienigi* obtinham elevadas retribuições.[115]

Já mostramos que a expectativa do grupo é de que todos os *nidjienigi* se transformem em *otxikonrigi* e que, nesta última feição, eles alcançam seu maior poder e prestígio. Os Kadiwéu acreditam que seja possível encomendar a um xamã um malefício contra qualquer desafeto, mas a prática não é usual. Somente os xamãs foram recriminados nos numerosos casos que ouvimos sobre pessoas que adoeceram ou morreram em virtude de sortilégios.

---

115 S. Labrador, 1910, vol. II, p. 32, 41-42.

As outras atribuições dos xamãs têm grande importância para o grupo e para eles próprios como fontes de prestígio, mas pouco ou nada lhes rendem em riquezas, exceto aquelas ligadas à guerra que, talvez no passado, lhes assegurassem parte do produto do saque, conforme observou Dobrizhoffer entre os Abipón.[116]

Reproduzimos atrás uma referência de Almeida Serra sobre o papel do xamã nas guerras de que eles participavam encabeçando as fileiras de combatentes em marcha.[117] O mesmo autor fala do canto dos *nidjienigi*, na véspera das expedições de guerra ou de caça para prever o seu sucesso e Labrador conta que eles sempre acompanhavam todas as expedições, cantando cada noite para estimular os participantes com promessas de feliz sucesso e de prosperidade.[118]

Estas adivinhações e profecias não se restringiam às expedições; quando o grupo estava preocupado, temendo um ataque, indagando o significado de fumaças que indicavam acampamentos longínquos – se seriam amigos que vinham visitá-los ou inimigos que marchavam sobre eles – todos esperavam que os *nidjienigi* usassem de seus poderes e profetizassem. Qualquer acontecimento infausto que ocorresse, como a morte inesperada de uma pessoa de destaque, era motivo de revolta contra os xamãs que não previram a desgraça.[119] O grupo espera, também, de seus xamãs que eles possam adivinhar onde se encontra um objeto perdido.

Compete, ainda, aos *nidjienigi* proteger a comunidade em que vivem contra o ataque de fantasmas portadores de doenças. Para isto cantam, às vezes, noites seguidas invocando a proteção de seus *latenigi*. Nestes serões as almas dos xamãs costumam sair dos corpos e, cavalgando os penachos de ema, sobrevoam os campos vendo e combatendo as doenças que ameaçam seu povo.[120] Durante a temporada em que vivemos com os Kadiwéu, tivemos oportunidade de ouvir, muitas vezes, cantos deste tipo em sessões de João Gordo. Gravamos alguns que infelizmente não puderam ser traduzidos, porque, como foi dito, João canta em chamacoco. Mas, por isto mesmo, ele sempre dá um resumo de cada canto, algumas vezes em kadiwéu, outras em português. Transcrevemos a seguir algumas notas de nosso diário de 1948, sobre uma destas sessões:

> Quando chegamos João Gordo nos deu assentos, conversou um pouco neste seu português quase ininteligível e se pôs logo a cantar. Segura na mão direita um chocalho e na esquerda um penacho de ema. O chocalho feito de uma cabaça de uns 15 cm de diâmetro, cheio de cacos de garrafa é sustentado firmemente por um cabo de madeira; João o balança e rodando de vários modos os cacos na cabaça, tira diferentes sons em diferentes ritmos, umas vezes é grave e longínquo, outras, violento e estridente. O penacho é segurado por um punho de pano que prende as pontas das penas e é virado para trás como se abanasse as costas à altura

---

116 Citado por G. Furlong Cardiff, 1938, p. 4243.
117 S. Labrador, 1910, vol. II, p. 290; Almeida Serra, 1850, p. 367-369.
118 S. Labrador, 1910, vol. II, p. 23; Almeida Serra, 1850, p. 365.
119 S. Labrador, 1910, vol. I, p. 192 e vol. II, p. 105.
120 S. Labrador, 1910, vol. II, p. 35.

dos quadris. João acompanha o ritmo com a cabeça e balança o penacho, enquanto emite sons roucos, guinchos e gritos graves, rodando vagarosamente no mesmo lugar.

Meus companheiros ficaram junto ao braseiro; num dado momento um deles soprou o fogo, levantando umas labaredas que me deram ensejo de ver as pinturas grosseiras em cor branca, feita no chocalho e no rosto de João mas ele fez apagar o fogo prontamente. Assim rodando sobre si mesmo, vergando um pouco os joelhos, chocalhando e abanando, cantava durante uns quinze ou vinte minutos, parava depois e nos dizia algumas palavras, geralmente contava um caso a propósito do que cantara e continuava. Sua grande preocupação era justificar-se, dizia a cada momento que curava gente e contava casos para confirmar. O ritmo de batidas do chocalho diferia em cada novo canto. Contou, nos intervalos dos cantos, os seguintes casos, em sua linguagem trôpega que não sou capaz de reproduzir perfeitamente:

1) Eu curo muita gente, brasileiro, paraguaio, índio, este mundo todo. Já trabalhei em Porto Esperança, em Aquidauana. Eu já trabalhei em Miranda, trabalhei em Corumbá. Curei gente doente. Não pasto carne de gente, não como carne de gente; eu padre bom; eu não, só cura gente doente, menino doente, mulher doente, homem doente, tudo.

2) Estava em Miranda. Aí veio mulher louca. Coitadinha... louca! Louca... Falei: coitadinha da mulher, tão bonita, está louca... Veio o pai da mulher, falou: tá louca, louca; sai de noite correndo, canta... canta, tá louca. Eu falei: leva ela, eu vou curar. Tava louca... puxava a roupa, rasgava tudo, rasgava... panhava bosta de boi e passava na cara, passava bosta de boi na cara, no corpo todo, tava louca... Foi, eu fiz uma garrafada com mato. Panho mato, cozinho ele. Dei garrafa, toma uma xícara, bem pouquinho, cedo, toma meio-dia, toma de noite. Quando acaba a garrafa, moça tá boa, Bonita. É Terena, tá com o pai dela lá. Tá boa.

3) Gente fica louco porque bicho entra. Doido é passarinho bem pequenininho, passarinho entra na cabeça e gente fica louco. Bicho bem brabo. Mas eu sei tudo. Eu tira louco do corpo. Doutor brasileiro dá remédio. Não presta, é ruim, ruim. Eu chupo doença fora, sai do corpo. Bicho cura, eu chamo bicharada toda, ele vem, aí sara.

4) Andei longe, fui lá no córrego. Tinha uma onça. Onça caça anta grande, bem bonito... Tava comendo anta. Eu fui passando, onça falou: Como vai, João? Eu falei que tava bom, onça falou: vem comer carne. Eu não queria, ela falou: carne boa. João, boa João, vem comer. Eu falava: não, eu não quero comer carne. Onça falou: carne de anta, João, bem boa, vem comer carne. Eu não podia comer, carne tava crua, não tinha fogo para cozinhar carne de anta.

5) Eu saí, vou longe. Vejo todo bicho. Vou ao rio, tem um rio, rio grande, é só sal. Vejo cidade grande, mas casa é tudo pequenininha. Bicho tudo pequeno. Vou andando, vejo mato, todo bicho tá lá, caçando, comendo. Lá no Paraguai tem cobra grande, a boca é grande mesmo. Vai o vento leva bicho, gente, mato, tudo cai dentro da boca da cobra grande, no Paraguai. A cobra grande com boca grande vai comendo. Cobra tá cantando. Onça caça bicho e come. Agora onça, com a barriga cheia, canta.

6) Andei tudo. Cuiabá? Já fui. Lá tem tesoura grande. É tesoura mesmo, tesoura bem grande; vai cortando, cortando, corta mato, corta rio, corta bicho, corta gente, corta caminho. Tesoura grande. Tenho medo de ir lá. Bicho bem brabo lá. Não gosto, tenho medo de ir lá. Tem cobra cantando.

7) Andei muito. Vi cobra velha. Cobra já tá sem dente na boca, canta assim, sem dente já, cobra velha tá cantando. Vento tá cantando aí [o vento uivava na coberta de folhas de palmeira da casa do Nagapi].

8) Saí longe. Pra lá tem bexiga, muita doença braba. Vai dando, larga o couro da gente, encosta a cara, já larga o couro da cara; deita, larga o couro do corpo. Bexiga, doença ruim, ruim. Tem muita bexiga lá. Andei muito. Eu sei tudo, já andei muito. Trabalhei bastante. Curo gente, curo menino, curo mulher. Sei tudo. Eu padre bom, cura gente. Canta muito, chupa gente doente, gente sara.

9) Gente tá doente, mulher louca, menino doente, doença ruim. Vem mulher com filho, mas já tá morto o filho da mulher. Menino pequeno doente, chega. Menino bem bonito. Eu fala: coitado menino, já tá morto. Já morreu menino. Coitadinho, menino morto. Quando tá doente vem, mim. Mim cura doente. Já tá morto, não cura mais. Doente muito, já tá morto, tá doente, mas já tá morto. Coitadinho menino pequeno morto. Mulher chorando muito, pede para curar. Já tá morto seu filho, mulher, tá morto, já veio, tava morto!

10) Eu saí, voei longe. Vejo campo, vejo mato, vejo bicho. Tem cobra. Canto, chamo todo bicho. Vem cobra, eu tiro dente de cobra pra furar cabeça do homem doente. Sai sangue da cabeça. Dente de cobra cura. Vai homem sara, fica bom. Dente de cobra. Cobra tá cantando.

11) Eu anda aqui [mostra o penacho de ema e coloca a mão fechada no meio das penas]. Vai longe. Eu sou como passarinho! Vejo tudo [gira o penacho fazendo um círculo].

Outra atribuição dos *nidjienigi* é o controle dos elementos naturais. Empunham seu maracá e penacho para dissipar as nuvens que se acumulam ameaçadoramente sobre a aldeia, para dominar as tempestades, conter os raios e trovões, fazer parar as chuvas, ou atraí-las, quando necessário.[121]

Cabe-lhes, ainda, prognosticar o destino dos recém-nascidos. Segundo Labrador, a criança logo depois de nascida era levada ao *nidjienigi* que se recolhia com ela em seu cercado de esteiras, cantava e prognosticava longa vida de felicidades e glórias.[122] Porém, quando se tratava de gêmeos, o seu nascimento era interpretado como infausto e ambos condenados a serem enterrados vivos ou abandonados no mato, para alimento das onças.[123]

Morcego nos falou de mais uma atribuição: a de ajudar aos apaixonados que desejam ser correspondidos ou esquecer um consorte infiel. Os jovens, moços e moças, são fregueses usuais para estes feitiços de amor. A técnica aqui é a mesma das sessões de cura, proteção ao grupo ou adivinhação.

---

121 S. Labrador, 1910, vol. I, p. 152 e vol. II, p. 35.
122 S. Labrador, 1910, vol. II, p. 34.
123 S. Labrador, 1910, vol. II, p. 30.

Padrões de desenho Kadiwéu XX.

Padrões de desenho Kadiwéu XX.

Reproduzimos, a seguir, um destes "cantos de saudade" gravado por Morcego, transcrito e traduzido com ajuda de Laureano.

Oh! Meu amigo, meu amigo
Oh! Meu amigo, meu amigo
Coitado... meu amigo
Está triste... meu amigo.

Oh! Meu amigo
Está pensando no lugar
Onde o sol esconde.
Oh! meu amigo, coitado, meu amigo

Que foi, meu amigo?
Está pensando no lugar
Onde o sol esconde.

Meu amigo, meu amigo
Já sei... meu amigo
Já sei... meu amigo
Acha falta da mulher
Acha falta da mulher.

Está triste meu amigo
Coitado, meu amigo
Está pensando no lugar
Onde o sol esconde
Está triste aí, olhando...

Meu amigo, meu amigo
Você está com "remédio"

Meu amigo, meu amigo
Sua mulher me pediu "remédio"
Sua mulher me pediu "remédio"
Dei "remédio", dei "remédio".

Meu amigo... meu amigo
Oh! meu amigo, coitado
Já não pode deixar dela
Já não pode deixar dela
Dei "remédio", dei "remédio"
Sua mulher veio pedir.

Meu amigo... meu amigo
Agora meu amigo
Agora vou curar o senhor
Vou salvar o senhor.

Meu amigo, meu amigo
Vai esquecer sua mulher
Vai esquecer sua mulher
Não pense mais sua mulher.

Meu amigo, meu amigo
Está curado, está curado
Não pense mais sua mulher
Não pense mais onde o
sol esconde... meu amigo.

O senhor não me conhece?
Meu amigo... meu amigo

Sou o bicho... sou o bicho
Posso curar... posso curar
Meu amigo... meu amigo.

O senhor não me conhece?
Sou o "bicho" do poente
Sou o "bicho" do poente
Meu amigo, meu amigo,
Eu acabo com a saudade
Meu amigo, meu amigo.

Consiste, como se vê, de um refrão que é repetido inúmeras vezes, intercalando algumas frases referentes ao tratamento. Segundo explicação de Laureano, o "bicho do poente" de que fala Morcego é apenas um *latenigi*, nada tem a ver com o sol e é geralmente invocado nestes "cantos de saudade".

Concepção da doença e da cura

Os Mbayá atribuíam suas doenças a diversas causas que vão desde explicações naturais até concepções muito elaboradas como a fuga da alma e a intrusão. A gravidade da moléstia é que realmente define seu caráter sagrado ou profano; ninguém pensa atribuir uma dor de cabeça, um resfriado ou um ferimento acidental a causas sobrenaturais. Mas se a dor de cabeça aumenta muito, a gripe se alastra ou as machucações se repetem amiúde, surgem logo estas explicações. Geralmente, partem dos *nidjienigi* encarregados de tratá-las, e todos estão dispostos a aceitar suas explicações, embora haja diferentes graus de credulidade.

Algumas doenças epidêmicas são personificadas, é o caso da varíola, que desde os primeiros contatos com os europeus vem dizimando a tribo. Segundo Sánchez Labrador, que assistiu um surto propositadamente provocado pelos espanhóis,[124] a varíola é concebida como "*un ente vivo, aunque invisible, amigo del sol y del calor, no menos opuesto al frio y a la sombra*", que corre as estradas vitimando os incautos que se mostram à luz. Esta concepção explica o abandono das aldeias atacadas pela epidemia, a fuga para o mato e o desamparo dos variolosos pelos seus parentes.

Quando estávamos em suas aldeias em 1947, quase todos os índios foram atacados de terçol, principalmente as crianças, que sofriam muito; então, João Gordo cantava todas as noites até muito tarde "para espantar o *bicho* que arrodeava a aldeia querendo entrar": – o terçol.

Uma outra explicação corrente para as doenças é a fuga da alma e alguns tratamentos destes casos são descritos nas fontes espanholas e portuguesas. Labrador fala dos esforços de um *nidjienigi* para trazer do cemitério, ou de um bosque, a alma de um doente que lhe havia escapado.[125] Almeida Serra dá um precioso relato de uma destas curas:

---

124 S. Labrador, 1910, vol. II, p. 45, 144-146.
125 S. Labrador, 1910, vol. II, p. 35-36.

No ano de 1800 houve em Coimbra umas febres agudas e nervosas, que puseram em perigo a vida de alguns portugueses da sua guarnição: A mesma moléstia atacou vigorosamente a preta Martha, filha da intérprete Victoria; pelo que o nosso cirurgião lhe pôs cáusticos; os quais principiando na madrugada seguinte a fazerem seu efeito, mais dolorosamente, estas dores escandalizaram os *Uaicurús*, que mandando chamar a Victoria lhe estranharam a fé que dava aos portugueses, que queriam matar sua filha com aquele violento remédio, e lhe arrancaram os cáusticos, e foi logo convidado um unigene para a cura; no espaço d'esta bulha, morreu no vizinho rancho uma velha que logo lamentaram, e amortalhada a conduziram segundo o seu costume para o seu cemitério, neste intervalo, olhando para a Martha a viram em letargo; pelo que houve grande algazarra, e assentaram todos que a morta velha lhe tinha roubado e levava a alma: para embaraçar este roubo e fuga montaram a cavalo imediatamente bastantes *Uaicurús*, com lanças e porretes, e foram fazer, com grande gritaria, uma violenta e encarniçada escaramuça na estrada, e à vista deste presidio; apesar desta cavalhada, a alma sempre passou; pelo que um padre que já estava nu, mascarado de preto, vermelho e branco, e ornado de penas, tudo em hórrida figura, se lançou a correr numa violenta carreira para reconduzir a roubada alma da Martha, que foi achar daqui a quatro léguas embaraçada na passagem de uma baía, gastando nesta diligência desde as nove horas da manhã até às cinco da tarde, em que voltou com a mesma apressadíssima carreira, trazendo no seu penacho a obcecada alma; ele fixo sobre os membros quando este unigene vinha chegando ao rancho da enferma, lhe atiravam as velhas com quantos tições de fogo acharam, para afugentar o *Nianigugigo*: chegado em fim o afadigado padre ao pé do doente se lançou por terra com o ventre para cima com mil medonhos gestos, urrando sufocadamente enquanto algumas velhas, umas sucedendo às outras sobre a barriga lhe iam calcando, e ele bebeu duas grandes porções de água, o que tudo junto produziu um copioso suor, até que de repente como um furioso possesso, muda o penacho das suas partes, para as da enferma; que imediatamente bafeja e vai repetido entre urros os mesmos halidos, sobre a boca, ventas, ouvidos e olhos, e assim fez reentrar no corpo da enferma a fugitiva alma.[126]

Posteriormente, Fric assistiu tratamentos do mesmo mal e, segundo conta, chegou a realizar ele próprio a façanha, passando por *nidjienigi*.[127]

A maior parte das doenças é explicada pela teoria da intrusão e tratada segundo esta concepção: os médicos-feiticeiros chupam a parte afetada procurando tirar corpos estranhos que foram introduzidos por *bichos* de outros padres e geralmente "conseguem" extrair alguma coisa que prova sua asserção.

Sánchez Labrador mostra, porém, que a restituição da alma fugida ou arrebatada por algum espírito não exclui o tratamento posterior para extrair os corpos estranhos. Segundo sua descrição, o *nidjienigi* depois de capturar a alma,

---

126   Almeida Serra, 1850, p. 365-366.
127   V. A. Fric, 1913, p. 402-403.

encerra-se com o doente em um cercado de esteiras onde ninguém pode entrar e o próprio paciente deve manter os olhos fechados sob pena de ficar cego,[128] em seguida:

> *Échanle sobre una piel de ciervo, de tigre ó de otro animal. Puesto así, se es varón, le descubre el Nigienigi desde la cara hasta los pies, quitándole la manta en que va envuelto. Si es mujer, la destapa hasta la cintura, ó poco más, como medio cuerpo. En esta diligencia no se dispensa, ni por frio, ni por viento. Toma ya el médico en la mano derecha un palo de media vara de largo y casi una pulgada de grueso, aguzado en una punta. Chupa en varias partes al enfermo, y levanta la piel y carne con su brutal boca como lo hiciera una ventosa. Cada vez que chupa hace mil ascos y como que quiere vomitar con aquellas ansias que en realidad en otros causaran bascas verdaderas. Arroja la saliva en un hoyito que ya tiene hecho; descansa un rato y con el mismo instrumento está dando siempre en el hoyo como para enterrar la materia morbífica. Repite las chupaduras y el escupir en el hoyo hasta que le parece tiempo de sacar á luz su pericia médica. Chupa la última vez: tiene de propósito y con estudio en la boca un poco de paja, una espina y casco de ella, y aun un pescado, gusano ú otra cosa. Escupe en su mano, y muestra á los circunstantes lo que envuelto en saliva echó de su boca como extraído del cuerpo.*[129]

Neste caso parecem ter sido combinadas as duas explicações, a fuga da alma e a intrusão; o papel de xamã, então, seria provavelmente o de retirar o *quid*, reconstituindo as condições para que a alma volte a fixar-se no corpo do paciente.

Os *nidjienigi* que conhecemos procedem do mesmo modo, mas já não se encerram em cercados especiais, cantam no terreiro ou dentro da casa, rodeados de grande assistência, tendo somente o cuidado de que não se acendam luzes, nem se deixe subir labaredas do fogo.

Assistimos a diversas sessões de cura realizadas por João Gordo, Morcego e Vicença. Cada um deles tem seu estilo pessoal, no canto, no modo de percutir o maracá e agitar o penacho de ema e nas próprias técnicas. Reproduzimos, a seguir, algumas anotações de nossos diários sobre as sessões mais completas.

Vejamos, primeiramente, como trabalha João Gordo:

> Ontem à noite tivemos outra cantoria de João Gordo. Quando chegamos lá estavam sentados em um couro de boi, o Miguel e sua mulher que trouxera uma filhinha com terçol, todos enrolados em cobertores. João cantava dentro da casa e, como sempre, um foguinho sem chamas lambia brasas do lado de fora. João cantou forte como nunca tinha ouvido antes e também com variações muito maiores; imitava guinchos, assobios, gemidos, tosse, falava em todas as "línguas" que ele pôde imaginar e batia a cabaça com grande estrépito.

---

128   S. Labrador, 1910, vol. II, p. 37-38.
129   S. Labrador, 1910, vol. II, p. 36-37.

A certa altura, depois de espirrar no penacho como quem cospe areia, aproximou-se da criança doente e varreu-a com o penacho durante alguns minutos, conversou um pouco conosco, fumou um cigarro e retomou os cantos durante uma hora aproximadamente, para repetir, ao fim, a mesma peneiração de penacho na criança.

Pouco tempo depois assistimos a outra sessão de João Gordo, realizada durante o dia. Ele foi chamado para atender o "Capitão" Matixúa, que sofria uma violenta cólica e teve de agir com rapidez.

Quando chegamos para visitar o capitão, lá estava João Gordo sentado na ponta de um banco, muito sem jeito; o coitado anda com medo daquele pessoal depois das ameaças que lhe fizeram por cantar todas as noites. Um irmão de Matixúa pediu a ele que fizesse alguma coisa para aliviar o velho. João saiu para apanhar o chocalho e o penacho e voltou pouco depois. Já da porta pôs-se a chocalhar o maracá e a agitar o penacho de ema na direção do Matixúa. Aproximou-se assim e começou a soprar e cuspir em seco e abanar a barriga do Matixúa. Repetiu esta operação algumas vezes, a seguir iniciou uma massagem nas imediações de hérnia que deve ter sido dolorosíssima, porque o velho se retorcia todo, embora não gemesse nem uma vez. Então, João repetiu o abanamento e passou a apalpar mais levemente a barriga do doente, abanando sempre, com o penacho como se fosse uma ventarola. Finalmente inclinou-se e começou a chupar a barriga do Matixúa, enquanto balançava o penacho nas costas, com a mão direita e apalpava com a esquerda. Chupou em dois lugares próximos da inchação. Depois de cada sucção, levantava-se e fazia enormes esforços como se fosse vomitar, por fim, cansadíssimo, resfolegante e vermelho com o sangue que lhe subia à cabeça, cuspiu alguma coisa na mão. Mostrou-nos, então, o que extraíra da barriga do capitão: algumas espinhas de peixe muito pequenas e uma larva de pau podre que, ao sairmos, enterrou no quintal, junto da casa.
Depois da sessão encontrei-me com João em sua casa; explicou-me, então, que não cantara porque "padre só canta à noite"; queixou-se dos Matixúa dizendo que não gostavam de *padres* e haviam espalhado que foi Apolinário quem curou a velha mãe deles e não lhe deram nada pelas noites que cantou para ela. Mas acrescentou que, no dia seguinte, ao meio-dia, iria curar a cólica do Matixúa: "meio-dia eu vou curar Matixúa com o espelho. Tem que ser meio-dia, depois não pode mais. Meio-dia tá cheio de gente lá em cima, no campo do rio vermelho [mostra o céu]. Toda a gente fica lá olhando para baixo. Meio-dia ninguém vai trabalhar, ninguém vai passear, ficam olhando pra baixo. Eu vou com o espelho, olho para cima, no espelho vejo gente, muita gente lá dentro. Quando gente tá com menino novo, bem pequeno no braço, é bom, eu posso curar. Quando eu olho e vejo só braço saindo osso pra fora, osso mesmo, aí já vai morrer, tá morto já, não pode mais sarar".
Infelizmente, João não realizou o seu tratamento com o espelho, porque Apolinário, chamado pelos Matixúa, chegou naquela mesma noite e iniciou o tratamento com suas benzeções, rezas, banhos e beberagens.

Vejamos, agora, o estilo de Morcego, o *nidjienigi* Kadiwéu que goza, atualmente, de maior prestígio. Esta foi uma das primeiras sessões dele que assistimos, logo depois de sua volta das fazendas vizinhas onde estava fugido desde há dois anos. Por isto nem tinha os petrechos de *padre* e precisou improvisá-los para atender a uma cliente.

> Ontem assisti outra sessão de Morcego; era noite de lua clara, estavam todos ao redor do fogo em frente à paliçada; os homens sentados em bancos, as mulheres e crianças deitadas em couros, ou sentadas com criancinhas no colo. Morcego estava bem destacado, num banco mais alto, separado dos outros.
> Ao contrário de João Gordo, canta sentado e com o fogo aceso ao lado, tomando mate e fumando nos intervalos. Seu canto é também diferente, canta na língua dos Kadiwéu, porém com variações mais pobres que João Gordo. Começa em geral com um grito agudo e termina abruptamente como se parasse no meio da melodia. Alguns rapazes que o estavam ouvindo comentavam, rindo-se sem qualquer cerimônia das coisas que dizia. E debaixo de um mosquiteiro, vi depois, estava Iracema e a mãe; soube, então, que Morcego estava tratando dela. Há muito tempo que esta moça anda doente.
> A certa altura Morcego levantou-se e foi sentar num banco mais baixo, o seu lugar foi ocupado pelo garoto mais velho do Miguel Fernandes, que se colocou entre o *padre* e o fogo para fazer sombra nele. Morcego pegou seu chocalho improvisado e recomeçou a cantar. Depois de alguns cantos, disseram-me que ele ia chamar o "seu *bicho*". Até então todos tagarelavam livremente, tomavam mate, fumavam e riam, mesmo quando ele estava cantando. Nesta hora ficaram quietos e atentos. O canto foi se tornando mais alto e variado, enquanto o chocalho era batido em ritmo mais forte. Em dado momento Morcego passou a falar em tom cada vez mais alto e com vozes diferentes, intercalando assovios, gemidos e vociferações, como se mantivesse um diálogo desesperado com outras pessoas. Depois parou de cantar, levantou-se e, de costas para nós, começou a contorcer-se como quem vai vomitar, repetiu isto algumas vezes, comprimindo a barriga, até que se voltou e aparentando grande esforço, como para desengasgar-se, cuspiu na mão um ovo de passarinho com alguma saliva.
> Todos se levantaram para ver o feito. Então ele me disse: alumia. Tomei a lâmpada e vimos que era um ovo; o Miguel Fernandes comentou: o senhor viu? e o Isidoro: Padre é assim mesmo. Voltamos a sentar e Morcego ficou parado um instante para depois, inesperadamente, num gesto largo com os braços fazer um escamoteio com o ovo, juntando as mãos para mostrar que estavam vazias. Depois disso ele interrompeu o trabalho, conversou, tomou mate e fumou, só reiniciando daí a uma meia hora; e assim foi noite adentro. De vez em quando seu canto tornava-se mais forte, intercalado por silvos, assobios e rugidos, então dava notícias de um grupo de caçadores que estava no Pantanal e respondia às perguntas que lhe faziam.

As curas da velha Vicença, de Lalima, seguem o mesmo padrão, apenas são mais ortodoxas, ela não permite qualquer luz, nenhum barulho e canta horas a fio, fazendo raros intervalos para tossir e fumar; quando o canto atinge o máximo de intensidade, ela começa a fazer as massagens e extrações que, no fim da sessão, exibe aos circunstantes.

As práticas descritas indicam que o *nidjienigi* funciona como intermediário; os *bichos* invocados por ele – depois de horas de canto repetitivo e monótono, quando entra em êxtase – é que fazem a cura. Trata-se do mesmo tipo de invocação que ocorre no xamanismo ártico,[130] a possessão mediúnica do xamã pelo espírito. Nesta comunhão direta com o sobrenatural reside o poder do xamã.

Por isto mesmo não há "diagnóstico", nem o xamã se interessa por conhecer pormenores da doença, aos *latenigi* é que cabe esclarecer a natureza da enfermidade. Quando contratado para um tratamento o *nidjienigi* apenas marca o dia em que fará as invocações, e na mesma sessão pode atender a vários doentes. Não existe tratamento específico para qualquer doença, todas são enfrentadas com as mesmas práticas, exceto quando se trata de dores, feridas ou qualquer lesão localizada que sugere, naturalmente, a sucção. Os instrumentos utilizados pelo xamã são apenas o maracá e o penacho de ema já descritos, e umas pequenas hastes de madeira enroladas com um cordão e enfeitadas com penas que enfiam na própria cabeleira enquanto cantam e na dos doentes para exercitar espíritos malignos.[131] Merecem referência, como parte do instrumental xamanístico, os *quid* que retiram dos doentes por sucção, ou expelem nas exibições.

Não conseguimos informações sobre crenças ligadas ao maracá e ao penacho. Apenas a oferta de um penacho que nos foi feita por um xamã, com a recomendação de que o mantivéssemos bem guardado para nos abanarmos com ele quando adoecêssemos, pode indicar certa conexão mágica.

As sessões de cura que assistimos incluíam sempre algum escamoteio, imitações de animais, jogos vocálicos para dar a impressão de diálogos, em que os xamãs mostravam maior ou menor virtuosismo. Mas é preciso assinalar que eles próprios acreditam em suas práticas, ou, ao menos, numa parte delas. Prova disto se encontra no fato de que eles cantam, invocam os *bichos* e abanam-se para curar a si próprios, quando adoecem. Vimos João Gordo realizar uma sessão semelhante às ordinárias e sob grande tensão nervosa, quando foi mordido por uma cobra.

Os *nidjienigi* não usam remédios vegetais ou quaisquer outros, nem praticam cirurgia,[132] seus tratamentos consistem nas invocações, acompanhadas quase sempre de massagens, extrações de corpos estranhos por sucção na parte afetada, sangrias e em soprar os ouvidos e o ápice do crânio dos enfermos.[133] Existe até manifesta oposição dos *nidjienigi* Kadiwéu contra o uso de remédios. Num canto de João Gordo, já citado, ele diz: "Doutor brasileiro dá remédio. Não presta, é ruim, ruim. Eu chupo doença fora, sai do corpo." Morcego denota a mesma oposição ainda mais claramente num diálogo com o *latenigi*, que veremos adiante, no qual é severamente repre-

---

130 R. Pardal, 1937, p. 58-62.
131 G. Boggiani, 1929, p. 543.
132 S. Labrador, 1910, vol. I, p. 187; vol. II, p. 32, 43; F. Mendez, 1772, p. 20; Rodrigues do Prado, 1839, p. 36; Almeida Serra, 1850, p. 364.
133 S. Labrador, 1910, vol. II, p. 152; F. Mendez, 1772, p. 20-21; R. do Prado, 1839, p. 36; Almeida Serra, 1850, p. 365-367.

endido e ameaçado por haver tomado "remédio de brasileiro". Entretanto, soubemos que João Gordo curou um de nossos informantes, há alguns anos, usando beberagens. Verificamos que ele reinterpretou o uso de receitar infusões, segundo seus conceitos de cura; quando lhe falamos disto, explicou que às vezes ensina "remédios", mas não é "ele" quem conhece as plantas boas para curar, é o *bicho* que invoca; este – que pode ser um médico ou um curandeiro – lhe ensina como preparar a mezinha adequada. A oposição dos xamãs aos "remédios de brasileiro" a que nos referimos não os impede, todavia, de tomá-los sempre que adoecem e conseguem arranjar algum.

Os Kadiwéu procuram frequentemente o Posto local do SPI para adquirirem remédios, principalmente analgésicos. Em geral só apelam para os xamãs depois de esgotados estes recursos, sem conseguir melhoras. Alguns "remédios" usados pelos peões mato-grossenses e paraguaios alcançaram grande prestígio entre eles, o principal é uma solução concentrada de querosene ou creolina com água, que bebem quando são mordidos por cobra venenosa. Observamos também o uso do suco de jenipapo verde como cicatrizante, o que resulta, às vezes, em marcas negro-azuladas, semelhantes às antigas tatuagens.

Os *nidjienigi* não utilizam tabaco[134] ou qualquer outro estimulante ou ilusionígero em suas cerimônias, às vezes fumam e quase sempre bebem aguardente, porém sem utilizar ritualmente a fumaça ou as bebidas, como ocorre com tantos outros grupos indígenas.[135]

As vestimentas especiais dos *nidjienigi* descritas por Labrador caíram em desuso. Consistiam em baetas sem mangas, muito estreitas, feitas de mantas de lã com listas pardas e vermelhas.[136] Dos *nidjienigi* que conhecemos apenas Vicença tem paramentos especiais. Consistem numa manta de tipo muito comum entre as mulheres Kadiwéu, mas usada por ela exclusivamente nas cerimônias, e numa larga faixa recamada de contas de louça azuis e brancas e enfeitada de pendurichalos também de contas; e, ainda, de um adorno de penas de papagaio para a cabeça. Os dois últimos objetos têm aparência de muito antigos e, segundo Vicença, foram herdados de sua irmã que, por sua vez, os recebeu de um xamã mais antigo. Ela só veste estes paramentos uma vez ao ano, por ocasião de uma festa em que reúne todos os seus acólitos e passam a noite bebendo e cantando. Nesta ocasião, faz-se pintar o torso, o rosto e os pés com tabatinga e uma mistura de carvão, mel e urucu, em desenhos muito simples.

---

134 Sobre o uso do tabaco por xamãs, ver C. Wagley, 1943, p. 30-33; 1942, p. 286.
135 A importância dos ilusionígeros no xamanismo chaquenho foi estudada por A. Métraux, 1950, p. 161, 167; Palavecino, 1933, p. 580; R. Pardal, 1937, p. 273-333.
136 S. Labrador, 1910, vol. I, p. 283.

Conclusões

As manifestações religiosas dos Kadiwéu podem ser conceituadas como um conjunto de crenças em forças sobrenaturais e de práticas que procuram controlar estas forças. Neste conjunto pode-se distinguir, num esforço de abstração, três diferentes complexos: as explanações etiológicas da mitologia, a concepção do além-túmulo e a noção de entes sobrenaturais multiformes.

As explanações etiológicas embora sejam, por definição, os elementos mais especificamente religiosos, têm antes o caráter de especulações filosóficas que de dogmas. São as respostas Kadiwéu (próprias ou adotadas, não importa) às perguntas que todos os homens se fazem como filósofos; atendem a esta inquietação do espírito humano que levou todos os povos a se proporem a questão da própria origem. Explicam como e por que os Kadiwéu apareceram e a criação e transformação de todas as coisas, em termos de racionalização das suas condições de vida e da posição que ocupam frente aos outros povos.

A figura central da mitologia, *Gô-noêno-hôdi*, somente tem as qualidades de um alto poder, enquanto necessárias para estabelecer, através de sua ação dramática, a ordem social em que se assenta a sociedade Kadiwéu, como uma ordem moral e cósmica. Este demiurgo só encontra expressão religiosa como morador de um "céu" onde pode ser procurado pelos xamãs que buscam poderes especiais; não acena com qualquer promessa de salvação, nem assume feições de divindade justiceira, guardiã de normas sociais.

A concepção de além-túmulo e a crença em forças sobrenaturais multiformes constituem o que se poderia chamar de atitude religiosa dos Kadiwéu, em oposição à atitude filosófica expressa nos mitos de origem. A crença em uma existência idêntica, após a morte, junto ao mesmo grupo local, na mesma residência familial e onde se gozará do prestígio que se alcançar em vida, preenche, na sociedade Kadiwéu, às mesmas funções da ideia de salvação ou de compensação vicária na nossa sociedade; torna duplamente desejáveis os ideais culturalmente definidos e estimula o indivíduo na luta para alcançar prestígio entre seus contemporâneos, prometendo perpetuar para além da morte todas as suas conquistas.

A diferença entre o conceito de forças sobrenaturais multiformes e as explanações etiológicas lembra a célebre dicotomia do sobrenatural: o mágico e o religioso. Muitos dos fatos expostos no presente estudo poderiam ser classificados como mágicos, e até, um pouco forçadamente, como *simpáticos* uns e *contagiosos* outros, mas a maioria deles não cabe na singeleza do escaninho, e não se enquadra também na definição de religioso, como oposto ao mágico. Por este motivo, a distinção dos fenômenos examinados em imanentes e transcendentes, ou em quaisquer outros, em termos da citada dicotomia, além de representar uma simplificação injustificada de fenômenos na realidade mais complexos, não contribuiria de nenhum modo para sua compreensão.

A noção de entes sobrenaturais multiformes permite aos Kadiwéu explicar os fenômenos que escapam à lógica e às motivações comuns, constituindo, por assim dizer, uma dimensão especial da cultura, sujeita a uma casuística própria. Só assim se pode conciliar a admirável acuidade que observamos nos Kadiwéu, sua objetividade sadia, com a crença nesta multidão de entes sobrenaturais prontos a intervir em qualquer terreno.

A verdade é que também os Kadiwéu têm duas atitudes distintas diante do mundo, uma objetiva, diríamos mesmo científica, responsável pelo seu profundo conhecimento do ambiente em que vivem, outra mística, impregnada de emoção que completa a primeira, explicando os fenômenos que lhe escapam. Um exemplo mostrará claramente as circunstâncias em que apelam para uma e outra atitude.

Quando organizam uma expedição de caça cuidam de todos os pormenores com a maior atenção e o mais acentuado bom senso. Não lhes faltarão armas e munições, a matula e água para a travessia dos campos secos, peles que amaciarão os arreios e servirão de cama à noite, alguns palitos de fósforo, o sal, um pouco de querosene ou creolina para a eventualidade de que alguém seja mordido de cobra, a guampa, a bomba e a erva para o chimarrão e uma infinidade de outras coisas. Vale dizer, tomam todas as providências que estão a seu alcance com uma previsão que, por si só, garantiria o sucesso da caçada. Mas há o imprevisível: a caça pode não estar no campo para onde se dirigem, embora um deles a tenha visto lá dois dias antes, um acidente pode sobrevir vitimando qualquer dos participantes e até algum inimigo desconhecido pode cair de surpresa sobre eles. Como controlar o incontrolável? Para isto contam com os recursos do xamanismo, um *nidjienigi* preverá a sorte da expedição – indicando, quiçá, um outro campo de caça que esteja livre de todos os perigos imprevisíveis – e os acompanhará atento para tudo que possa indicar insucesso: o canto de um pássaro aziago, as mensagens de seus *latenigi*, uma formação inusitada de nuvens, ou qualquer coisa que sugira àquele *nidjienigi*, em particular, que seus companheiros correm perigo. A presença deste controlador do incontrolável dá ao grupo o sentimento de segurança indispensável a qualquer realização, garantindo a eficiência dos esforços objetivos contra a ameaça do imprevisível. Mas a ninguém ocorreria prescindir do instrumental com que a cultura os provê e só apelar para o "religioso", qualquer que fosse seu objetivo.

O xamanismo é a resposta Kadiwéu à necessidade de fazer frente ao azar e a todas as ameaças reais e imaginárias que pesam sobre eles e que não podem ser resolvidas pelos processos ordinários. Esta função não o faz de nenhum modo menos eficaz ou objetivo que qualquer outro aspecto da cultura. Ele efetivamente assegura, à sociedade, um sentimento de segurança, de importância inestimável, na consecução de qualquer tarefa. O xamã é o guardião do sossego em que todo o grupo vive suas atividades cotidianas, embora permanentemente ameaçado pela atuação de tantas forças invisíveis, de tantos perigos possíveis. Constitui o mais bem-sucedido esforço dos Kadiwéu para organizar suas relações com o sobrenatural. O prestígio do xamã, seu poder, a fé que o grupo deposita nele e a autoconfiança com que age, se devem a este caráter social – a que ele é a personificação dos esforços coletivos para resolver um dos problemas básicos da sociedade. Os conceitos e as práticas através das quais ele cura, enfeitiça ou adivinha, são coparticipados por todo o grupo e este consenso é que torna possíveis seus milagres.

Documentação religiosa

Cantos xamanísticos*

Cantos de Morcego

Morcego inicia sempre suas sessões com os mesmos cantos introdutórios, repetindo-os diversas vezes com pequenas variações. São colóquios com os *latenigi* que só se dão a conhecer no fim de cada canto.

Consistem de repetições de uma frase muito simples, intercalando um tema que se vai desenvolvendo aos poucos. Vejamos dois destes cantos com que Morcego iniciou todas as sessões que assistimos; no primeiro o *latenigi* é um *padre* Terena.

DJÁ-DJI-NATE
Eu já vi
ÍU-ÁLO, ÍU-ÁLO
meu neto, meu neto.
ÉHÍ-NÉ, DÉ-HÍ-NÉ
Este, é este
ÍU-ÁLO, ÍU-ÁLO
meu neto, meu neto.
DJÁ-DÉKI
Já vou levar (andar)
IÁ-Ú-DIGÍDJE
para minha planta
ÍU-ÁLO, ÍU-ÁLO
meu neto, meu neto.
DJÍ-NÁ-TEGÍ
Já estou vendo

É-IÔ, É-IÔ
meu pai, meu pai
AM-É-IÔ
Não é meu pai
DÉKÊ ÍU-ÁLO
é meu neto.
ANIKO-KANIGÊ
Então
DJÁ-DÉKI-MIKÁ
já vou andar para
GÔ-KID
o poente.
IÚ-ÁLO IÚ-ÁLO
Meu neto, meu neto
DJÁ-DÁ-TOPEGI NIGÔI
Clarear o dia

---

* Documentos etnomusicais
Devemos a D. Helza Camêu as notações musicais apresentadas a seguir. Elas correspondem, aproximadamente, aos textos já examinados, de uma sessão xamanística da velha Vicença, de Lalima. Como vimos, nestas sessões a xamã repete algumas vezes cada canto, com pequenas diferenças. Diante da impossibilidade material de publicar todas aquelas variações em virtude de sua extensão, fomos obrigados a proceder a uma seleção. Por este motivo transcrevemos os textos das variantes mais completas, segundo um critério etnológico, e a ilustre musicista notou as variantes em que os motivos musicais são mais completamente desenvolvidos.

MALÉ-KHÍKÁ
já está querendo;
NALÉ-BEPEGI
Amanhecer
MALÉ-KHIKÁ
já está querendo.
ÍU-ÁLO
Meu neto
MÉ É-IÔ ANONI-PÁWA
Eu sou seu amigo
ANONI-PÁWA OTXÓ-HÔ
Amigo velho
DÉ-HÍ-NÉ IUDÁ
este é.
EKÁ-NATÔ-PABIGÉ EKI DANIGÔI
Quando amanhecer o dia
DJÉ-HÉ PRÃ-NAHÁ EDJÉ-NÉKE
Eu já vou cantar
DJÉ-HÉ PRÃ-NAHÁ EDJÉ NÉKE
Eu já vou cantar
ILÁ-HÁTXO LIGÍ-KÁ
canto de padre
DJÉ-HÉ PRÃ-NAHÁ DJÁ-UÍ-LITÉ
Eu já vou dançar
INIKÁ ILÁ-HÁTXO-LIBATÔ
Este penacho de padre
INIKÁ ILÁ-HÁTXO-LIBATÔ
Este penacho de padre
KJÁ-DJI TXIKÉ
Já vou balançar
ILÁ-HÁTXO-LIBATÔ
penacho de padre
ÍU-ÁLO
Meu neto
AHÁ-DOWÔHO?
Não me conhece?
MÉ IÔN NIDJOU-LOTETXE
Eu sou Terena.

No canto seguinte, musicalmente mais rico, o *latenigi* é uma cachorra que se designa por nome próprio. Também aqui o estribilho é independente do motivo e serve de base aos arranjos melódicos do *nidjienigi*.

IDAÉ-É-IÔ; É-IÔ
É meu pai, meu pai
DÉ-HI-NÉ É-IÔ
Este é meu pai,
É-IÔ, É-IÔ
meu pai, meu pai,
É-IÔ, É-IÔ
meu pai, meu pai,
MEDJÍN DÁ-MEGÍ-KÁ
Eu disse quem é:
IÔN-NABIGÉ
está campeando
É-IÔ, É-IÔ
Meu pai, meu pai
DJÁ-DÊKOWÉ
Já sei
IÔN-NAGIGÉ
está campeando
IKOÁ-LÁ
o que comer
É-IÔ, É-IÔ
Meu pai, meu pai
ANÁ-GI
venha cá
ANÁ-GI DJÁ-DÉGI
Venha cá, vamos andar
DJÁ DJÁ NOKÁ GIKO
Já vamos chegar onde tem
GOU-DÁ-DJÍAKO
Muita comida

É-IÔ, É-IÔ
meu pai, meu pai,
IDAÉ É-IÔ
é meu pai,
IDAÉ É-IÔ
é meu pai,
HÁ-LÊ KHOTÁKE
vamos primeiro
DJÁ-DÉKI IDÁ
andar para o
GÔ-KÍD
poente.
IDAÉ É-IÔ, É-IÔ
É meu pai, meu pai
DJÍ-LETÁ-GÊN
Já vou correr
NEKÉ INOÁ UÉ-TIAD
com você esta morraria
IDAÉ É-IÔ, É-IÔ
É meu pai, meu pai
AHÁ-DOWOHO?
Não me conhece?
MÉ IÔN Á-AKIDETÉ
Eu sou o que enlouquece.
IDAÉ É-IÔ, É-IÔ
É meu pai, meu pai
MÉ IÔN AWÍ-KATÉ
Eu sou a cachorra
MÉ IÔN NALÉ-KHENIGÍ IHODJÉD
Eu sou NALÉ-KHENIGÍ IHODJÉD.

Depois de repetir muitas vezes invocações semelhantes às anteriores, introduzindo pequenas variações em cada repetição, os cantos vão se tornando mais fortes e variados, surgem diálogos do xamã com o *latenigi* que passa a oferecer seus serviços como no documento seguinte:

Oh! Meu amigo, meu amigo
É o senhor? Meu amigo,
meu amigo
Este é, meu amigo
meu amigo... meu amigo

Eu sei tudo, meu amigo
Eu sei tudo, meu amigo
O senhor tem inimigo?
O senhor quer castigar?

Meu amigo... meu amigo...
Oh! este é meu amigo...
Venha cá... venha cá...

Eu sei tudo, tudo...
Dou "feitiço" meu amigo.
Tem doente... quer curar
Venha cá... venha cá
Dou "remédio"... sei de tudo
O senhor pode curar
Pode salvar, meu amigo...

Sei tudo, meu amigo
Dou "feitiço"... venha cá
Dou "remédio", meu amigo
Oh! Meu amigo, meu amigo
Amigo... Amigo

Oh! Meu amigo, meu amigo
Oh! Meu amigo, meu amigo
Vem. Eu já vim buscar você...
Oh! Meu amigo, meu amigo
Vem. Eu já vim buscar você...
Oh! meu amigo, meu amigo
Eu já vim buscar você...

Tem bastante tuiuiú
Vem, meu amigo, meu amigo
Tem bastante tuiuiú
Vem comigo, meu amigo.

Vamos, vamos, meu amigo
Vamos, vamos lá
Meu amigo, meu amigo
Vamos andando, por aqui
Meu amigo, meu amigo
Olha! meu amigo: passarinho
Vê? Aqui tem passarinho

Vamos andando, meu amigo
Amigo, Amigo
Lá tem mais tuiuiú
Vem, meu amigo, meu amigo

A partir deste momento, Morcego passa a cantar no escuro, apagam o fogo ou fazem sombra nele. Começa, então, a fazer longas pausas no meio dos cantos para imitar silvos, rugidos ou gorjeios, conforme o *bicho* que invoca. Pouco depois os cantos atingem o máximo de força, vibra o chocalho com um ruído ensurdecedor, muge, geme, assobia entre as frases gritadas do diálogo final, em que faz suas perguntas ao *latenigi*.

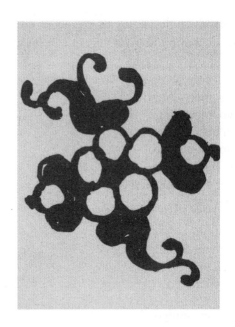  

Padrões de desenho Kadiwéu XXI.

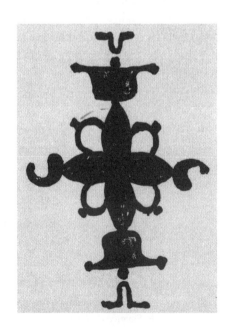

Padrões de desenho Kadiwéu XXII.

A este trecho final de extrema dramaticidade e da mais alta emoção, Morcego chama "a chegada de seu *bicho*". Quando ele atinge este clímax que todos reconhecem pela força do canto e pelos temas particulares, qualquer pessoa pode fazer perguntas que são logo respondidas. Além disto, mesmo quando a sessão é feita para curar determinada pessoa, o *latenigi* fala de todos os presentes, comunica que um está doente, prognosticando seu caso, dá aos forasteiros notícias de sua família e, ainda, profetiza acontecimentos de interesse geral, comumente ligados às questões que preocupam o grupo no momento.

Conseguimos gravar um canto final destes numa noite de festa em que Morcego, muito bêbedo, apareceu dizendo que cantaria "para a máquina". Seu ajudante o advertiu de que poderia quebrá-la e nos descontentar, mas aceitamos o risco. A notícia correu logo a aldeia e não ficou ninguém em casa. Todos já conheciam o sonógrafo e este interesse só se explicava por estarem certos de que Morcego iria pôr em jogo todas as suas forças sobrenaturais. A embriaguez prejudicou a *"performance"*, mas assegurou uma fidelidade que, de outra forma, não se poderia conseguir.

Infelizmente, não foi uma sessão ordinária, como as de tratamento; seu tema foi o antagonismo entre os seus *latenigi* e os brancos. Cremos, porém, que esta sessão dá uma ideia nítida da intensa emoção que vivem os Kadiwéu e o próprio xamã durante suas cerimônias, mesmo porque ela foi comentada na aldeia como uma das maiores sessões de Morcego.

Cantou, de início, cinco cantos introdutórios, semelhantes aos já transcritos, depois disse ao seu ajudante:
— Compadre, meu filho, eu não quero quebrar a máquina, não quero.

Ao que o outro respondeu que não precisava quebrar. Mas, satisfeito com os cantos anteriores, cuja gravação ouvira com o maior entusiasmo,[137] ele mandou toda a gente sair do quarto e apagar as luzes da casa; colocou um cobertor sobre nossa cabeça e outro sobre Isidoro, seu ajudante, e advertiu que, se olhássemos, ficaríamos cegos ou morreríamos.

1) Em seguida Morcego começou a percutir o maracá;
2) repetiu as primeiras frases de um canto introdutório e logo depois começou a entoar, ou melhor, vociferar diálogos com o *latenigi*.

3) *Latenigi*:
Oh! meu amigo, meu amigo
Coitado, meu amigo, coitado! (declamação)
4)
(assobio – breve)

5) *Latenigi*:
Coitado de você (declamação)
Estamos no meio do Brasil
Coitado de você
Cuidado! Cuidado!
Cuidado, amigo, cuidado!
Estamos no Brasil
Coitado de você.

---

137 A gravação foi feita na casa de administração do Posto do Serviço de Proteção aos Índios; usamos um sonógrafo a fio de aço que pode reproduzir a gravação logo depois de executada.

6)
(assobio, muito brando)
7) *Latenigi*:
Estamos no Brasil (recitado, breve)
Cuidado!
8) *Morcego*:
Não vá correr, não corra!
Vem aqui. Fique aqui!
Venha.
9) *Latenigi*:
Agora já está morto (declamação)
Você vai morrer
Já está morto
Agora não tem mais
Barulho da noite...
Você já vai morrer
Não tem mais barulho
Você já vai morrer.
10)
(assobio)
11) *Morcego*:
Vem cá, não vá correr. (trêmulo)
12)
(rugidos)
13) *Latenigi*:
Cuidado!
Você já está morto
Você tomou remédio do Brasil
Cuidado!
14)
(rugidos)
15) *Latenigi*:
Cuidado! É o Brasil aqui! (declamação)
Cuidado! Cuidado!
Brasil!
16)
(assobio muito brando)
17) *Latenigi*:
Cuidado, amigo! (declamação)
Cuidado!
Não deixa ir embora
Fugir! Cuidado!
Cuidado! Brasil!
18)
(recitativo angustiado, ininteligível)
19) *Morcego*:
Vem, meu amigo
Vem, meu amigo
Meu amigo
Pode chegar, meu amigo.
20)
(imita o rugido de onça)
21) *Latenigi*:
Coitado deste padre
Coitado!
Engraçado este padre
Coitado!
Engraçado este padre.

Morcego cai estrepitosamente no chão, Isidoro retira o cobertor da cabeça e vai socorrê-lo. Os homens que da outra sala acompanhavam o canto precipitam-se no quarto e rodeiam Morcego. Um deles que sempre fora respeitoso e amigo nos manda rispidamente fechar o sonógrafo, dizendo que foi a luz (o olho mágico) que matou Morcego. Outro ordena a todos que saiam porque "quando padre fica assim, só o *bicho* dele é que pode salvar". Um terceiro nos recomenda desligar o motor cujo ruído podia prejudicar Morcego. Todos os homens e mulheres presentes estão extremamente emocionados, de olhos acesos sem saber que decisão tomar. Propositadamente demoramos a desligar o motor (tínhamos dito que só parando o motor o olho mágico apagaria), e, quando íamos fazê-lo, ouviram-se ruídos no quarto, todos correram para lá e pararam à porta, escutando. Morcego retomara o chocalho e começara a balançá-lo levemente. Ouviram-se alguns silvos e assobios baixos; logo depois ele se levantou e começou a cantar com voz fraca:

22)
(guincho de macaco)
23) *Latenigi*:
Quando eu vi amigo
eu já disse: vou levar
amigo pra minha casa.
Quando eu vi amigo,
eu já disse: vou levar
amigo lá pra minha casa.
24)
(guincho – igual a 22)
25) *Latenigi*:
Oh! meu amigo, coitado
Já vou conhecê-lo
Quero levá-lo comigo
Coitado! Coitado!...
Meu amigo, já estava morto.
26)
(guincho e pausa)
27) *Morcego*:
Vamos, amigo
Vou levar você pra casa
Vamos lá no Pantanal, amigo
Vou levar você pra casa
Lá dentro do *naká-kúdi* [arrozal]
28)
(guincho)

29) *Latenigi*:
Vamos, é aqui nossa casa.
Vem aqui meu amigo
agora eu vou lhe dar uma coisinha.
30)
(guinchos)
31) *Morcego*:
Vem aqui, vem aqui.
32) *Latenigi*:
Vou dar uma cachoeira de
água pra você. Toma!
Você não quer a cachoeira d'água?
Toma!
Será que você não me conhece?
Não lembra mais de mim?
Veja! Eu sou passarinho
Eu sou *adjô-lô-píu*[138]
Veja! Você não me conhece?
Eu sou passarinho
Eu sou *dji-gô-txoi*[139]
Não vê?
Você não me conhece, amigo?
Veja! Eu sou mesmo o
Djáo-txowí-uahá.[140]

---

138   Nome de um pássaro vermelho muito comum no Pantanal.
139   Passarinho preto do Pantanal.
140   Pássaro joão-pinto.

Quando Morcego elevou um pouco o canto, Isidoro entrou para vê-lo, entramos logo depois, estava trêmulo, suadíssimo. Terminado o canto explicou que fora vitimado por um *latenigi* (a onça), mas logo vieram os pássaros do pantanal para salvá-lo e ele custou a reconhecê-los.

Laureano, ao traduzir este canto, reconheceu o *latenigi* de Morcego pela música e nos disse ser sempre este o *bicho* que invoca nas curas mais difíceis, do que resultam, quase sempre, experiências como a descrita.

Cantos de Vicença

Reproduzimos, a seguir, toda uma sessão gravada pela velha Vicença, de Lalima. Como Morcego, ela repete várias vezes os mesmos temas, acrescentando em cada passagem novos elementos. Começa por invocar os *bichos* (que ela chama *guias*) menos perigosos e menos poderosos; assim, invoca primeiro o cupim, depois o curiango, o caburé, a pomba, o caramujo. Em seguida, já em tom mais forte e ritmo mais intenso do maracá, passa a falar de borboletas e de um animal (capada) que nosso tradutor não soube dizer qual fosse. Por fim, segundo suas explicações, a falecida irmã, que é a fonte de seus poderes mágicos, consente em "descer no seu penacho", não obstante a presença de brancos. O espírito da irmã a repreende e ameaça violentamente, por invocá-la naquelas circunstâncias.

Segundo Vicença nos disse, estes são todos os seus cantos, e em cada sessão de cura ou de festejos ela os repete, sempre na mesma ordem, exceto o último que, naturalmente, varia com a finalidade da sessão.

I

AKAM ÍU-ÁTE[141]
Você é minha neta,
AKAM ÍU-ÁTE
você é minha neta,
AKAM ÍU-ÁTE
você é minha neta,
AKAM ÍU-ÁTE
você é minha neta,
DJÁ-DJEN NIBÍ-TXÔDE
Já está saindo formiga

INOÁ GÍLÔ
é do nosso
NÔNI-PÔDÁHA
campo
INOÁ GÍLÔ
é do nosso
HONÔ-KÔ-DÔDJI
dia
INOÁ GÍLÔ
é do nosso

---
141 Vicença repetiu três vezes este canto em pequenas variações das quais reproduzimos a mais completa; os cantos II e III foram repetidos quatro vezes; os IV, V e VI, duas vezes; do VII transcrevemos todas as variações.

HÔNI-PÔDÁHA
campo
AKAM ÍU-ÁTE
você é minha neta,
AKAM ÍU-ÁTE
você é minha neta,
DJÍ-NODJI KEN-NENDÁ
Já estou derrubando
INOÁ HÔNA-PILÁLO
este cupim
INOÁ GÍLÔ
é do nosso
NONÔ-KÔ-DÔDJI
dia;

DJÍN-NOHÁ-DOTÃN
é muito pequenino
INOÁ IOLÉ-KEN-NÁ
este meu olho,
INOÁ IADJÍ-PÁA KEN-NAHÁ
esta minha orelha,
INOÁ TAWÂN-NIGÍ
é pequeninha;
IAHÁ-KALÁ TEDI
mas eu tenho
INOÁ INÁ-TILÉU
este meu punho
ANÔ-DJIÁKI
que joga longe
IBE-DJE-NAHÁ
meu braço.

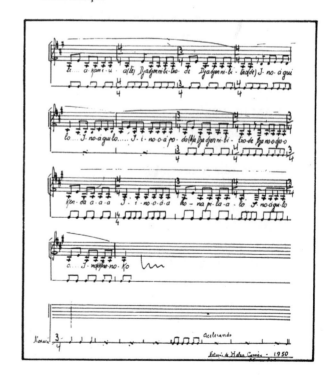

II

GAMÉ-É ANÍ-Í
Que está fazendo
GAMÉ-É ANÍ-Í
que está fazendo
GAMÉ-É ANÍ-Í
que está fazendo
DOHÔ NIAHÉ
você vai
ANIÔ-Ô TIGETÁ
acordar
HON-NIU NOÁ-LÉDI
nesta noite?

NOTOETÉ LIÔN-NA
Filha de padre
DJÁ-NIPÉ KOTÁ
Já está perto
HON-NON UÍN-NIHÌK
nossa festa
NOTOETÉ LIÔN-NA
filha de padre;

DJÍ-NEBAKÁ-NÉDI
já está pintado
ODÁ-NONAHÁ
o cabide [para pendurar cabaças]
DJÍ-NEBAKÁ-NÉDI
já está pintada
ODÁ-GÊNEHÁ
a cabaça,
DJÉ-DIGÍ EKÉ-OGÍLO
nós já estamos recebendo

ODJI-LEHENAHÁ
nosso penacho.
GAMÉ-É ANÍ-Í
Que está fazendo
GAMÉ-É ANÍ-Í
que está fazendo
DOHÔ NIAHÉ
você vai
ANIÔ-Ô OTA-GILÔ
estar acordada
INOÁ HON-NE NOÁ-LÉDI
é nesta noite?

NOTOETÉ LIÔN-NA
Filha de padre
LÉ-É KÉKE HON-NE NOÁ-LE
fica acordada até muito tarde.
DJÁ-DJIGÔ GETXÉ
Eu já estou batendo caixa
IÔ-UÍDI
aí atrás,

HODÍNI-EGÉN
nós já ficamos alegres.
NIGÔI
No nascente
HON-NIGÔ NIDJÉDI
lá para o nascente.
NOTOETÉ LIÔN-NA
filha de padre
DITXÁ-KEN NIKÍ-IÁ-HÁDI
eu abri as asas

NIKAHÁ HÔNOKODJÉ
lá onde está o sol;
NOTOETÉ LIÔN-NA
filha de padre

E-IÔN MUTÁ DAWÍ-ÁU
eu sou aquele curiango
INOÁ NEKI ILAHÁTXO
toda esta passarinha.

III

NAGÔDO! NAGÔDO!
Coitado! Coitado!
NAGÔDO! NAGÔDO!
Coitado! Coitado!
NADJÍ-PÁA-GÍLO
Você já escuta aqui
NAHÃ LÉ-É KÉKE
quando fica muito tarde
HON-NÉ NOÁ-LÉDI
nesta noite
HON ILAHÁTXO ÁDI
esta nossa passarinhada
DJÁ-EIMÁ KAGETÁ
já fica toda tonta assim;
IÁ-IAGÊNA
minha cabaça,
DJÁ-DI-NETÔ LENEGETÁ
já fica tudo louco.
IÁ-IAGÊNA
minha cabaça.
IN-ILAHÁTXO ÁDI?
é minha passarinhada?
DOHÔ NIAHÉ AHÁ-DOWÔHO TUTA?
Você não me conhece?
É-IÔN MUTÁ
Eu sou
NATXÍ-GETEN-NA
rapazinho novo
LÍBINIEN LIGÉ
muito bonito,
TÁTE NATXÍ-GETÊN-NA
eu não sou rapazinho novo

GÉ-MÉ É-IÔN MUTÁ
mas eu sou
ETÔLI-TÔLI
caburé,
INOÁ-NÉKI
e toda esta
ILAHÁTXO ÁDI
passarinhada.

NOTOETÉ, ADOETOTÁ
Padre, cuidado
ADOETOTÁ! ADOETOTÁ!
Cuidado! Cuidado!
ANÔ-ONÁ-NIGILO
É sua gente
NEKOLÉ-BIGÉ
já estão procurando você
NOTOETÉ! ADOETOTÁ!
padre! Cuidado!
DJÁ-DJÍ-MIGÍ-DJETÉ
Eles já estão com raiva
NEKOLÉ-BIGÉ
já estão procurando você.
NAGÔDO! NAGÔDO!
Coitado! Coitado!
NAGÔDO! NAGÔDO!
Coitado! Coitado!

NOTOETÉ LIÔN-NA
Filha de padre
DOHÔ NIAHÉ IKUTÁ
você não tem

NIMÁ-UEN NIHK
 mais jeito [salvação],
NIMÁ-UEN NIHÍK
 mais jeito [salvação];

NOTOETÉ LIÔN-NA
 filha de padre
DJÁ-DJÁ EBÁLE
 já está errado.

IV

NAGÔDO! NAGÔDO!
Coitado! Coitado!
NAGÔDO! NAGÔDO!
Coitado! Coitado!
ANI HANÁ-DJÍ-PÁ LOGI
Escuta lá:
EKA NATOPÁBI
quando sair
HÔNOKODJÉ
o sol,
DJÔ-LÁ ELÔGOTÉ
eu já quero salvar
IÔ-TXÁ-GÔDI
o meu filho,
DATÔ-KÁDJÔ
não vou fazer dormir
DJÔ-LA ELÔGOTÉ
eu já quero salvar.
NAP-HÁ É-IÔN MAHÁ DJÍN-NIHÍ
Sou eu mesmo que
UÁI-ELÔGOTÉ
vou salvar
DATÔ-KÁDJO; UÁI ELÔGOTÉ
não vou fazer dormir, vou salvar.
NAP-HÁ É-IÔN MAHÁ DJÍN-NIHÍ
Sou eu mesmo que
UÁI ELÔGOTÉ
vou salvar
IÔ-TXÁ-GÔDI
meu filho.
NOTOETÉ LIÔN-NA
Filha de padre,

NAHÁ-DJO LEAWÉ
quando eu vi
NOTOETÉ LIÔN-NA
filha de padre,
DAHÁ-LÁWI KUDIK
coitada dela
DOHÔ NIAHÉ DOWÔHO TUTÁ?
você não me conhece?
E-IÔN MUTÁ IÔTÍPI
eu sou bomba,
INOÁ NÉKI ILAHÁTXO
toda esta passarinhada.

V

ENÔ-O! ENÔ-O!
HALÁ-NAÁ BITANIN
Fiquem parados.
HALÁ-NÔO DJIKENIN
Afastem para trás.
HALÁ-NAÁ BITANIN
Fiquem parados.
É-IÔN MUTÁ NADJÉN
Eu sou o caramujo
MIKÁ-IAHÁ AWÍ-Í
de lá do poente;
É-IÔN MUTÁ NADJÉN
eu sou o caramujo
MIKÁ-IAHÁ AWÍ-Í
de lá do poente.
DJÁ-DINÁ UOLÔLE
Eu já estou gritando.
AGI-TXI THAN-NEHÉ
estou arrastando.
DJÉ-NÁ UOLÔLE
estou gritando.

VI

HALÁ-NÁA BITÁNIN
Fiquem quietos aí [parados]
HALÁ-NÁA BITÁNIN
Fiquem quietos aí.
HALÁ-NÁA BITÁNIN
Fiquem quietos aí.
HALÁ-NÁA BITÁNIN
Fiquem quietos aí.
HALÁ-NÁA BITÁNIN
Fiquem quietos aí.
DIGÁ-DJÍ-PÁA
Escuta lá,
DÍ-TXIN MEHÉK
o que está fazendo barulho lá:
NOTOETÉ
os padres.
NÔHOIÔ ILAHÁ
Já levaram os
NIN-UILÁ TXÔDODJI
meus bichos
DJÔHOIÁ IÁGÊN-NIDJÔ
Vamos fazer barulho outra vez;
NIN-UILÁ TXÔDODJI
meus bichos
ANOIÁ NIN-NÉK?
para onde eles levaram?
NIN-UILÁ TXÔDODJI
Meu bichos.
DINÔ-KOLOHO-DÔDI
As borboletas todas.
MÉ-DI AHÁDI
Lá para onde está
NOHÔ DINÁ-HÁLO
aquela capada
UÉ-TIÁDI
da morraria;
ONE-TXÁ
dá uma olhada lá
AWÍ-LEHÁ TEWOGO
com o olho meio fechado

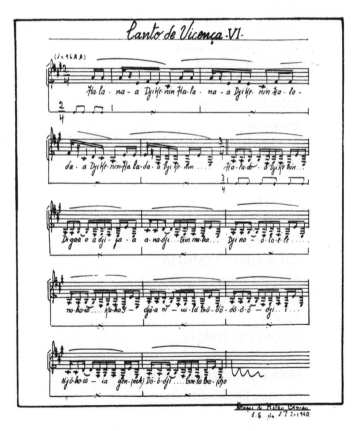

VII

OLÉ KEN-NÁ
não abra muito os olhos.
(assobios)
ADOWETÁ!
Cuidado!
ATXÁWEHÁ-TÁGI
Brasileiro!
(assobios)
(frases ininteligíveis)
ENÔ-O Ô-Ô
NAGÔDO! NAGÔDO!
Coitado! Coitado!
NEWI-KÔ-DENI
Você tem muito amor
NIHÍ UÁI-ELÓKO
já pode salvar
ANO-NA NIGÍLO
sua gente.
ANÔ-NIHIÁ IKOTA
Mas ainda não tem
NIWILA TXÔDODJI
um bicho.
NOTOETÉ LIÔN-NA
Filha de padre
DJÍ-NAHADÔ TANUTÁ
não procure me enganar.
Ê-IÔN MUTÁ
Eu sou
IETOLETXÉ IWÁLO
uma mulher louca,
EDINE TOLEWÉDI ÔNOKODÔ
eu estou louca neste dia.

DINÁ-UILILE HONI-PÔDAHÁ
Nosso campo já está virando
NAGÔDO
Coitado
DJÁ-NA-IÔTA
já está pendurada.
IEHÉ-UÁGI
No meio das coxas
DJÁ-DÁ-UIME
já tem buraco;
IÉ-LÍ
barriga
DJÁ-LITÔ DIWA-TÔ
só aparece
IÉ-ELÍ
minha barriga.
NOTOETÉ
Padre,
DJÁ-NAGOTXÉ DIKI
já tem só buraco aqui
IOLE-KENEHÁ
no lugar dos olhos.
ADOETOTÁ!
Cuidado!

IHELÁ LELÁ-DIHI-DJÁ
Minha casa já está podre
LUDÁ-MIHI DJÁDI
já está fechada.
ANO-ONÁ NIGÍLO
A sua gente mesmo

NOTOETÉ LIÔN-NA
filha de padre.
ADOWETÁ!
Cuidado!
ATXÁWEHÁ-TÁGI!
Brasileiro!
(assobios) (grunhidos)
(palavras ininteligíveis)[142]
NAGÔDO! NAGÔDO!
Coitado! Coitado!
NAGÔDO!
Coitado!
ANI NOTOETÉ LIÔN-NA
Uma filha de padre
DJI-GÔTXI-KÉ OGÍLO
olha para lá
LÁA-KETI
onde tem muita cobra.
NOTOETÉ LIÔN-NA
Filha de padre
DJI-GÔTXI-KÉ OGÍ
olha para lá
LÁA-KETÉDI
onde tem bastante cobra.
NOTOETÉ LIÔN-NA
Filha de padre
DOHÔWA MÁLA-TXÉDI
Onde tem bastante boneca,[143]
ANÁ-ON-NANÁDI
estão fazendo bonecas com o cabelo.

AWÍ-KIDJÍ-PI
As moçadas,
IÁ-MA-KEDÃN
todas elas já estão
LÔ-KOTI
ajoelhando,
AWÍ-KIDJÍ-PI
as moçadas.

ENOÁ-A

DJÍ-GÔTXI-KÁ-OGÍ
Olhem para lá:
AWÍ-KIDJÍ-PI
as moçadas
IÁ-MÁ-KÉDI LÔ-KOTI
já estão ajoelhando,
DÔ-GOÁ MALÁ-TXÉDI
as bonecas todas
IÁ-MÁ-KÉDI LÔ-KOTI
já estão ajoelhando,
ANÁ-ON-NANÁDI
estão fazendo bonecas com o cabelo
ADOWETÁ! DOWETÁ!
Cuidado! Cuidado!
ATXAÔ-HATÁI
Brasileiros
(gemidos – assobios)
ANÁGI! ANÁGI!
Venha cá! Venha cá!

---

142 Conversa de Vicença com sua irmã que só ela pode entender (Laureano).
143 Lugar onde Vicença, "em seu voo", vê bonecas de pedra.

ÁHO NIKÔ HÁGI
Esta não é nossa casa
ÁHO NIKÔ HÁGI
Esta não é nossa casa
ÁHO NIKÔ HÁGI
Esta não é nossa casa
(assobios – gemidos)
ADOWETÁ! ADOWETÁ
Cuidado! Cuidado!
ATXAÔ-HATÁI
Brasileiros
ADOWETÁ! ADOWETÁ!
Cuidado! Cuidado!
ATXAÔ-HATÁI
Brasileiros
ADÉ-HODÁM-AN
Ele não vai acreditar!
ADÉ-HODÁM-AN
Ele não vai acreditar!
(gemidos – assobios)
NAGÔDO! NAGÔDO! NAGÔDO!
Coitado! Coitado! Coitado!
DOHÔ NIÁ ÍKUTÁ
Não tem
NIMÁ-UEN NIHIK
mais jeito [salvação]
NOTOETÉ LIÔN-NA
Filha de padre
NAGÔDO!
Coitado!
NOTOETÉ LIÔN-NA
filha de padre
EKA-DJÔ LEAWÉ
Quando eu vi,
IKÂNÁ TOPÁ-BIGÍ
quando saía
HÔNOKODJÉ
o sol.
NOHÁ-DJÔ UÁI-ELÔGOTE
Eu estou fazendo dormir
IÔ-TAXÁKO
meu filho.
DATOKÁDJOÁ ELOGOTE
Não vou fazer dormir,
NAP-HÉ É-IÔN MAHÁ
porque sou eu mesmo que
DJIN-NIHI UÁÍ ELOGOTÉ
vou salvar
IÔ-TXÁKO
Meu filho.
(ininteligível)
(gemidos)
ELON MEHETÉ
já fica bonito.
(ANIBA TO NEI OÁI)
(fecha a porta)
(gemidos)

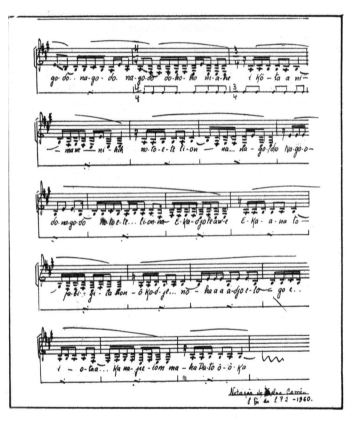

Estas versões dos cantos xamanísticos nos merecem algumas reservas; sua transcrição e tradução foi feita com ajuda do "capitão" Laureano que, não sendo xamã, desconhecia certas particularidades do vocabulário usado nos cantos. As pessoas mais indicadas para este trabalho eram os próprios cantores; infelizmente não pudemos contar com sua cooperação, em virtude da emoção de que estes cantos estão impregnados. O próprio Laureano, cuja confiança julgamos haver conquistado, lutou com grande resistência emocional para ditá-los e traduzi-los.

Por estas razões os cantos apresentados deixam muito a desejar e só poderiam ser satisfatórios se o etnólogo dominasse a língua em que foram gravados e estivesse em condições de fazer, ele próprio, a tradução. Acreditamos, todavia, que estas deficiências não os invalidam como documentos etnopsicológicos porque a tradução foi feita por um dos Kadiwéu que melhor conhecia as tradições de seu povo e representa, pelo menos, sua ideia sobre estes cantos.

Outra deficiência, esta mais grave, decorre do fato das traduções terem sido feitas após a pesquisa de campo, não nos permitindo, por isto, estudar com os xamãs as inúmeras questões que os cantos suscitam. Algumas delas nos foram explicadas por Laureano, mas sem dúvida um *nidjienigi* teria muito mais a dizer sobre as mesmas.

E durante a elaboração do material de campo surgiram outros problemas que já não podíamos esclarecer; por isto, algumas proposições apresentadas no trabalho com referência aos cantos ganhariam em segurança se pudessem ser postas à prova em nova pesquisa.

Os cantos e estas proposições vagas aqui ficam registrados como contribuição ao etnólogo que tiver oportunidade de retomar o estudo do xamanismo Kadiwéu sobre o qual ainda há muito a descobrir e esclarecer.

Padrões de desenho Kadiwéu XXIII.

Padrões de desenho Kadiwéu XXIV.

Arte: a vontade de beleza

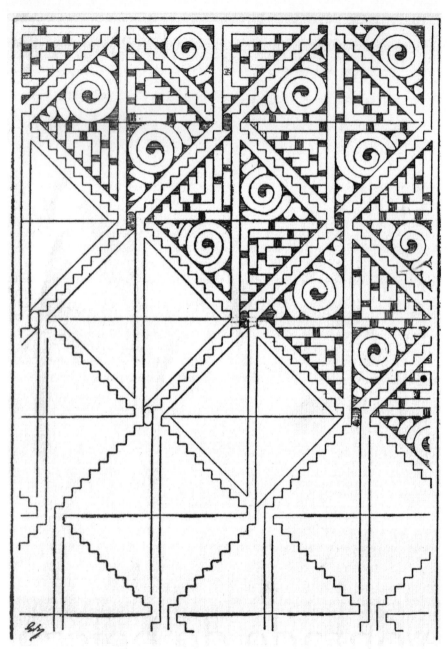
28. Motivo ornamental Kadiwéu, registrado por Guido Boggiani – 1892.

Patrimônio artístico

Ainda hoje, depois de a antropologia se ter libertado das teorias que procuravam explicar o comportamento dos membros das sociedades não europeias, mais simples, por uma *mentalidade primitiva* ou *pré-lógica*, continua-se falando de *arte primitiva* e muitas vezes com todos os preconceitos daquelas falácias.

Na realidade não há qualquer distinção de natureza entre a nossa arte e a dos povos não europeus, tecnicamente menos desenvolvidos. Ambas podem ser melhor compreendidas se encaradas como expressões dos diferentes modos de sentir, de pensar e de fazer das respectivas sociedades, e como intrinsecamente iguais, ou compatíveis, enquanto resultados de impulsos humanos comuns.

Para os fins deste trabalho consideraremos arte ou atividade artística todo produto de uma preocupação estética, de uma vontade de beleza, quando resulta numa obra de alta perfeição técnica. Como esta preocupação e suas resultantes são muito mais comuns naquelas sociedades não mercantilizadas, onde cada indivíduo, ou cada grupo familial, produz, ou mesmo cria, os objetos de que necessita, serão mais frequentes entre elas as *obras de arte* e os *artistas*. Nesta acepção os elementos a estudar aqui poderiam ser um vaso de barro, um arco decorado com penas, ou um desenho tatuado no rosto, desde que fossem resultados de alto apuramento das respectivas técnicas, deixando de constituir meros produtos industriais para serem objetos de gozo estético.

O membro comum de uma sociedade mais simples que não sofre uma estratificação de molde a impedi-lo de exercer outras atividades além daquelas diretamente ligadas à subsistência tem maiores possibilidades de satisfazer suas necessidades estéticas e coloca mais vontade de perfeição em cada uma de suas obras. Trançando um cesto de palha ou entalhando um cachimbo de madeira, ele se esforça por criar uma obra perfeita, nova e bela, dentro dos padrões rígidos que sua cultura lhe impõe, encontrando intenso prazer em conformá-la a seus ideais de beleza. Goza de maior integração no grupo e de uma vivência mais profunda dos valores comuns. Se, de um lado, a sociedade restringe sua liberdade de expressão, obrigando-o a exercitar seu espírito criador dentro dos limites rigidamente marcados pela tradição, por outro lado, assegura-lhe uma escala de valores conhecida de todos, em nome dos quais suas obras serão julgadas, tomando-se por imperfeição toda fuga dos padrões estabelecidos.

Contudo, também nessa sociedade, ainda que maior número de indivíduos seja capaz de apreciar a virtuosidade de um artista e até de exercitar sua técnica, nem todos são artistas criadores. Os poucos que alcançam uma perfeição técnica que lhes permita criar obras novas que se conformem estritamente às normas do grupo são plenamente reconhecidos e reverenciados, gozando de um público tão amplo, compreensivo e exigente como jamais encontraria um nosso artista.

A arte, melhor que qualquer outro aspecto da cultura, exprime a experiência do povo que a produziu e somente dentro de sua configuração cultural ela pode ser plenamente compreendida e apreciada. Nosso objetivo no presente trabalho é apresentar, sob esta concepção, as artes gráficas e plásticas de um pequeno grupo indígena que se vai extinguindo, esmagado pela expansão avassaladora de nossa sociedade, mas que desaparece conservando uma fisionomia cultural própria.

Franz Boas, o grande mestre da antropologia moderna, mostra que a arte de um povo se manifesta naqueles campos em que suas atividades industriais alcançam um alto grau de habilidade mecânica, como decorrência dos esforços para contornar as dificuldades técnicas e criar obras perfeitas. Quais são os campos de atividade a que a sociedade Kadiwéu dá mais atenção? Não pode haver dúvida que tem sido o embelezamento do próprio corpo e dos objetos de uso pessoal, a fabricação de vasilhames de barro para uso doméstico, os trabalhos em madeira, os trançados e tecidos que começavam pela própria casa, antigamente feita de esteiras, os artefatos de couro, de metal e de sementes e contas. Obviamente é nesses campos que encontramos suas obras de arte e entre os indivíduos que deles se ocupam é que surgem seus artistas.

A arte, como todos os aspectos da cultura Kadiwéu, atravessa em nossos dias uma crise de redefinição de seus valores, em vista das mudanças que se processaram em sua sociedade. Somente pode ser compreendida como produto de uma época de transição e, em grande parte, como esforço de conservação de um patrimônio inadequado aos novos caminhos que foram compelidos a tomar.

Um século de contato pacífico, de subjugação e de esforços para se acomodar ao nosso sistema econômico marcaram-na profundamente. A produção para o comércio com os vizinhos neobrasileiros fez baixar a qualidade de muitos artefatos, como os trançados, os tecidos e a cerâmica. Hoje, só muito dificilmente, se consegue uma cesta, uma ventarola ou um vaso de barro de perfeita execução; o mercado não exige qualidade especial e não paga mais por um pouco de aprimoramento, sem o qual não há obra de arte, desestimula e desencoraja a procura da perfeição. A cerâmica sofre duplamente: de um lado os efeitos da produção para a venda a compradores que não são capazes de apreciar seu valor ornamental, de outro a competição da lataria que invade as casas; é uma lata de querosene desbancando um antigo pote coberto de lavores; são latas de conservas disputando a função das antigas panelas de barro e dos alguidares; ou garrafas de vidro substituindo as moringas ornitomorfas.

Muitos outros fatores têm influído na queda de qualidade dos artefatos Kadiwéu, entre eles teve grande relevância a mudança do antigo *habitat* no Grande Chaco ou nos campos do Pantanal, para a zona de matas ao pé da serra Bodoquena, onde não existem muitas das matérias-primas de que necessitam; agora só conseguidas à custa de imensos esforços e que tendem a ser substituídas por materiais mais acessíveis.

Entretanto, os fatores mais importantes estão nos fenômenos sociais e psíquicos ligados aos processos de aculturação: a aceitação dos conceitos e preconceitos dos brancos sobre sua própria cultura, levando-os a considerar suas vestimentas e adornos, a pintura do corpo e do rosto e tudo que lhes seja peculiar, como estigmas de inferioridade.

E, ainda, nas transformações que vem sofrendo a estrutura da sociedade Kadiwéu como consequência da adaptação às novas condições de luta pela subsistência que afetam a posição do homem e da mulher, redefinindo a importância social de cada atividade. E este é um fator de maior importância porque é na estratificação da sociedade Kadiwéu em camadas de senhores e servos que encontramos a base de tão alto desenvolvimento artístico num povo que vivia da caça, do pastoreio, da pesca e do saque. Descarregando nas "cativas" as tarefas mais árduas, diretamente ligadas à subsistência, é que as "donas" puderam dedicar-se à decoração, criando sua pintura. Ouvimos muitas velhas Kadiwéu lamentarem-se de que hoje, sem "cativas", tendo que apanhar lenha e água, ajudar na roça, preparar alimentos e fazer artefatos para o comércio, não podiam mais pintar. Uma das melhores artistas nos disse certa vez: "eu nunca precisei rachar lenha, acender fogo e apanhar água, antigamente tinha cativa pra fazer tudo; eu só ficava era pintando o corpo, penteando o cabelo o dia todo até de noite, agora tenho que fazer tudo".

Mas nem tudo está perdido, o relativo isolamento de que gozam na reserva e, sobretudo, a marcante personalidade cultural desse povo, seu orgulho nacional ainda vivo, embora sangrando dos contatos com a civilização, lhes dá estímulo para continuar conduzindo muito do antigo patrimônio artístico.

Nosso objetivo nesse trabalho é dar uma amostra dos esforços, tantas vezes bem-sucedidos, deste pequeno grupo humano para criar obras perfeitas. Cremos tratar-se de um material relevante para futuros estudos interpretativos e comparativos da arte indígena do Brasil, campo em que tão pouco foi feito até nossos dias e que está ameaçado de jamais poder completar-se pelo desaparecimento das técnicas indígenas, antes de nossos estudiosos se decidirem a registrá-las.

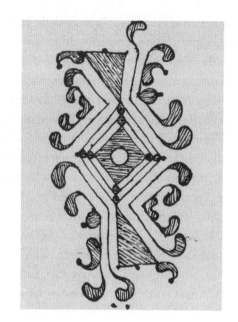

Padrões de desenho Kadiwéu XXV.

  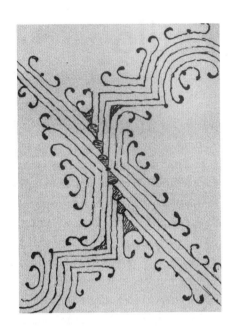

Padrões de desenho Kadiwéu XXV.

Estilo

É muito comum a ideia de que nas sociedades mais simples a mulher ocupa uma posição de inferioridade e até mesmo de que seja escravizada ao homem como "besta de carga". Este fato, se ocorre, é extremamente raro; entre os Kadiwéu a mulher goza de elevada posição social e as relações entre os sexos são perfeitamente simétricas. Os homens é que, muitas vezes, se encontram em situações de manifesta desvantagem. Este é o caso do marido que tem de viver na casa da mulher, pelo menos nos primeiros anos, não podendo falar com os sogros e tendo de enfrentar sozinho, quando não há outro genro no grupo, o *complot* das mulheres, sempre prontas a apoiarem umas às outras nas brigas com os maridos. Além disto o papel da mulher na economia do grupo, como produtor dos principais artigos de comércio com os neobrasileiros (trançados, tecidos e louças de barro), assegura-lhe um alto grau de independência.

Neste povo de guerreiros desarmados e subjugados, que ainda não conseguiu definir precisamente as novas atribuições dos homens adultos, a mulher goza da segurança de uma situação bem definida, continua fazendo as mesmas coisas a que sempre se dedicou, conservando muito mais de seu patrimônio cultural e artístico e vendo valorizarem-se cada vez mais suas atribuições.

Os antigos ideais da cultura Kadiwéu que honraram no homem a coragem, o herói, e na mulher o virtuosismo, a artista, continuam vivos apenas para elas. Não é de estranhar, portanto, que a mulher seja a artista criadora por excelência; um ou outro homem pode ter aptidões e virtuosismos reconhecidos por todos, mas os verdadeiros artistas são sempre as mulheres. E a expectativa geral é de que a emulação por obras cada vez mais perfeitas se faça sobretudo entre elas.

Frisando as linhas dos grandes segmentos sociais, a arte Kadiwéu se manifesta em dois estilos principais bem definidos: um geométrico, formal, abstrato, sem qualquer esforço de representação, é o estilo da pintura decorativa de que se ocupam as mulheres; o outro é figurativo, tem sempre uma intenção de retratar e nele os elementos formais são relegados a um papel modesto, a este se dedicam os homens.

A alta virtuosidade que alcançou a arte feminina no domínio da pintura a várias cores para a decoração do corpo, dos couros, esteiras, abanos e quase todos os seus artefatos, devia ter criado uma base técnica que permitisse enfrentar a pintura figurativa ou ao menos ensaiá-la. Entretanto, nunca ocorre nesta arte feminina a preocupação de representar, ou mesmo simbolizar. Sua arte ambiciona embelezar as superfícies a que se aplica e nisto alcança resultados surpreendentes, sem jamais figurar ou mesmo estilizar.

Durante nossas estadas em suas aldeias, fizemos uma coleção de mais de um milhar de padrões de desenho feminino, todos eles geométricos, abstratos. Alguns exemplares, que à primeira vista poderiam parecer estilizações de folhas ou flores, revelam seu formalismo em uma análise pouco mais acurada, comparando-os a padrões semelhantes onde estejam mais desenvolvidos.

Já as obras artísticas masculinas, mais raras e quase todas feitas de encomenda, poucas vezes para presentear uma criança, divertir os amigos ou pelo gozo de entalhar, são quase todas figurativas.

Falando-nos da virtuosidade de seus antigos artistas, os Kadiwéu se referiam muitas vezes a homens que se dedicavam a trabalhos femininos nos quais alcançavam alta habilidade chegando a ser seus melhores e mais fecundos artistas. Rodrigues do Prado (1858, p. 32) e R. F. de Almeida Serra, que conviveram com grupos Mbayá-Guaikuru quando apenas iniciavam seu declínio, os descrevem (1872, p. 358).

O retrato que eles pintam mostra bem como são semelhantes aos *berdaches* tão comuns nas tribos norte-americanas, onde também alcançavam alta virtuosidade nas artes femininas.

Esta dicotomia de estilos feminino e masculino começa a manifestar-se já na infância; partindo de uma idade em que meninos e meninas têm os mesmos interesses e se exprimem figurativamente, vai com a idade se pronunciando o gosto de representação nos meninos e o de decoração formal nas meninas.

Nas figs. 30 e 31 apresentamos uma série de desenhos feitos por crianças Kadiwéu de oito a catorze anos, meninos e meninas, em que estas tendências se manifestam nitidamente. Estes elementos foram colhidos com o objetivo de testar o quociente intelectual das crianças, mas resultaram em material precioso para o estudo dos estilos de arte do grupo.

Procuramos colher os desenhos em condições normais que não perturbassem as crianças, para isto a própria professora a que estavam acostumados, nos horários comuns de aula, durante alguns dias, entregou-lhes cadernos e lápis e pediu que desenhassem qualquer coisa, exemplificando: "bicho, gente, planta, o que quiserem". O resultado foi surpreendente, os meninos desenharam animais, pessoas, plantas e casas, tanto mais perfeitos na representação e na composição quanto mais velhos os desenhistas; as meninas, ao contrário, apresentaram um desenvolvimento completamente diferente, à medida que subiam em idade, a par do progresso no domínio do desenho, iam desaparecendo as representações, para dar lugar a formas abstratas e as figurações iam assumindo funções decorativas, podendo, muitas delas, ser tomadas como ensaios de estilizações simétricas. Na idade em que o menino procurava fazer composições anedóticas, as meninas começavam a preocupar-se com o domínio do espaço e surgia a ideia de dividi-lo em áreas decorativas separadas por linhas de ênfase.

Assim vemos que já na infância começa a diferenciação dos interesses e estilos artísticos; nas crianças a sociedade começa a modelar os futuros artistas, as decoradoras formalistas e os entalhadores naturalistas.

Mas, se as mulheres nunca fazem figurações em seus desenhos, os homens algumas vezes usam de elementos formais na decoração de suas obras; fabricam fusos de madeira com triângulos, retículas e losangos entalhados (fig. 57), adornam peças de metal com incisões retilíneas e com pequenos círculos (figs. 50 a 52), mas seu motivo preferido é o recorte, entalhe ou modelagem de figuras humanas e animais, sobretudo o cavalo e suas principais caças.

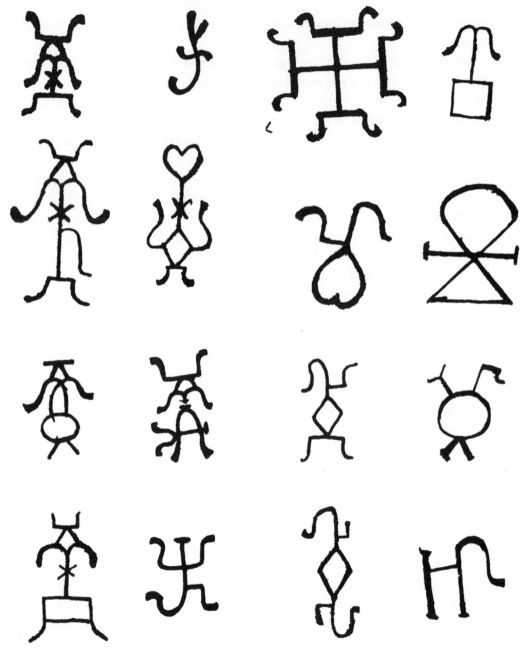

29. Siglas de ferrar gado.

O campo onde mais se aproximam as duas concepções é aquele das marcas de propriedade ou siglas que homens e mulheres pintam ou gravam a fogo em seus pertences, desde os cavalos e bois até os pequenos objetos de uso pessoal. Estas siglas são de inspiração puramente geométrica e embora aplicadas pelo homem são produtos típicos de arte feminina. Apresentamos na fig. 29 uma série destas marcas, que encontramos ainda em uso.

Exatamente neste campo de pintura e gravação comum a homens e mulheres, ocorrem formas que recordam figuras humanas e podem ser tomadas como estilizações. Entretanto, ao indagar dos índios qual era o seu significado e o que representavam, eles as explicavam como simples equivalentes das letras-marcas e surpreendiam-se ao mostrarmos sua semelhança com figuras humanas. Algumas destas siglas foram registradas por Boggiani (1945, p. 227 e 229), o notável etnólogo e artista italiano que conviveu com os Kadiwéu, nos últimos anos do século passado, deixando-nos um diário precioso de suas observações e as primeiras reproduções perfeitas da arte Kadiwéu. O uso das siglas deve ter sido muito mais intenso no passado; ao tempo da visita de Boggiani elas já eram gravadas a fogo no gado (1945, p. 228) e já existia a preocupação de não prejudicar o valor comercial dos couros, o que resultou na sua simplificação e até na substituição, que se faz atualmente, dos antigos símbolos por letras, como usam os seus vizinhos da campanha mato-grossense.

Segundo Almeida Serra, as mulheres costumavam levar as marcas de seus maridos pintadas na perna e no peito (1865, p. 179), e Castelnau (1850, 2°, p. 394) adianta que elas eram aplicadas também no lombo dos cachorros. Quando os visitamos vimos algumas mulheres com desenhos muito semelhantes às siglas pintados na testa e nas pernas, mas nenhum Kadiwéu os toma por marcas de propriedade e não acreditam que em qualquer tempo as siglas tenham sido usadas na pintura de corpo dos homens ou das mulheres.

Os estilos rígidos como o da pintura Kadiwéu, tão comuns nas sociedades mais simples, atuam como as demais pautas da cultura, impondo ao indivíduo normas de comportamento estritamente definidas, das quais não pode fugir sem sofrer sanções. Neste sentido limita o papel do artista à combinação de padrões conhecidos e aprovados. Entretanto, ainda uma vez aqui, como em outros aspectos da cultura, devemos recordar que os estilos não são estáticos, mas processos em contínua, embora lenta, transformação, que se faz por iniciativa de seus próprios cultores.

Depois de perfeitamente definidos os estilos de uma arte, os artistas não são impedidos de procurar soluções novas ou de experimentar matérias diferentes, mas também não são estimulados a agirem desta forma, o que a sociedade espera deles é que continuem produzindo aquelas obras que o consenso geral considera belas. A reação tem que partir do próprio artista e geralmente resulta desta inquietação interior, deste impulso que impele o homem a enfrentar os problemas de sua técnica e ao prazer mesmo de resolvê-los, que é a fonte de todas as formas de arte.

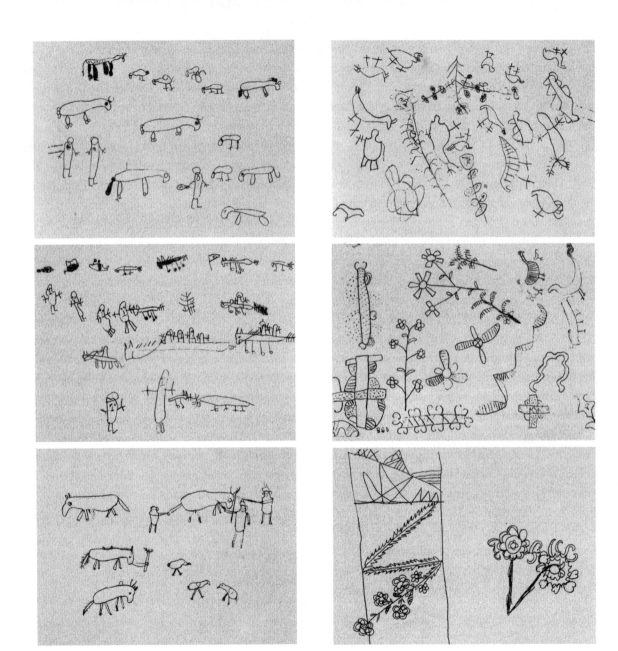

30. Desenhos escolares de meninos de oito, dez e doze anos.

31. Desenhos escolares de meninas de oito, onze e catorze anos.

32. Abanicos pintados.

Pintura

Nas pinturas das mulheres a arte Kadiwéu alcança sua mais alta expressão, aquela que melhor espelha seu caráter nacional e, na fase de destribalização que vivem hoje, eles próprios veem nela o maior motivo de orgulho tribal.

Com estas pinturas embelezam os corpos dos jovens, os objetos de uso, desde as esteiras e couros em que dormem e com que arreiam seus cavalos e bois, até os pequenos abanos de palha, emprestando-lhes uma característica tribal inconfundível.

33. Ovo de ema pintado.

Quase todas as mulheres Kadiwéu praticam esta técnica, mas há verdadeiras especialistas de que o grupo se serve e entre as quais há grande competição pelo reconhecimento como as melhores artistas. Entre estas velhas pintoras encontramos as personalidades mais marcantes da tribo, as que tinham maior conhecimento das antigas tradições, mais profunda consciência nacional e que mais se esforçavam por conservar os aspectos do antigo sistema social compatíveis com a nova situação. Uma delas, a melhor artista, é sem dúvida também a personalidade mais dominadora do grupo, ninguém mais do que ela tem amigos e aliados dedicados e até fervorosos e inimigos ou desafetos tão maldizentes. Velha, encarquilhada, com os olhos já meio cobertos de cataratas, ela pinta como nenhuma outra, dança e se diverte como as mais moças e ainda exerce suas atribuições de cabeça de família e de velha, criando alguns dos mais belos cantos lamentosos que ouvimos, e controlando a vida de todos os parentes. Esta mulher, cujo nome é Anoã, deve estar bem próxima dos sessenta anos pois conheceu Boggiani quando mocinha, é casada com um moço de 25 anos, dos mais disputados pelas jovens, e que ela mantém consigo com muito poucas das liberdades de que gozam os maridos Kadiwéu, porque qualquer pequena atenção dele para outra mulher é motivo de terríveis cenas de ciúme. A esta mulher devemos a maioria dos desenhos aqui apresentados, tanto os executados em cadernos como sobre couros e outros artefatos.

Os padrões de pintura constituem um patrimônio cultural e cada artista tem seus temas preferidos que combina em inúmeras variações. Em sua obra clássica, Guido Boggiani registrou muitos desenhos que encontramos estampados nos couros e noutros objetos ou nos foram reproduzidos em cadernos. Este fato indica que a artista não cria os padrões, seu papel consiste em combiná-los com gosto, quando muito acrescentando pequenas variações. Mas é óbvio que eles foram criados por alguém e as mais exímias desenhistas de hoje, como as antigas, podem elaborar novos desenhos que, se forem do agrado do grupo, provavelmente passarão a constituir modelos de que outros artistas, de agora ou do futuro, lançarão mão em suas composições.

Nenhuma das artistas que conhecemos tinha qualquer coisa que pudesse ser tomada como fonte de modelos, elas os guardam de memória e com tamanha fidelidade que podem lançá-los, mesmo os mais complexos, sobre as superfícies que pretendem decorar, sem fazerem qualquer esboço prévio. Depois de escolher os padrões que usará numa composição, a artista divide a superfície a ser decorada em áreas separadas por linhas mais ou menos elaboradas que apenas dividem os desenhos ou lhes dão ênfase, realçando suas características, como uma moldura. Já nesta operação o sentimento do ritmo e da simetria se manifesta nos melhores trabalhos, alguns couros são ótimos exemplos disto, evidenciam a preocupação da artista em dispor em alternação simétrica os padrões curvilíneos e retilíneos e o esforço de embelezar as linhas de separação. Depois de dividida a superfície a decorar, a artista inicia o desenho, geralmente traçando as linhas mestras, o esqueleto de composição, que é sempre visível depois de terminado o trabalho; não usam as armações de sustentação ou rítmicas raramente dispensadas no trabalho de nossos decoradores, nem apelam para instrumentos como réguas, fundos de cones, ou quaisquer outros. Os pincéis consistem em simples hastes de madeira cuja extremidade é às vezes amassada com os dentes ou envolta num pequeno chumaço de algodão, quando se destinam a pintar os espaços à meia-tinta.

Todos os desenhos são de inspiração puramente geométrica, em nenhum caso sugerem elementos de flora, fauna, a figura humana, ou paisagens e objetos. Consistem em combinações de pontos, elementos retos e curvos, formando todas as figuras geométricas abstratas, nas mais variadas composições. O sentimento de ritmo que já se manifesta na disposição das linhas de ênfase é que dá dinamismo a esta arte indiferente à vida e ao movimento.

As ilustrações do presente artigo apresentam suas várias maneiras de realização do ritmo, a repetição simples, a alternação, a série, o intercâmbio – muito comuns nas faixas da cerâmica – a simetria de eixo horizontal e vertical, bem como a radial. Dominam também os ritmos de contraposição, de proporção e muitas de suas composições são caprichosamente assimétricas, como algumas pinturas de rosto que podem ser consideradas como notáveis soluções decorativas de superfícies irregulares.

Quase todos os nossos informantes Kadiwéu acreditavam que cada padrão de desenho tivesse uma designação própria. Esta nomenclatura seria uma fonte preciosa para o estudo do "sentido" de sua pintura. Infelizmente, quando os incitávamos a ditar alguns nomes, eles se mostravam inteiramente incapazes de lembrar mais de dois ou três, mesmo à vista dos desenhos. As melhores artistas, como aquela extraordinária Anoã, apenas nos puderam ditar uns poucos, todos eles designativos das figuras geométricas básicas do desenho, como *nadjéu*, para as composições de losangos; *lauí-léli* ou *náti-teuág*, para os espiralados; *agol-ho*, para os círculos; *noho- -oí-lad*, significando escalonados; *áu-on-na*, para os baseados em ângulos grossos; *nikén-nar-nálat*, para as linhas cruzadas e, ainda, *io-tédi*, para os estrelados e *nídíg*, para designar um padrão muito comum na cerâmica que consiste num triângulo irregular tendo a linha maior escalonada e um pequeno triângulo inscrito. Foram inúteis nossos esforços para conseguir mesmo os nomes de certas figuras geométricas correntes em suas composições como

34. Cuia e maracá pirogravados.

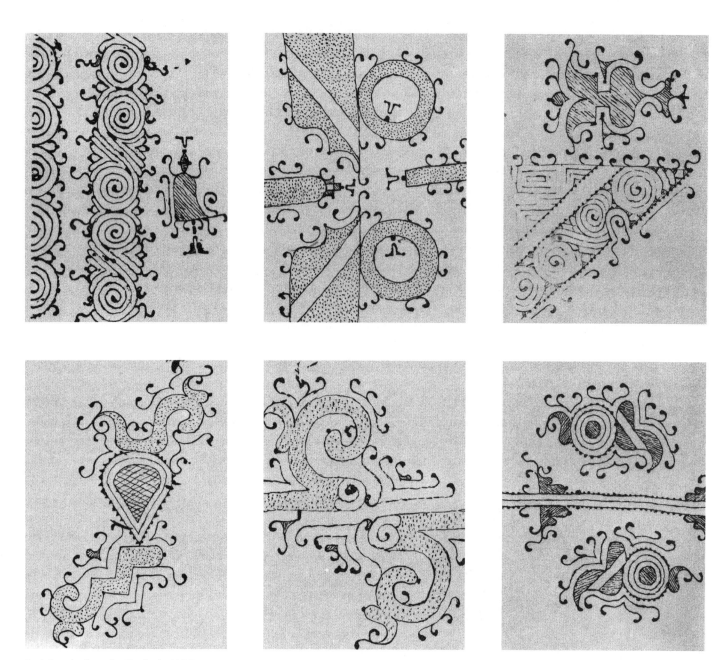

Padrões de desenho Kadiwéu XXVI.

Padrões de desenho Kadiwéu XXVI.

o triângulo, o trapézio e a elipse. Além das designações citadas registramos algumas outras indicativas da parte do corpo em que costumavam ser desenhadas: *ono-ké-dig*, sobre o nariz; *odipíi-dena*, sobre as maçãs; *odá-to-koli*, na testa; *io-kodrá-dígi*, no colo; *odo-ládi*, nos braços. A nomenclatura dos desenhos, portanto, confirma a natureza puramente formal, não simbólica ou figurativa dos desenhos femininos kadiwéu.

Alguns autores têm indicado a presença de elementos pré-andinos (Chavin), europeus e até rococó na pintura e na decoração da cerâmica Kadiwéu (Métraux, 1946, p. 211, 212, 291); mostramos que estas influências e muitas mais são historicamente admissíveis e talvez se tenham dado. Este é, entretanto, um assunto que ainda está exigindo estudos comparativos mais completos. A pintura Kadiwéu tem de comum com inúmeras outras em todo o mundo a utilização de motivos geométricos; o que precisamos verificar é que padrões eles receberam e quais as fontes da arte europeia, ou de outra, da qual os apanharam.

Não podemos subestimar o fato de que esta arte, tão altamente desenvolvida, surgiu precisamente no grupo chaquenho que teve menos contato contínuo com a civilização europeia. As missões religiosas que estiveram com os Mbayá-Guaikuru no princípio do século XVII e nos meados do século XVIII permaneceram pouco mais de vinte anos entre eles com intervalo de mais de um século e nunca se desenvolveram como as missões jesuíticas entre outros grupos da mesma área. E os contatos com centros civilizados e através de "cativos" europeus e africanos, embora relevantes, não nos parecem suficientes para explicar toda a arte Kadiwéu. O desenho geométrico europeu de então, acessível a eles, podia ser encontrado nos bordados, nas rendas e tecidos que enfeitavam as igrejas, nas iluminuras de algum missal caído em suas mãos e em poucas outras fontes; mas estaria sempre associado a desenhos figurativos, a estilizações que os Kadiwéu jamais tentam. Então, a admitir uma decisiva influência europeia, teríamos de enfrentar um problema ainda mais complexo que seria o de determinar os motores da cultura Kadiwéu que os fizeram receptivos a esta pauta cultural, quando as outras tribos que tiveram muito maior contato com a civilização europeia lhe foram indiferentes; e, ainda, quais os motivos desta seleção dos elementos puramente geométricos.

Acreditamos que muitos dos seus padrões de desenho sejam de origem estranha; serão, porém, acidentais, enriqueceram seu patrimônio, mas não o determinaram. Aliás há evidências desta assimilação de padrões e é muito característica, neste sentido, a referência que faz Emílio Rivasseau (1941, p. 88, 89) aos esforços de uma Kadiwéu para

35. Guampa de chifre entalhado e desdobramento de seu ornato.

reproduzir num couro os desenhos da carona de seus arreios. E o chefe de esquadra Cláudio Goido conta que chegando a Coimbra e como "nunca ali estivera um navio de guerra e os Kadiwéu que então se achavam naquele forte, de passeio, no outro dia, apareceram com âncoras pintadas nos corpos e caras por meio da tinta azul-escura que extraem do jenipapo. Assim copiavam os uniformes dos oficiais do Maracanã, e um, sem dúvida de imaginação mais viva, até fingiu na pele, da cintura para cima, a farda, desenhando a abotoadura sobre o esterno, a gola no pescoço e os galões das divisas nos pulsos, sem esquecer traçar na cintura o limite da mesma farda" (1882, p. 92). Estes dois exemplos revelam bem como os Kadiwéu receberam influências de nossa arte decorativa: num caso vemos o encantamento de uma artista por um desenho; noutro, os homens imitando roupas na pintura do corpo. Atualmente, a maior fonte de padrões europeus, que lhes chega às mãos, deve vir dos tecidos estampados, porém devemos acrescentar que, embora atentos para este problema, não conseguimos descobrir a origem de nenhum dos padrões registrados. A este propósito só observamos o interesse com que as mulheres Kadiwéu examinam e discutem os desenhos dos panos estampados que usam e as histórias dos negociantes de Miranda, onde elas fazem suas compras, que já as têm em conta de freguesas das mais exigentes, que nunca se cansam de olhar e discutir em sua língua, umas com as outras, os desenhos das chitas expostas em suas lojas.

E surge aqui uma pergunta: que relação tinha esta arte tão adiantada com a estrutura da sociedade em que se desenvolveu? Não é possível que tão importante face da cultura fosse inteiramente desligada da vida e das soluções peculiares que este povo encontrou para os problemas humanos comuns. Atualmente os padrões de desenho são usados indistintamente por todos os membros do grupo, seja na pintura de rosto, ainda "em moda", seja na decoração de objetos. E nossos informantes não adiantaram mais sobre o assunto do que notícias confusas, de um tempo em que os desenhos, como os apelidos pessoais, eram patrimônios de família, constituindo ofensa grave o uso indevido de um padrão de pintura de rosto ou de corpo. Mas nem esta ideia é coparticipada por todo o grupo, muitos a negam, explicando que tal acontecia apenas com os desenhos desenvolvidos como composições estilizadas das marcas de propriedade, usadas na decoração dos mantos de couro com que os antigos se abrigavam do frio. Todos os demais seriam de livre uso para qualquer membro do grupo. Ficaríamos nestas dúvidas não fossem as notícias dos velhos cronistas; o fato é que nem sempre foram tão democráticos, nem isto seria compreensível numa sociedade tão rigidamente estratificada.

Até os meados do século XIX, pelo menos, "os cativos", ou seja, todos os indivíduos apanhados na guerra, comprados ou roubados a outras tribos e seus filhos, antes de completamente assimilados ao grupo, somente podiam usar desenhos simples e executados a carvão. O jesuíta José Sánchez Labrador, que conviveu com várias hordas Mbayá-Guaikuru de 1760 a 1767, deixando-nos o melhor retrato daqueles grupos, diz: "*Muchos pobres creados no merecen el Notique Nibadena, y menos la harina de la palma Namogoligi, de la cual forman las esteras. Estos suplen la falta con carbón molido; y se tiñen tan feamente, que parecen ascuas apagadas*" (1910, I, p. 286).

Não somente na pintura, mas também na tatuagem, distinguia-se a camada aristocrática da inferior. É ainda Sánchez Labrador que escreve:

> *Las mujeres tienen pinturas pasajeras y permanentes. Las que son de la plebe se graban desde la frente hasta sobre las cejas cor unas rayas negras que en su uniforme desigualdad remedan las plantas de un órgano, otras añaden*

grabar-se todo el labio inferior hasta la barbilla. Las cacicas y mujeres de capitanes se abren los brazos con el mismo artificio formando muchos cuadrángulos y triángulos desde el hombro hasta la muñeca. Esta es una de las señales indelebles que caracterizan su nobleza. Rarísima de estas señoras permite grabaduras de la cara; sésta son como la marca de sus inferiores y criadas. (1910, I, p. 285)

O mesmo autor nos dá a seguir uma viva descrição dos métodos de tatuagem usados a seu tempo:

La permanencia de este color se consigue a costa de sangre. Con la espina de un pez llamado Nela, ó con la de otro cuyo nombre es Omagaladi, se dar los piquetes necessarios para el dibujo; correando la sangre caliente, ponen encima la ceniza hecha de las hojas de las palma Eabuigo, ó la tinta de Notique. Déjanla secar incorporada con la sangre, y al cabo de algunos días, em que padecen buenos dolores é hinchazones en los sitios picoteados, salta la costra, y la cicatriz aparece de color negro. A pocos días pierde la tez y queda azulado por toda la vida. Tienen su vanidad en mostrar valor al ejecutarse esta operación bárbara. No graban a los niños hasta que ya tienen fuerzas para sufrir el martírio, que es en la edad de catorce à diciseis años. (1910, I, p. 285)

Rodrigues do Prado, que observou os mesmos índios poucos anos depois, confirma este sentido simbólico da tatuagem na diferenciação de "donas" e "mulheres" (1856, p. 29).

Estas informações são confirmadas pelo missionário franciscano Francisco Mendez que nos deixou uma interessantíssima descrição dos costumes daqueles grupos, escrita das "Esteiras de los Mbayás, en 20 de junio", em que indica o começo da decadência do valor simbólico das pinturas: "*Por lo general son blancas y de muy buen parecer: sin embargo logo pierden el color, por andar desnudas de medio cuerpo arriba, y por el abuso de pintarse a cara y los brazos; aunque estos solo los deben pintar y los pintan los nobles ó caciques*" (MS. 1772, p. 28).

Estes esforços de se embelezarem não eram somente das mulheres, nem paravam aí, os homens furavam as orelhas e os lábios para conduzirem adornos, geralmente de prata, e a escarificação dentária ainda hoje é praticada por ambos os sexos como uso de extrema elegância (ver fig. 3). Acrescente-se a isto muitos tipos de cortes e arranjos de cabeleiras que variavam com o sexo e a idade, a depilação das sobrancelhas, cílios e barba, atualmente só conservados por alguns velhos e velhas, e o uso de mantas de algodão, caraguatá e peles decoradas a cores vivas, tudo isto ainda adornado de plumas, contas, conchas, peças de prata, de cobre e de chifre, para se ter uma ideia do tributo que pagavam ao gosto de se embelezarem a seu modo.

Encontramos os Kadiwéu vestidos quase do mesmo modo que os neobrasileiros vizinhos, apenas com faixas mais bonitas na cintura (fig. 58), com os rostos pintados dos velhos padrões, enfeitados, nos melhores dias, com adornos de níquel e com o mesmo gosto antigo pelas missangas que, entretanto, não conseguem já há muitos anos. A coleção de desenhos que colhemos é, portanto, representativa apenas desta época, já não tem a riqueza de cores de que falam os autores antigos e talvez também não tenha o mesmo virtuosismo de execução.

Esta decadência manifesta-se bem nas pinturas de corpo usadas pelos homens nos dias de festa, das quais dará uma ideia a fotografia da fig. 7. Consistem em simples listas paralelas nas pernas e braços e em *VV* no peito, feitos a carvão e cinza, combinando com círculos vermelhos pintados no rosto, com batom, tendo pontos brancos, de tabatinga, ao centro. Estas pinturas são feitas pelos próprios portadores, momentos antes das danças, e lavadas logo depois. É unicamente na pintura de rosto que o grupo conserva suas práticas tradicionais de embelezamento.

Antigamente a pintura do corpo era executada a três cores, as linhas mestras do desenho se pintavam com o negro-azulado do suco de jenipapo e as meias-tintas de fundo com o vermelho do urucu que era cultivado por seus "vassalos" Guaná; intercalados com manchas brancas feitas com polvilho de cerne da palmeira bocaiuva. Sánchez Labrador nos dá a melhor descrição destas pinturas:

36. Pintura sobre couro cru de bezerro.

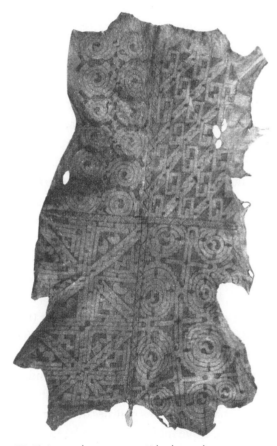

37. Pintura sobre couro curtido de veado.

Muchas horas del día emplean en pintar todo su cuerpo, y las mujeres sus rostros y brazos. En comparación de estas telas, ni los más vistosos tisús merecen estimación. Tres materias les componen la urdimbre y trama de estas piezas vistosas. Colorado el fondo, negro el de los principales lisos y el ultimo bianco que hermosea el floraje. Unos dias se dejan ver del todo colorados, tinturados de nibadena (urutu); en otros les agrada el negro y se transfiguran en etíopes con el zumo del notique (jenipapo). Para variar el traje, más ordinariamente se visten de cintas lisas ú ondeadas, que forman de los dos referidos colores. Tiran varias lineas por todo el cuerpo, y hacen dibujos, enrejados y celocías, principalmente en la cara, anteponiendo a la natural gracia la fealdad artificiosa. (1910, p. 284)

O mesmo autor nos informa ainda sobre o uso simbólico das tintas de corpo e suas conexões mágicas na guerra: "*Se embijan ó pintan de negro de pies a cabeza para hacerse espantables a sus enemigos. Con ser tan amarteladores del color encarnado, como ya se dijo, no le usan en la guerra. Le tienen por infausto para sus victorias. Dicen que si van teñidos de Nibadena, fijamente su sangre correrá por tierra, y quedarán ó muertos ó saldrán heridos sin gloria*" (1910, p. 308). Já nas festas de iniciação das moças se dá precisamente o contrário, o urucu é que deve ser usado, sendo proibido o jenipapo.

Também a padronização dos modelos de pintura de corpo alcançou alto grau; os Kadiwéu chegaram mesmo a desenvolver métodos de reprodução mecânica de alguns deles. Sánchez Labrador se refere a moldes de couro com que eram estampadas no corpo certas figuras que ele chama "sóis e estrelas" (1910, I, p. 285) e G. Boggiani descreveu dois carimbos esculpidos em relevo sobre madeira, um dos quais em forma de cubo com quatro padrões diferentes, que eram também usados para imprimir desenhos no corpo (1945, p. 185).

Com a decadência da pintura do corpo, desapareceram estes implementos, mesmo o urucu não se vê mais e o polvilho da bocaiuveira (*Acrocomia sclerocarpa*, Mart.) mal chega, hoje, para o uso alimentar.

Os desenhos de rosto são usados por rapazes e moças que, para se pintarem, deitam no chão, sobre esteiras ou couros, descansando a cabeça nos joelhos de uma velha artista que fica sentada sobre as pernas cruzadas. Quase sempre inicia-se a pintura com linhas que vão da testa ao queixo, depois são desenhados os lábios, então, a artista traça a moldura geral dentro da qual pontilhará os lavores. Os desenhos mais simples, geralmente simétricos, consistem em linhas sobre o nariz, alguns arabescos nos lábios e hieróglifos na testa e nas maçãs (fig. 3); os mais complexos cobrem quase todo o rosto, há os simétricos e assimétricos, e em qualquer dos casos são de surpreendente beleza, primorosamente executados e quase impossíveis de descrever (figs. 1 a 7).

A tinta de jenipapo é incolor assim que sai do fruto, devendo ser misturada com o carvão para que a artista veja os lavores que vai traçando. Alguns minutos depois de lançada na pele ganha um tom negro-azulado nítido. Conserva-se indelével durante oito a dez dias, depois vai esmaecendo e tem que ser substituída; sendo então pintado um novo padrão.

Sobre a pintura de corpo não pudemos colher mais elementos que a coleção de desenhos feitos em cadernos, dos quais damos uma amostra nos padrões de desenho Kadiwéu XVII e XXVIII. Somente duas vezes observamos moças com o corpo pintado, o que foi feito, provavelmente, para lisonjear o nosso conservadorismo Kadiwéu.

A coleção de couros reproduzidos nas figs. 36 e 37 completa esta amostra de padrões de desenho; alguns dos modelos ocorrem nos couros e nos cadernos com pequenas variações que dão a medida das contribuições comuns do artista na elaboração dos padrões.

A técnica usada para a decoração dos couros (e cadernos), dos abanicos (fig. 32), dos ovos (fig. 33) e flautas, bem como de outros artefatos é sempre a mesma da pintura de corpo e rosto e começa pela divisão de áreas decorativas e prossegue com uma execução decidida do padrão escolhido, sem qualquer esboço prévio e com uma firmeza que seria surpreendente mesmo nos nossos desenhistas mais exímios. O material usado é também o mesmo, o suco da fruta jenipapo, meio verde, com dois ou três dias de colhido.

Um outro campo em que as artes gráficas Kadiwéu alcançaram alto desenvolvimento foi a pirografia. Lançam com esta técnica os seus desenhos geométricos sobre as cabaças na decoração dos maracás usados pelos médico-feiticeiros e nas cuias para chimarrão (fig. 34). Neste caso, fazem sempre um esboço prévio, traçado a ponta de faca, queimando-o depois, com um arame aquecido ao rubro (S. Labrador, 1910, II, p. 271).

Já nos referimos à técnica feminina dos trançados e tecidos; é outra atividade em que conseguem muitas vezes belos resultados, mas a sua comercialização as vem prejudicando muito, sendo raro, hoje, conseguir um artefato perfeito. Boa amostra desta técnica se encontra na fig. 32 que reproduz uma ventarola feita de palha flabeliforme (carandá), e nas figs. 58 e 59 apresentamos uma faixa e duas bolsas tecidas em tear, com algodão, e uma menor de caraguatá, tecida em rede.

Os desenhos dos tecidos, também estritamente geométricos, podem ter dado origem a alguns dos padrões de pintura Kadiwéu; mas eles, como as decorações dos trançados – muitas vezes apresentados como as fontes inspiradoras da decoração marajoara e de tantas outras –, são muito mais rígidos e se a pintura Kadiwéu sofreu em algum tempo influência destes campos, superou-a completamente, criando o seu estilo de arabescos caprichosos, tão distantes destes possíveis modelos.

Atualmente tingem o algodão, o caraguatá e a lã de seus tecidos com anilinas, mas ainda se lembram de alguns dos processos antigos, dos quais também se ocupou Sánchez Labrador (1910, I, p. 169). Conseguiam a cor preta e a azul de certos barros do pantanal a que chamavam *ihú-tédi*; o amarelo através do cozimento das fibras com aparas de cerne de vinhático; um tom acanelado era conseguido da casca do jacarandá, do quebracho e outras árvores e ainda tiravam o vermelho de certas cortiças (*neguigo*) e tubérculos (*djí-pôo*), cujos nomes portugueses eles não conhecem, e do carmim.

Queremos nos referir ainda aos artefatos de contas, outro campo de trabalho feminino em que alcançavam grande aprimoramento. É sabido que as contas foram uma das maravilhas que os indígenas americanos viram nos europeus; já no século XVI eram conhecidas por tribos de todas as Américas, em cujas tecnologias encontraram uma experiência, já bastante avançada, a que vieram dar novo alento com suas cores vivas: os trabalhos em sementes, conchas e cerdas, que foram facilmente substituídos pelo novo material. Todos os autores antigos referem-se ao gosto dos

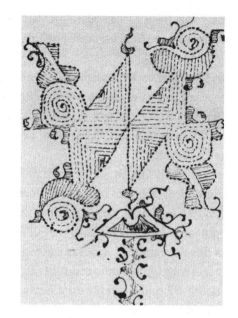

Padrões de desenho Kadiwéu XXVII.

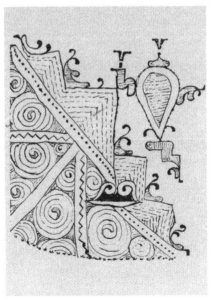

Padrões de desenho Kadiwéu XXVII.

Kadiwéu pelas contas que chegaram a ser ao lado da prata e do ferro, o principal escopo de suas relações pacíficas e guerreiras com os brancos. Delas faziam recamados sobre couros e sobre trançados e ainda tecidos em rede, dos quais apresentamos à fig. 60 uma ilustração das únicas peças que conseguimos. Com o desaparecimento da matéria-prima, esta arte tão promissora está ameaçada de desaparecer se não for dado material às poucas velhas artistas de contas, ainda vivas, para ensinarem sua técnica às mais novas.

Alguns recamados de contas sobre tecidos que vimos com um Kadiwéu, que não quis desfazer-se deles, e com um *padre* Guaikuru de Lalima, nos pareceram executados com a técnica do salteado (*Lazy stich*) e não acompanhavam os desenhos do tecido, mas desenvolviam-se em padrões independentes. Alguns exemplos destas composições de contas podem ser vistos na obra de Guido Boggiani; são do mesmo gosto puramente geométrico da pintura feminina. Sánchez Labrador refere-se também a trabalhos em contas, fala de recamados e de redes, usados como tornozeleiras, faixas para carregar crianças e adornos de arreios (1910, I, p. 280).

Cerâmica

Os Kadiwéu são conhecidos como os criadores de uma das melhores cerâmicas indígenas brasileiras, pela forma e pela decoração. Suas mulheres continuam fabricando estas louças de barro, porém, antes como curiosidade e por um prazer de virtuoses, que pela sua utilidade, já que a lataria civilizada vai substituindo galhardamente as antigas funções da cerâmica. Encontram um forte estímulo para a conservação desta técnica na admiração que ela provoca nos seus raros visitantes que quase sempre a comparam à cerâmica dos Terena, muito boa, quanto à técnica de fabrico, porém de decoração mais pobre.

Ainda se pode ver em suas casas um ou outro pote com os desenhos característicos, sustentado em uma forquilha de três braços, alguns vasos para guardar alimentos ou pequenos objetos, raras moringas e umas poucas peças em forma de pequenos pires, utilizados para receber a tinta de jenipapo usada na pintura. A maioria das peças de nossa coleção foi fabricada quando estávamos lá, para fazer jus a alguns presentes, as demais já encontramos prontas, algumas em uso nas casas dos índios, outras numa pequena exposição no posto indígena local e na sede da Inspetoria Regional do SPI, em Campo Grande.

A cerâmica é outra arte puramente feminina, cabendo aos homens, quando muito, trazer o barro, o pau-santo, a hematita e a tabatinga. Vejamos como é feita: sentada num couro ou esteira, fora da casa, sob a cobertura de palha onde a família passa as horas mais quentes do dia, a ceramista coloca diante de si o barro já amassado e livre de impurezas, uma vasilha com água e outra com temperos para a argamassa. A primeira operação consiste em temperar o barro, misturando-o com terra, cerâmica triturada, ou cinza, até alcançar a consistência desejada. A seguir amassa o barro sobre a coxa, fazendo rolos de dois centímetros de diâmetro por um palmo de comprimento que vai juntando ao lado. Inicia, então, a modelagem; toma um dos roletes e o enrola em espiral para formar o fundo da peça e a seguir, juntando outros rolos e amassando-os, vai dando forma às paredes; durante esta operação molha sempre a mão na vasilha com água que tem ao lado. Terminada a modelagem, passa a alisar as superfícies externa e interna com a concha de uma colher velha até conseguir uma perfeita regularidade de forma. Quando a artífice deseja imprimir na peça qualquer marca mais forte como denteados nos bordos ou modelar asas de sustentação e figuras estilizadas, tem que fazê-lo nesta ocasião. Assim preparada, a peça deve ser posta a secar em lugar fresco; em geral põem-na em

38. Escudela com decoração de resina (negra) e hematita (vermelha).

cima da casa durante a noite, retomando no dia seguinte. Nesta operação elas recomendam o maior cuidado com o vento ou mudanças bruscas da temperatura, pois "elas racham à toa, à toa".

No dia seguinte volta à peça para iniciar o trabalho mais delicado: a impressão dos desenhos. Senta-se sobre um dos pés e dobra a perna de modo a poder usar um pé e um joelho que devem movimentar a peça, deixando as mãos livres para a execução dos lavores. A artífice toma um cordão de seis a oito centímetros, geralmente de caraguatá, porque é mais duro que o algodão, molha-o e, segurando uma extremidade com a mão esquerda, vai pressionando a parte livre sobre a peça ainda mole, com o dedo indicador da mão direita. Assim imprime as linhas dos desenhos exteriores. Faz primeiro as grandes linhas que abrangem toda a peça, dividindo-a em áreas decorativas; no espaço assim delimitado imprime, depois, os padrões de desenho. Aqui, como na pintura, nunca fazem um esboço prévio que sirva de roteiro e, à primeira vista, se tem impressão de que improvisam os desenhos, à medida que se desenvolve o trabalho, sendo livre a fantasia da artista para manifestar-se. Isto deve ocorrer algumas vezes, embora sejam raríssimos os desenhos frustos e a comparação de muitas peças revelar a repetição dos mesmos motivos com pequenas diferenças, como variações do mesmo tema. Durante a execução dos lavores o pé livre e a dobra da perna que movimentam a peça ainda mole representam um papel particularmente importante e que exige grande habilidade para não deformá-la.

Terminada a filigrana geométrica de linhas retas e curvas, a artífice inicia o desenho interior para o qual nunca é usado o cordão. Aí pinta propriamente; isto é, usando o dedo como pincel, faz desenhos com a tinta vermelha de uma solução de água e hematita (óxido de ferro, natural). Em seguida cobre com a mesma tinta os espaços da filigrana impressa na superfície externa que devem ficar com uma coloração vermelha; muitas vezes pintam toda a peça, ou toda a área a ser decorada, com esta cor.

39. Alguidar e seu desenho interior.

40. Alguidar com decoração vermelho-negra.

Então a cerâmica está pronta para ser levada ao fogo, o que pode ser feito imediatamente, ou algumas horas depois. O cozimento se faz ao ar livre, equilibrando a peça sobre uma armação de lenha bem seca e cobrindo-a de gravetos nos quais se atiça fogo. Esta é outra operação em que as nossas instrutoras recomendam o maior cuidado, um pouco de fogo a mais num dos lados pode rachar a peça, deitando a perder todo o trabalho.

Não obstante os temperos de terra seca, cacos triturados de louça ou cinza, as peças, mesmo quando bem queimadas, são muito quebradiças; esta é a inferioridade da cerâmica Kadiwéu em relação à dos Terena, mais pobres na decoração, porém mais perfeitas quanto à técnica de fabrico.

Teriam desenvolvido conjuntamente esta técnica oleira relativamente pobre e a arte ornamental tão complexa? Provavelmente não. Os desenhos da cerâmica são muito semelhantes aos da pintura de corpo, acreditamos estar diante de uma transposição de uma técnica muito mais antiga, a da ornamentação do corpo, para um campo relativamente novo. É certo, pelo menos, que a pintura de corpo preparou o campo para a decoração da cerâmica, formando artistas e criando padrões que podiam ser aplicados a esta atividade. Pouco nos pode ajudar nesta questão a literatura sobre os antigos Mbayá-Guaikuru tão rica em outros assuntos; mesmo as descrições mais limitativas desta arte, nos primeiros anos da colonização, por acaso encontradas, teriam pouco valor neste campo, em vista da tão comum incapacidade dos antigos cronistas para apreciar as artes indígenas, de que é notável exemplo a frase, célebre pela modéstia, com que o ouvidor-geral,

Maurício de Heriarte, em 1662, registra toda a riqueza da cerâmica de Santarém: "Têm estes índios [Trombetas] e os Tapajós finíssimo barro de que fazem muito e boa louça" (*apud* Crulz, 1942, p. 197).

Mas prossigamos no método de fabricação: cozida a peça com os cuidados de que tratamos, a artista a retoma antes de esfriar, descansa-a no chão com a superfície externa voltada para cima e vai espalhando a resina que derrete quando é aplicada na peça ainda quente. Assim são preenchidos os espaços do desenho já impresso, destinados a receberem o verniz negro do pau-santo ou o amarelo vítreo do angico. Faz-se aí novo intervalo até que a peça se esfrie completamente; retomam-na, então, para lavar com uma solução leitosa de água e cal, cinza branca ou tabatinga; tiram depois com um pano molhado a camada que cobre a peça, deixando-a somente nas incisões impressas com o cordão.

Assim se completa a bela ornamentação da cerâmica Kadiwéu em suas cinco cores: o amarelo-avermelhado em tom de tijolo queimado, das partes que não foram trabalhadas; o branco da filigrana de sulcos impressos; o vermelho da hematita e os vernizes; o negro brilhante do pau-santo ou o amarelo vítreo do angico.

As peças mais elaboradas apresentam todas estas cores, mas fazem belo efeito também aquelas a que faltam um ou dois elementos, como o vermelho ou os vernizes, sendo compostas apenas de linhas brancas sobre o tom amarelo-tijolo do barro queimado. A coloração mais comum é a de verniz negro sobre fundo todo vermelho, em desenho de linhas brancas, às vezes apresentando um vitrado de angico na borda; e a de desenhos em vermelho e verniz sobre o fundo natural a tijolo. Encontramos uma peça que apresentava decoração exterior idêntica à interior, em simples desenhos a dedo com tinta de hematita, sem as filigranas impressas, e outras duas em que a impressão, a modo de caneluras, foi feita com um estilete ao invés de cordão. São peças atípicas, a primeira talvez se deva à inabilidade de alguma iniciante que não quis usar as impressões com cordão, as outras só podem ser atribuídas a um capricho já que o grupo não

41. Moringa e desdobramento de sua decoração.

nos pôde indicar uma só ceramista que costumasse trabalhar com esta técnica.

As oleiras Kadiwéu têm um gosto especial em modelar as peças nas formas mais diversas e caprichosas, obtendo resultados notáveis, como as terrinas em quadrados, com ângulos arredondados, as moringas ornitomorfas e as tigelas de curiosos trejeitos como se podem ver nas ilustrações.

As formas mais correntes são os alguidares que às vezes se alongam em ovoides ou elevam-se em vasos quase cilíndricos; os potes baixos de largos pescoços, os vasos altos, pouco ventrudos, com pescoços que tomam uma terça parte da peça e moringas de uma e duas bocas; também aqui as fotografias ilustram melhor que palavras.

Uma comparação da coleção que colhemos com as peças reproduzidas por Boggiani indica que pouco se perdeu quanto à forma, mas que a execução dos desenhos decaiu muito; hoje, embora exuberantes, não têm aquela elaboração perfeita que indica um cultivo muito mais intenso desta arte ao tempo em que ele a observou. Nas peças mais recentes é manifesta a disparidade entre a concepção do desenho ornamental, tantas vezes primorosa, e sua realização pobre, titubeante.

Embora em nossos dias a cerâmica se tenha tornado uma atividade quase suntuária entre os Kadiwéu, no substancial pouco mudou sua técnica de fabricação ou seus processos decorativos, nos últimos dois séculos. Fabricam hoje com os mesmos métodos de quando foram observados por Sánchez Labrador (1760-1767), por Herbert Smith (1885-?) e por Guido Boggiani (1892); as modificações que observamos são de pormenores e se devem ao maior contato que têm hoje com os civilizados, levando-os a trocarem as conchas por uma colher velha, por exemplo, na operação de alisamento. Apenas num aspecto da decoração elas se fazem sentir: é no desaparecimento das contas de vidro azuis e brancas com que espanhóis e portugueses disputavam a amizade dos Mbayá-

42. Moringa decorada por impressão.

43. Pote d'água com decoração impressa com cordão.

44. Pequenas moringas ornitomorfas.

-Guaikuru, que barrou um caminho promissor da cerâmica Kadiwéu. As peças colhidas por Boggiani indicam que eles já haviam adaptado este elemento à sua cerâmica obtendo belos efeitos. Também a aplicação à cerâmica de pequenos moluscos aquáticos, a que se refere o mesmo autor (1945, figs. 10; 89 e 90) e que talvez tenham sido substituídos pelas contas, não se observa mais. O afastamento do antigo *habitat*, como vimos, é responsável por outras mudanças que ainda estão se processando, com a substituição de matérias-primas que se tornam difíceis de obter, como o pau-santo e certas qualidades de barro, por outras que estão sendo experimentadas.

A decadência da pintura de corpo pode, também, ter influído indiretamente, deixando de criar desenhistas habilidosas que se pudessem dedicar à cerâmica.

As tendências à modelagem, evidenciadas nos altos-relevos de motivos que lembram asas ou flores estilizadas, não se desenvolveram, ainda se observam em uma ou outra peça, mas continuam raras e pobres.

A técnica de impressão, com uma linha na peça ainda mole, permitiu aos Kadiwéu aplicar à cerâmica os padrões de sua arte de pintura de corpo com notável efeito plástico e fazer uma decoração mais duradoura do que seria possível com o simples uso de tintas e vernizes. Como se teria desenvolvido esta técnica entre eles? A resposta a esta pergunta exigiria um estudo de difusão que escapa aos objetivos deste trabalho. É sabido que alguns grupos pré-andinos também usaram desenhos de incisão, entretanto, é também admissível que os próprios Kadiwéu os tivessem desenvolvido. Onde quer que tenha surgido originalmente, esta técnica deve ter partido da observação do decalque de tecidos ou trançados sobre peças de barro ainda moles, deixadas ocasionalmente sobre eles, ou mesmo da fabricação de cerâmica, dentro de moldes trançados ou tecidos. Gardner, estudando esta questão, mostra que alguns dos mais antigos exemplares de cerâmica arqueológica americana apresentam decalques naturais (1919, p. 127). Esta técnica teve profunda influência na arte Kadiwéu; foi devido a ela, em grande parte, que estes pobres oleiros se tornaram tão notáveis decoradores.

A ornamentação da cerâmica é, portanto, outro campo de aplicação dos padrões de desenho desenvolvidos originalmente para a pintura de corpo, naturalmente adaptados às particularidades de uma técnica diferente, mas essencialmente os mesmos: geométricos, abstratos, com grande riqueza de ritmo e simetria. Esta semelhança é particularmente acentuada entre os desenhos interiores da cerâmica e alguns tipos de desenhos de corpo; só os diferencia a adaptação às superfícies em que são lançados, os fundos semiglobulares da cerâmica e as páginas dos cadernos em que os colhemos (figs. 38 a 47).

45. Moringa decorada por incisão.

46. Vaso com decoração incisa e pintura vermelha.

47. Jarro de asa com decoração típica.

48. Alguidar com decoração negra.

Entalhe – metais – modelagem

As atribuições dos homens na sociedade Kadiwéu têm mudado muito mais que as das mulheres; embora há tanto tempo impedidos de fazer guerra e tendo diminuído consideravelmente a importância da caça e do pastoreio em sua economia, eles ainda não conseguiram estabelecer novos campos de atividade que compensassem os antigos. Não têm expectativas fixas sobre o modo de os homens jovens e adultos ocuparem o seu tempo; a agricultura é atribuída aos velhos, e só nos últimos anos, premidos pelas necessidades, eles se têm dedicado ao trabalho assalariado como peões das fazendas vizinhas. O resultado desse desajustamento é que os homens dos vinte aos quarenta anos recebem mais do que dão à sociedade, e passam os seus dias visitando amigos, fazendo música, namorando ou contando histórias.

Não foram interessados em novas indústrias que pudessem contribuir, como as femininas, para a economia grupal: as únicas a que se dedicam com alguns resultados, são os trabalhos em couro e os chapéus trançados, justamente os artefatos pior remunerados, todas as outras técnicas masculinas são mais ou menos suntuárias. O entalhamento e os trabalhos em metal são os campos em que atualmente produzem suas melhores obras.

49. Cavalo recortado em cortiça.

Modelagem em cera.

Modelagem em barro.

É bem provável que os grupos Mbayá-Guaikuru tivessem conhecido artefatos de metal provenientes das altas culturas andinas, antes do descobrimento. O certo é que este foi um dos elementos europeus que eles receberam com maior entusiasmo; já nos primeiros contatos mostraram-se maravilhados com as moedas de prata dos espanhóis e portugueses que logo refizeram a seu gosto e passaram a usar como os adornos mais preciosos.

Desde então vêm desenvolvendo sua técnica neste novo campo, que, com a intensificação dos contatos e a adoção de novos elementos, se foi aprimorando sem chegar jamais a constituir uma metalurgia. Nunca passaram de latoeiros, não fundem os metais (senão o chumbo), apenas os amassam, furam, recortam, limam e sulcam. Boggiani refere-se a um ferreiro que tinha até foles em sua "oficina" e retemperava o aço dos machados (1945, p. 141), mas hoje nenhum Kadiwéu é capaz de tamanha proeza.

50. Kadiwéu trabalhando metal.

51. Kadiwéu recarregando balas de fuzil.

52. Anéis de metal e de coco.

53. Brincos de níquel.

54. Cachimbos antropomorfos em madeira.

55. Figuras antropomorfas.

56. Colares de níquel amassado.

Suas mulheres, e mesmo os homens, em dias de festa, usam diversos adereços de metal, feitos de moedas de quatrocentos e de mil réis. Infelizmente o costume de enterrarem os mortos com seus adornos não lhes permitiu conservar nada dos antigos trabalhos em prata, mas os que encontramos em uso assemelham-se muito às descrições deixadas por observadores antigos (S. Labrador, 1910, I, p. 281 e 285). Ainda são comuns os colares, pulseiras, tornozeleiras e adornos de cabeça, feitos de lâminas enroladas em canudinhos que enfiam num cordão, intercalando com moedas e contas; quando usados no pescoço, terminam geralmente com uma placa na qual gravam desenhos geométricos muito simples como círculos de pontos em relevo e linhas de sulcos. Fazem também anéis dos mesmos metais e de alumínio – e, ainda, da noz do coco bocaiuva – aos quais dão, às vezes, forma de cobras enroladas e ornamentam com linhas de sulcos, pontilhados e denteados feitos com lima ou com fio de facão (fig. 52). Fabricam, ainda, com a mesma técnica, brincos e pulseiras compostos de uma ou mais figuras recortadas, unidas por aparas do mesmo metal ou de arames finos (fig. 53).

Entretanto, os trabalhos em metal nunca alcançaram o nível das obras de entalhamento que ainda praticam em madeira e chifre, embora já não apresentem a mesma habilidade técnica das peças registradas por Boggiani. Os principais produtos de entalhamento são os cachimbos antropomorfos, as pequenas bonecas e entalhes de figuras ou cenas em cabos de colheres, de relhos e de outros objetos (figs. 54 a 57). A madeira preferida para estes trabalhos é o mesmo pau-santo cuja resina é usada na decoração da cerâmica. Além de sua dureza quase de ébano que o recomenda para obras de entalhe, os Kadiwéu afirmam que os cachimbos feitos desta madeira emprestam melhor sabor ao fumo (cf. S. Labrador, 1910, I, p. 168).

Esses cachimbos, dos quais damos algumas ilustrações, têm forma muito típica, geralmente são entalhados em figura de homem, mulher ou mesmo de grupo e a terça parte superior, frequentemente a cabeça, serve de fornalha, saindo a piteira de um furo feito logo abaixo, de modo que o restante da peça serve como cabo de sustentação em que o fumador segura para levá-lo à boca. As figuras neles entalhadas parecem muitas vezes ter posições intencionalmente grotescas, como é o caso de um homem agachado, que o entalhador nos presenteou com um sorriso malicioso.

As bonecas Kadiwéu, entalhadas em madeira ou modeladas em cera ou barro, são destinadas às crianças como brinquedos. Algumas vezes usam bonecas exatamente iguais às de brinquedo, representando animais ou homens, numa festa de mascarados (*Bôboe*). Estes as modelam ou entalham e levam a uma casa onde sabem existir aguardente e deixam sobre a cama do morador até que lhes seja dada a bebida. Entretanto, mesmo sem as bonecas os mascarados conseguiriam a bebida, alimentos ou outras coisas que desejassem, até bois para carnear; em qualquer dos casos, o morador que se negasse a satisfazê-los sofreria apenas sanções satíricas, além do incômodo de ter os *Bôboe* em casa durante horas fazendo as coisas mais inconvenientes. Estas bonecas também acabam sendo dadas às crianças para brincar. Foram observadas por Boggiani (1945, p. 200, fig. 101) que as comprou como imagens de santos católicos e por K. Oberg (1948, p. 64) que se refere a elas como sendo fabricadas por padres e tidas pelo grupo como detentoras de poder mágico. A. V. Fric (1912, p. 204 e 205) reproduziu também algumas destas interessantes figuras e teceu comentários sobre sua função religiosa. Informa que os Kadiwéu se referiam a elas com as palavras portuguesas "santinhos" e "santinhas" que julga definirem melhor a sua função que o termo *ídolos* com que têm sido designadas. Depois de comprar algumas que serviam de brinquedos às crianças, encontrou outras mais perfeitas, que os índios relutavam em vender e às quais tinham grande apego emocional. Estas pequenas esculturas seriam, segundo Fric, "os brinquedos dos parentes mortos, traziam os nomes deles e eram conservadas unicamente para os mortos".

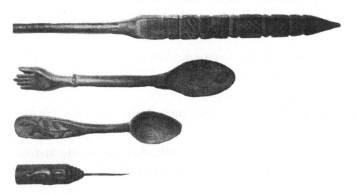

57. Objetos entalhados.

Não encontramos nenhuma boneca a que se pudesse atribuir o mesmo papel; os Kadiwéu tinham maior apego a algumas delas por as acharem mais perfeitas ou porque eram presentes dados aos seus filhos por amigos muito estimados. Ouvimos também referirem-se a elas como "santinhos", mas nos pareceu apenas um uso mais livre de uma das poucas palavras portuguesas conhecidas deles, aplicáveis àquelas peças. Entretanto, é perfeitamente admissível que tivessem tido, no passado, função religiosa que desapareceu, como tantos outros aspectos de sua cultura.

Outros objetos entalhados ainda em uso são as espátulas para tear e os fusos de fiar algodão; a maior parte dos que vimos tinham forma de facas com figuras de cavalo ou de copos de espada no cabo e um dos fusos (fig. 57) foi entalhado com motivos puramente geométricos.

58. Faixa de algodão.

Não são mais usadas as "insígnias familiares" de que trata Boggiani (1945, p. 190, 199; fig. 88) e em que Colini (1945, p. 51) viu possíveis ídolos totêmicos. Elas nos foram descritas como inocentes cabides para guardar os adornos de corpo; eram finamente entalhados e decorados com metais e contas; por seu próprio uso simbolizavam o poder do proprietário, já que ali guardava a sua maior riqueza, depois dos cavalos e bois.

As figuras antropomórficas, entalhadas em madeira, apresentam sempre as mesmas deformações que, também aqui, parecem resultar da falta de domínio do material; nota-se claramente a influência da forma cônica do pedaço de madeira em que são executadas. Assim, a cabeça e os pés têm quase a mesma largura que os ombros, tanto nas bonecas quanto nos cachimbos.

O entalhamento em chifre denota também a grande decadência da tecnologia Kadiwéu.

Devemos, ainda, a Boggiani, algumas preciosas ilustrações desta técnica (1945, fig. 41); ele reproduz pentes e diademas encimados por recortes em figura de animais e em formas geométricas.

Os únicos trabalhos neste material que encontramos foram algumas guampas para chimarrão, uma das quais com um desenho de emas e folhagens e tendo as iniciais do proprietário, copiadas de sua marca para gado. Também nesse campo é nítido o efeito da intensificação dos contatos e do comércio com os civilizados que fez desaparecer completamente os pentes e diademas e, provavelmente, muitos outros artefatos antigos em chifre, ossos e cascos de tartaruga, substituídos por similares que adquirem em Miranda.

O caráter estritamente geométrico da principal arte feminina não as impede de se dedicarem a outros campos com atitude estética oposta. Este é o caso das esculturas e também das modelagens ornitomorfas tão comuns na cerâmica e mesmo das estilizações em alto-relevo nos vasos, que lembram asas e folhagens. Extraordinário é que esta experiência de representação não se reflita na pintura decorativa.

Colhemos entre os Kadiwéu uma série de modelagens de figuras humanas e animais em cera, barro cozido e cortiça. A este campo dedicam-se indiferentemente homens e mulheres, mas a prática do entalhamento e do desenho naturalista dá uma grande vantagem aos primeiros nesta atividade. Os elementos que colhemos, entretanto, servem apenas como exemplos, não são suficientes para um estudo comparativo, nem esse estudo nos parece oferecer grande interesse. Seu principal valor, a nosso ver, é demonstrar, mais uma vez, a falta de correlação no desenvolvimento das diferentes técnicas e seus resultantes artísticos: o mesmo povo que chegou a criar um dos principais estilos artísticos do Brasil continua modelando tão toscamente quanto os que mais pobremente o fazem.

O caráter suntuário desta atividade, a pouca resistência do material e o fim a que se destinam, que é divertir crianças, talvez não tenha estimulado a criação de uma técnica mais alta. Assim, os apresentamos em seu verdadeiro caráter de simples e despretensiosas brincadeiras, convidando os que nelas quiserem ver *primitivos* a experimentar a capacidade de modelagem de um de seus amigos mais "civilizados" que não tenha preparo num campo relacionado com este, para ver qual seria o realmente *primitivo*, ou se isto existe.

59. Bolsa de algodão.

60. Adornos de miçangas.

Padrões de desenho Kadiwéu XXVIII.

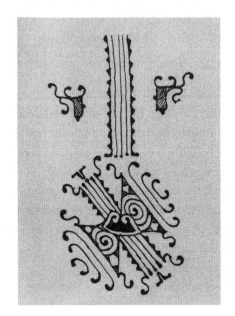  

Padrões de desenho Kadiwéu XXVIII.

Descrição das fotografias e ilustrações

1. Fotografias de índias Kadiwéu do rio Navileque tiradas por Guido Boggiani em 1892 e publicadas por R. Lehmann Nitsche em Buenos Aires em 1910.

2. Figura de mulher Xaraye (Mbayá) com corpo pintado no estilo característico dos Kadiwéu. Seu principal valor documentário é demonstrar que o padrão ornamental não figurativo de sabor geométrico dos Mbayá-Guaikuru é anterior a qualquer influência europeia. Isto porque o livro de Ulrich Schmidel é de 1567 e a catequização efetiva dos Mbayá só começou dois séculos depois.

3. Índios Mocobí-Guaikuru desenhados por Florian Paucke que viveu entre eles, de 1750 a 1762. As tatuagens têm o estilo típico da pintura de rosto Kadiwéu.

4. Retrato de mulher Guaikuru com pintura de rosto de um desenhista da *Viagem Filosófica* de Alexandre Rodrigues Ferreira – 1791.

5. Retrato de homem Mbayá-Guaikuru com o corpo pintado. Foi publicado no álbum de pranchas editado em 1852 por F. Castelnau.

6. Carga de cavalaria dos Guaikuru desenhada por Debret – 1834.

7. Jovem Kadiwéu – desenho a lápis de Guido Boggiani, datado de 16 de fevereiro de 1892. A cabeleira descuidada, a *adjulata* nova e a ausência de pintura de rosto, bem como a atitude do jovem, parecem indicar que ele estava sendo preparado para as cerimônias com que cessa o luto, o que é também confirmado pelo fato de ter sido desenhado quando se realizava uma festa, pois o luto é sempre retirado nestas ocasiões.

8. Ana (Liguí) da aldeia de Tomázia. Pinta um couro de cervo com tinta de jenipapo misturada com carvão.

9. Anoã, autora da maior parte dos desenhos que ilustram este livro. Mulher de sessenta anos, casada com um homem de menos de trinta, extremamente inteligente, de personalidade forte e muito simpática. Era a líder evidente das mulheres Kadiwéu que nela reconheciam e reverenciavam a melhor artista do grupo por seu extraordinário domínio das técnicas de pintura de corpo e por seu conhecimento do patrimônio artístico Kadiwéu.

10. O Velho Pinto da família Matxúa, homem de setenta anos, calmo e incapaz de levantar a voz em rompantes. Exercia uma grande influência em seu povo. Apesar de monolíngue nos ajudou, através de um intérprete, a compreender alguns aspectos da cultura Kadiwéu.

11. Laureano Aristides, com sua neta que era seu orgulho. Kadiwéu, procedente de cativos Chamacoco, homem de 45 anos, Laureano foi meu principal informante. Acompanhou-me durante os meses que eu vivi com os Kadiwéu, esforçando-se sempre para me ajudar a entender o seu povo e às vezes até parecendo querer fazer de mim um Kadiwéu.

12. João Príncipe, líder Kadiwéu de família tradicional, conhecedor profundo da literatura oral de seu povo e muito orgulhoso dela. Foi um dos meus melhores informantes.

13. Maria (É-Legá), moça de dezoito anos, casada, usa colares de contas e brincos de metal comprados em Miranda, mas refeitos ao gosto do grupo. O desenho de rosto em tinta de jenipapo e linhas pontilhadas paralelas se desenvolve em três faixas, sendo a do meio quebrada em três ângulos, um na testa, outro sobre o nariz e o último sobre a maçã esquerda. As linhas externas das faixas são suavizadas por arabescos curvilíneos; a boca é também envolvida por estes arabescos. Observe-se a mutilação dentária como motivo ornamental.

14. Arminda (Nila-Tékan), vinte anos, aproximadamente, casada, usando colares adquiridos em Miranda, mas rearrumados a seu gosto e brincos de níquel fabricado na aldeia de Cachoeirinha por um índio Terena. Tem o cabelo arrumado em "boneca", penteado característico do grupo. A pintura do rosto, feita com tinta de jenipapo em linhas e figuras cheias, consiste numa grega dentada, composta de uma linha quebrada, dividida ao meio por uma reta, de modo a formar triângulos com registros alternados, tendo arabescos curvilíneos nos espaços livres; a grega vai da testa ao queixo com um intervalo na boca que tem decoração independente; apresenta, ainda, abaixo dos olhos, na altura das narinas, séries de linhas inclinadas. Observe-se a depilação ornamental das sobrancelhas e cílios.

15. Nainocência (Í-Iui-Kuí), 24 anos, mais ou menos, usando um colar de contas europeias com uma medalha e, presa a um cordão, uma pinça de metal usada na depilação. O desenho feito com tinta de jenipapo em linhas pontilhadas cobre todo o rosto e é perfeitamente simétrico; compõe-se de um triângulo truncado que dá origem a uma larga voluta espiralada e é disposto de modo que o eixo de simetria fique sobre o nariz e a voluta da testa à esquerda se repita, inversamente, na maçã direita, acompanhada de todo o conjunto. O desenho que circula a boca é independente mas forma um conjunto harmonioso.

16. Germano (Díi-Má), dezessete anos, aproximadamente, solteiro, desenho de rosto em linhas pontilhadas, executado com tinta de jenipapo; consiste de linhas que vão da testa ao queixo, servindo de eixo às composições simétricas, desenvolvidas ao redor da boca e na testa.

17. Margarida (Utí-Uetá), catorze anos, solteira, usando colares de missangas e aljôfares e brincos de níquel fabricados por um índio Terena de Cachoeirinha. Pintura de rosto executada com tinta de jenipapo em linhas pontilhadas, consistindo de uma composição à base de quatro espirais dispostas simetricamente ao redor da boca e de uma linha que vai do nariz até a testa, onde termina com um hieróglifo em SS.

18. Pedro (Nibi-Mim-Nátai), oito anos; tem o rosto pintado a jenipapo, com linhas pontilhadas, o desenho mais elaborado fica em torno da boca; consiste numa composição simétrica de espirais e arabescos em S, uma linha sobre o nariz liga este conjunto a uma figura de círculos concêntricos, rodeado de arabescos que ficam na testa.

19. Grupo Kadiwéu viajando pelo Pantanal, em expedição de caça. Observe-se um boi utilizado para montaria, e outro para levar cargas.

20. Cena doméstica cotidiana: a mulher preparando o mate-chimarrão. Esta é a bebida preferida dos Kadiwéu, seja fria (tereré), seja quente (chimarrão).

21. Iracema, moça Kadiwéu com pintura de rosto.

22. João Gordo, *nidjienigi* Kadiwéu, de procedência Chamacoco.

23. Vicença, mulher *nidjienigi* de Lalima. Alguns de seus cantos são reproduzidos neste livro.

24. João Apolinário, benzedor que se negava a identificar-se como *nidjienigi*.

25. Menina, aprendiz de *nidjienigi*.

26. Interior de casa Kadiwéu, mostrando o jirau de madeira sobre o qual estendem couros de boi para dormir.

27. Cemitério Kadiwéu. Observe-se as sepulturas cobertas com mosqueteiros, redes e couros, e os restos de objetos de uso do morto, colocados sobre o túmulo.

28. Desenho ornamental complexo, registrado e desdobrado por Boggiani, 1892. Ele atribuía a esse padrão, além de sua evidente importância estética para os Kadiwéu, uma provável significação simbólica que não conseguimos comprovar.

29. Símbolos de propriedade com que os Kadiwéu marcam a fogo o seu gado e mais raramente pintam ou entalham em objetos de uso pessoal. As duas primeiras foram registradas por Boggiani e hoje pertencem a descendentes dos antigos detentores, que ele menciona. Algumas das marcas antigas foram simplificadas (ou substituídas por letras), para ocupar menos espaço, preservando o valor comercial do couro, mas ainda conservam seu estilo geométrico de linhas puras. Os atuais proprietários são os seguintes, na ordem em que são dispostos na gravura (verticalmente) Martins Matixúa (Até-Ko), José Marcelino (Nagá), Libório (É-Táko), João Príncipe (Hon-Né), João Santiago (Adí-Koo), João Apolinário (Né-Giú-Te), Dolores (Lámitádia), Otávio Matixúa (Nú-Kéle), João (Napama), velho Pinto (Loko-Pá), Ilário (Abá-Ge), Dorila (Nigo-Deno), Vicente Dionísio (Epá-Oí).

30. e 31. Desenhos de crianças Kadiwéu, colhidos em setembro de 1948 no P. I. Pres. Alves de Barros, durante uma aula na escola local como tarefa comum. A professora mandou desenhar o que quisessem, citando como exemplos: "Casa, bicho, qualquer coisa". Os três primeiros desenhos (30) são de meninos de oito, dez e doze anos e os outros (31) de meninas de oito, onze e catorze anos, aproximadamente. Além das características de progressão com a idade, os desenhos revelam: que os meninos têm um estilo realista e suas figuras vão se tornando progressivamente mais complexas e perfeitas; as meninas, ao contrário, revelam menos interesse representativo e maior sensibilidade para elementos formais; seus desenhos vão se tornando, com os anos, mais abstratos e de gosto mais decorativo.

32. Abanicos trançados por mulheres com duas palmas de carandá entrelaçadas, são do tipo menor, usados como leques e para espantar mosquitos. Decorados com a tinta negro-azulada de jenipapo, um tem uma cruz encurvada, dando origem a arabescos curvilíneos, o outro, espirais conjugadas em SS invertidos, ambos padrões ocorrem também na pintura de corpo. Dimensões: 30,5 cm de larg. e 32,5 cm comp. Foto SPI (Lamônica).

33. Casca de ovo de ema, em que foi reproduzido com tinta de jenipapo um padrão de desenho de rosto. Dimensões: 13 cm de comp. Foto SPI (Lamônica).

34. Cabaças com desenho pirografado sobre um esquema prévio traçado a ponta de faca. A menor (alt. 8 cm) é usada para tomar chimarrão e a maior (alt. 26,5 cm) é um maracá, chocalho usado pelos curandeiros Kadiwéu; tem uma decoração central em rosácea, terminando numa faixa de linhas triplas que divide a peça em duas metades; a parte de baixo está decorada com uma rede curvilínea. A cuia apresenta decoração à base de espiral, muito semelhante aos desenhos de rosto. Foto SPI (Foerthmann).

35. Entalhe em chifre, trabalho masculino. Guampa para chimarrão, com desenho de três emas, um pássaro, folhagem, flor e letras. Dimensões: compr. maior, 17 cm; diâm. da boca, 7,5 cm; Foto SPI (Foerthmann). Projeção do desenho: J. Coelho.

36. Pele crua de um bezerro nonato, pintada a jenipapo na face interna; é dividida em quatro áreas por dois ângulos de linhas duplas, opostos pelo vértice; apresenta duas decorações curvilíneas de um lado e duas retilíneas do outro. As primeiras são composições de espirais, uma delas em S, dispostas alternadamente; a outra foi construída com uma espiral cujas linhas terminais traçam uma figura em cruz e tornam a enrolar formando uma contraespiral de polo situado em posição diametralmente oposta ao da primeira, de modo que, na figura retangular, foram desenhadas duas unidades completas e metade de duas outras. As decorações retilíneas reproduzem padrões de composição em retícula. O primeiro é um mosaico de SS angulares, desenvolvidos sobre três retângulos da mesma faixa, o ritmo de belíssimo efeito é dado pela decalagem da posição das unidades. O outro é uma composição de quatro retângulos, cada um deles é dividido por diagonais dentadas e comporta dois triângulos com diferentes decorações inclusas, estes triângulos são os elementos de ritmo do mosaico; a composição foi reproduzida de um modo caprichoso, que, à primeira vista, dá a impressão de assimetria; a figura de ressalto entre as quatro diagonais dentadas indica o centro de um mosaico de quatro quadros que contêm os elementos da decoração em oito variações de posição. Foto SPI (Foerthmann).

37. Couro de veado curtido com casca de angico, despelado, coberto de pinturas a tinta de jenipapo, na face externa. Apresenta quatro padrões, dois curvilíneos e dois retilíneos, dispostos simetricamente e tendo entre eles uma larga faixa triangulada. Os desenhos curvilíneos são composições de espirais conjugados em S, num dos desenhos as espirais se articulam no mesmo plano, no outro a linha de uma espiral desenha uma figura em cruz e, depois, volta a enrolar em contraespiral, mas em plano diferente. Um dos desenhos retilíneos reproduz o padrão de S angular disposto sobre três retângulos que se repetem inversamente em faixas paralelas, com as unidades de ritmo, começando em níveis diferentes; a fig. 36 apresenta variações do mesmo tema. O outro é um mosaico de quadrados cortados por espirais, formando triângulos com dois tipos de desenhos, estes triângulos são as unidades de ritmo. Foto SPI (Foerthmann).

38. Escudela de barro de superfície externa pintada de vermelho (hematita), coberta de desenhos de linhas brancas (tabatinga), impressas com um cordão, distribuídas em duas áreas, separadas por linhas duplas; uma circular

com motivos curvilíneos espiralados de simetria radial; outra em faixa dividida por linhas onduladas triplas, formando zonas onde se alternam motivos curvilíneos em vírgula ou lágrima. O verniz usado parece ser uma mistura de resina de pau-santo com a de angico que é mais clara e cobre irregularmente o desenho. Internamente apresenta um desenho curvilíneo de simetria radial, pintado em vermelho (hematita) com o dedo como pincel, sobre fundo natural cor de tijolo queimado. Dimensões: alt. 8 cm; larg. 28 cm. Foto SPI (Foerthmann).

39. Alguidar decorado na parte externa com resina amarelada de angico, sobre fundo vermelho (hematita), baseado em desenhos de linhas brancas (tabatinga), impressas com um cordão. Linhas duplas dividem a superfície decorada em duas áreas: uma circular, correspondendo ao fundo da peça, que é composta em grandes ângulos opostos pelo vértice e a outra ao redor das paredes, em faixa dividida em zonas por dupla linha ondulada que é cruzada por outra linha também dupla, formando entrelaçados alternados. A superfície interior apresenta um desenho vermelho de hematita, executado com o dedo como pincel, sobre o fundo natural amarelo avermelhado. Dimensões: alt. 8 cm, larg. 23 cm. Foto SPI (Foerthmann); desenho interior de J. Coelho.

40. Alguidar de fundo levemente encurvado, decorado com verniz preto (pau-santo) sobre fundo vermelho (hematita) e tendo a borda pintada com resina amarelo-vítreo (angico). O desenho foi executado por incisão de cordão e divide a peça em duas áreas decorativas separadas por linhas duplas: uma central no fundo da peça coberta por um xadrezado e a outra, em faixa ao redor da parede, é dividida por uma linha ondulada, formando zonas das quais se alternam motivos curvilíneos. O desenho interior, pintado a dedo com tinta de hematita sobre o fundo natural cor de tijolo queimado, é curvilíneo de ritmo radial. Dimensões: alt. maior 7 cm; larg. 27,5 cm. Foto SPI (Foerthmann); desenho interior de J. Coelho.

41. Moringa de forma globular, levemente achatada no fundo; tem um ralo de barro entre o corpo e o pescoço que serve para prender uma bola de barro deixada solta dentro da peça, a fim de fazê-la zunir quando é sacudida. Na orla do pescoço, pouco acima de sua junção, a peça tem uma série de ressaltos em forma de espinhos e, nos lados, apresenta duas figuras modeladas em relevo que lembram folhas. Toda a peça é pintada de vermelho hematita; sobre este fundo, na parte superior, ao redor do pescoço, desenvolve-se a decoração em linhas impressas com cordão, preenchidas de preto com resina de pau-santo (*Guaiacum officinale*), formando um diamante sobre um quadrado de cujos lados maiores partem curvas que vão ter aos relevos laterais. Dimensões: alt. 21,5 cm; larg. maior, 18 cm. Foto SPI (Foerlthmann); desenho de J. Coelho.

42. Moringa de forma globular, afunilando para a base que é plana, provida de duas bocas e uma alça de sustentação. Toda a peça é pintada de vermelho (hematita); o desenho em linhas brancas (tabatinga) foi impresso com um cordão e tem algumas partes preenchidas com verniz negro (pau-santo). A decoração consiste numa tripla linha oval (ao redor da alça) achatada nos lados maiores por dois círculos também de linhas triplas (ao redor das bocas) sendo todo o conjunto envolvido por arabescos que enchem os espaços livres, formando outras ogivas. Dimensões: alt. com alça: 23 cm; larg. maior 22,5 cm. Foto SPI (Foerthmann); desenho de J. Coelho.

43. Pote para água, globular, achatado, de fundo plano e pescoço curto e largo. A decoração foi executada por impressão de cordão, com espaços preenchidos de vermelho (hematita) e preto (pau-santo) sobre o amarelo avermelhado natural da peça. Tem duas áreas de decoração separadas por linhas triplas: uma faixa ao redor do pescoço com motivos retilíneos baseados em triângulos, invertidos simetricamente; a outra, em torno da metade superior. A peça é dividida em zonas por uma linha tripla sinuosa, nas quais se repetem alternadamente figurações geométricas curvilíneas. Dimensões: Alt. 24 cm; larg. maior 30 cm. Foto SPI (Foerthmann).

44. Moringa ornitomorfa de forma globular, afunilando para baixo; a estilização da cabeça serve de boca e é provida de uma alta alça de sustentação e uma cauda larga encurvada para baixo. Toda a peça é externamente pintada de vermelho (hematita) sobre a qual se desenvolve um desenho de linhas brancas (tabatinga), impressas com um cordão e manchadas de preto (pau-santo). A decoração consiste em linhas onduladas, rodeando a alça e de figuras de lágrimas debaixo da cabeça e da cauda e de chaves espiraladas nos lados. Dimensões: alt. com alça 16 cm. Foto SPI (Foerthmann). Pequena moringa ornitomorfa que lembra um pombo. A cabeça serve de boca, a cauda é mais alongada e o peito mais bojudo que o comum. Toda a peça é pintada de vermelho (hematita) e a decoração gravada com um cordão consiste em dois grandes SS dos lados, um colar ao redor do pescoço e figuras curvilíneas no dorso, no peito e nos lados. Dimensões: alt. com cabeça 10,5 cm; comp. 15,5 cm. Foto SPI (Foerthmann).

45. Moringa globular de fundo plano. A metade superior é pintada a vermelho-hematita e serve de fundo ao desenho feito por incisão, mas com um estilete, ao invés de cordão, pintado de branco tabatinga; desenvolve-se como uma faixa circular de simetria radial, disposta sobre um círculo duplo que rodeia o pescoço, chegando até a metade da peça; o preto é de pau-santo. Os desenhos desta peça foram interpretados (K. Oberg, 1948, p. 67) como representando peixes e pássaros; julgamos que se trata de elementos puramente formais, sem qualquer intenção naturalista. Foto SPI (Foerthmann); desenho de J. Coelho. Dimensões: alt. 22 cm; largura maior 18 cm.

46. Vaso de bojo afunilado, pescoço alto e largo. O desenho foi executado por incisão de estilete ao invés de cordão e se desenvolve em duas áreas: uma em faixa ao redor do pescoço com motivos retilíneos pretos (pau-santo) que se repetem sobre fundo vermelho (hematita); a outra, separada da primeira por uma linha dupla, é uma composição de figuras curvilíneas (semelhantes) à da moringa (fig. 45) pintadas de vermelho (hematita) sobre fundo natural cor de tijolo queimado, dispostas sobre a metade superior da peça, a partir de um círculo da linha divisória das áreas; é organizado em simetria radial. Dimensões: alt. 18 cm; larg. maior 17,5 cm. Foto SPI (Foerthmann). Projeção do desenho exterior de J. Coelho.

47. Jarro de uma só asa e beiço alongado, cuja forma lembra peças europeias. Externamente pintado de vermelho (hematita) e desenhado com incisões a cordão, pintadas de branco (tabatinga). A decoração foi executada em duas áreas separadas por linhas triplas, uma em volta do pescoço e outra cobrindo toda a peça com motivos baseados numa composição de círculos; ambas tendo figuras pintadas de preto (pau-santo). O efeito de quadrifolhas, que se observa, decorre da composição geométrica baseada em disposições radiadas de circunferências e, em nossa opinião,

não deve ser interpretado como motivo naturalista. Dimensões: alt. maior 32,5 cm; larg. maior sem asa 18,5 cm. Foto SPI (Foerthmann).

48. Alguidar de decoração negra (pau-santo) sobre fundo vermelho (hematita), baseada em desenho de linhas brancas (tabatinga), impressas com um cordão. Apresenta duas áreas de decoração separadas por linhas duplas: o fundo circular com figuras curvilíneas e uma faixa ao longo da parede com desenho de um meandro escalonado em cujos espaços se alternam figuras mistas. A superfície interior apresenta pintura a dedo, com hematita, sobre fundo natural cor de tijolo queimado. Dimensões: alt. 6 cm; larg. 26,5 cm. Foto SPI (Foerthmann).

49. Modelagens de cavalos executadas por mulheres, em barro cozido e em cortiça; e um touro modelado em cera. O último é pintado a tinta de jenipapo. Foto SPI (Foerthmann).

50. Artesão Kadiwéu folheando moedas por martelamento para a confecção de joias.

51. Detalhe do recarregamento de balas de fuzil, atividade corrente dos caçadores Kadiwéu.

52. Anéis de metal e noz de coco bocaiuva (2,1 cm de diâmetro); os de metal foram fabricados por amassamento de moedas de níquel e de cobre até obter uma lâmina que foi cortada a fio de machado; os de coco, por entalhamento. Todos eles são decorados com linhas de incisões, formando triângulos, retângulos, losangos alongados, xadrezados e retículas simples.

53. Brincos de níquel laminado por amassamento com martelo; as figuras são ligadas umas às outras com arame fino ou fios de níquel. O maior tem 5,5 cm de comprimento. Foto SPI (Foerthmann).

54. Cachimbo antropomorfo entalhado em cerne de pau-santo, as figuras representam dois homens e duas mulheres, todos de costas para o cone que, acima e entre eles, constitui a fornalha do cachimbo. Os homens são representados com as mãos sobre o sexo e as mulheres com os braços descidos ao longo do corpo; elas são distinguidas pela representação dos seios. Entre as cabeças das figuras foi feito um orifício para o bico. Dimensões: alt. 5,5 cm. Foto SPI (Foerthmann). Cachimbo antropomorfo executado em cerne de pau-santo. Representa um homem agachado; a cabeça, de tamanho desproporcional, constitui a fornalha do cachimbo. Dimensões: alt. 6,5 cm. Foto SPI (Foerthmann).

55. Boneca esculpida em cerne de vinhático, trabalho de homem. Representa uma mulher grávida vestindo uma *adjulata* abaixo do umbigo, tendo uma criança às costas "como um macaquinho"; traz um colar de contas de vidro azuis e brancas, alternadas três a três; os olhos também são representados por contas brancas incrustadas. Dimensões: alt. 28 cm. Foto SPI (Foerthmann).

56. Colares de níquel laminado por amassamento compostos de tubos intercalados com contas de vidro e moedas. Terminam em medalhões do mesmo material, decorados em relevo. O maior deles tem 38 cm de comprimento. Foto SPI (Foerthmann).

57. Entalhe em madeira; colheres de tipo europeu com os cabos esculpidos; numa delas (7 cm de comprimento) foi entalhado um pássaro sobre um ramo de folhas; na outra (22,5 cm), uma mão com pulseira; na sovela para trabalhos em couro (12 cm) foi entalhada uma ave aquática; o fuso (47,2 cm) tem decoração geométrica. Foto SPI (Foerthmann).

58. Faixa tecida de algodão em tear simples (compr. 210,3 cm; larg. 8,5 cm); a urdidura é de linhas vermelhas, azul-celeste e azul-marinho; a trama é de linha branca. Apresentamos as duas extremidades; observem-se os desenhos de padrões geométricos abstratos. Foto SPI (Foerthmann).

59. Bolsa de algodão (compr. com a alça 49 cm) tecida em tear simples tendo a urdidura de linhas brancas e azul-celeste e a trama de linhas brancas; a alça em faixa é tecida com o mesmo padrão. Apresenta na orla da aba uma série de penduricalhos de níquel amassado em canudos e losangos. Foto SPI (Foerthmann).

60. Bolsinha para guardar anéis, brincos e pulseiras, trabalhada em missangas azul-marinho, brancas e azul-celeste. A bolsinha (10,5 por 8 cm) é tecida de modo a formar uma rede que origina losangos com triângulos, ressaltados pelas cores; a pulseira (13 cm de comp.) tem desenho mais simples, consistindo de faixas inclinadas que se repetem alternadamente em contas brancas e azul-marinho. Foto SPI (Foerthmann).

Ilustrações não numeradas

Segunda e terceira capas
Desdobramento de motivo Kadiwéu documentado por nós (Omar Santos) (páginas 108, 109, 125 e 127) e por G. Boggiani (p. 118).

Página 122
Motivo cinético desenhado no fundo de um alguidar de cerâmica.

Página 28
Mandala de labirinto dos Kadiwéu, desenhada por Anoã numa folha de caderno.

Página 30
Comparação de três registros do mesmo motivo, documentado ao longo de meio século por G. Boggiani (1892), C. Lévi-Strauss (1935) e D. Ribeiro (1950).

Página 116
Variante do principal motivo curvilíneo dos Kadiwéu, desenhado por Anoã.

Página 118
Dois complexos padrões de desenhos dos Kadiwéu desdobrado por G. Boggiani. Ambos foram documentados por nós. Ver segunda e terceira capas e páginas 127, 138 e 139.

Página 208
Padrão de desenho da pintura de corpo dos Kadiwéu.

Padrões de desenho Kadiwéu

Os desenhos relacionados a seguir foram selecionados de uma coleção de cerca de mil, obtida pelo autor no curso da pesquisa de campo. Eles foram executados sobre folhas de cadernos escolares de desenho de 12 por 23 cm; usando como pincel uma haste de madeira mastigada na ponta, e como tinta o suco do jenipapo verde, misturado com um pouco de carvão. Este último cumpria a função de permitir ao artista acompanhar o desenho enquanto o fazia, uma vez que o jenipapo só escurece ao oxidar-se depois de alguns minutos de exposto ao ar. Grande parte dos desenhos aqui apresentados se devem a Anoã (foto 9), a principal artista Kadiwéu.

I – Desenhos retilíneos de listas paralelas em linhas simples, triangulares ou onduladas. São usados como *zebrures* na pintura de corpo, de esteiras e de couros.

II – Desenhos de linhas curvilíneas em registros simples e alternados, formando figuras simétricas. São usados como os anteriores.

III – *Nadjéu*. Retícula de malha rômbica, simples ou combinada com diferentes motivos inscritos. São usadas na pintura de couros e esteiras.

IV – Enxadrezados de motivos retilíneos e curvilíneos usados na pintura de objetos.

V – Variações de diversos motivos ornamentais usados na decoração de artefatos.

VI – Padrões de desenho decorativo de base espiralada.

VII – Mosaicos compostos de motivos em espiral. O mais completo deles reproduz um dos principais padrões de desenho curvilíneo dos Kadiwéu. Variantes dele podem ser vistas nas pinturas de couros reproduzidas nas figuras 36 e 37.

VIII – *Laudi-Lédi*. Detalhes ampliados dos padrões espiralados.

IX – Estampilhados de padrões curvilíneos, usados na pintura de couro e de esteiras.

X – Volutas, espirais e labirintos decorativos, usados na pintura de couro e de objetos.

XI – *Nat-Téwag*. Combinações de espirais conjugadas para dominar áreas retangulares.

XII – Unidades rítmicas de padrões triangulares opostos decorativamente pelo vértice no centro da área.

XIII – Detalhes e desdobramentos plenos de um dos mais complexos padrões de desenhos retilíneos dos Kadiwéu. Variantes dele podem ser vistas nos couros (figs. 36 e 37) e na decoração da segunda e terceira capas desse livro.

XIV – Detalhes de motivos retilíneos dispostos decorativamente.

XV – Variações do motivo central do padrão retilíneo desdobrado na segunda e terceira capas.

XVI – Detalhes de diversos padrões de desenho. Observe-se o equilíbrio e a sensibilidade com que a artista cobre a área retangular de decoração.

XVII – Composições curvilíneas usadas na pintura de corpo para a decoração do peito e das costas; variantes delas aparecem também pintadas no interior das vasilhas de cerâmica.

XVIII – Variações das composições curvilíneas usadas na pintura de corpo e na decoração de objetos. Observe-se o extraordinário virtuosismo de concepção e execução.

XIX – Arabescos curvilíneos, perfeitamente simétricos, de primorosa execução, dispostos ao redor de ovoides, círculos ou losangos: designados, no caso, como "coração".

XX – Detalhes decorativos de arabescos usados na pintura de corpo e de objetos.

XXI – Padrões de desenhos Kadiwéu usados pelas mulheres, meio encobertos, nas coxas e no colo. Como têm certa semelhança com as marcas de propriedade – alguns talvez sejam estilizações delas – se supôs que as damas Kadiwéu levassem tatuadas as siglas dos seus maridos; o que não é verdade.

XXII – ODÁ-TOKOL (o da testa). Variantes dos padrões anteriores, de feitura mais delicada, usados principalmente para completar as pinturas de rosto.

XXIII – Padrões de desenho de assinalável inteireza e simetria, usados na pintura de corpo, geralmente sobre o colo (IÔ-KODRA-DÍGI) ou sobre os braços (ODO-LÁOI).

XXIV – Variante dos padrões de desenho usados nas pinturas de rosto.

XXV – ONO-KÉ-DIA (sobre o nariz). Padrões de desenho da pintura de rosto. Observe-se que neste e em outros casos – ao contrário do que Lévi-Strauss supôs – os desenhos de rosto são simétricos.

XXVI – ODÍ-GUÍDI (todo o rosto). Padrões de pintura de rosto se desenvolvem da testa até o queixo, desdobrando-se nas duas faces.

XXVII – Estes são exemplos dos mais altos padrões de desenho de rosto dos Kadiwéu. Quase sempre simétricos, eles se centram na boca adornada com figuras triangulares cuja ponta superior se abre em espirais e arabescos, para a partir dela cobrir todo o rosto.

XXVIII – Variantes ainda mais complexas dos principais padrões de desenho de pintura de rosto dos índios Kadiwéu. Comparando-os com as fotos de rostos pintados, tomadas por Boggiani no fim do século passado (figs. 1 e 2) e com as que o autor tomou em 1948 (figs. 13 a 18) se pode, por um lado, apreciar a permanência dos padrões de desenho ao longo de décadas; e ver, por outro lado, como a artista transpõe para folhas de caderno os desenhos que está habituada a executar sobre os rostos.

Bibliografia

AGUIRRE, Juan Francisco.
1898 – "Etnografia del Chaco" – Manuscrito del Capitan de Fragata D. Juan Francisco de Aguirre – 1793 (Enrique Peña) – *Bol. Inst. Hist. Argentino* – vol. 19, B. Aires, p. 464-510.

ALBISETTI, Cesar, vide COLBACHINI, Antonio.

ALMEIDA SERRA, Ricardo Franco de.
1845 – "Parecer sobre o aldeamento dos índios Uaicurus e Guanás com a descrição dos seus usos, religião, estabilidade e costumes". *Rev. Inst. Hist. Geogr. Brasil.* – vol. 7 – p. 196-208.
1850 – "Continuação do parecer sobre os índios Uaicurus e Guanás..." *Rev. Inst. Hist. Geogr., Brasil.*, vol. 13, p. 348-395.
s/d – "Da descrição geográfica da Província de Mato Grosso, feita em 1797". *Rev. Inst. Hist. Geogr. Bras.*, vol. VI, p. 156; vol. XX, p. 196.

ALTENFELDER SILVA, Fernando.
1949 – "Mudança Cultural dos Terena" – *Rev. Mus. Paulista* n. s. – vol. III – p. 271-380.

AZARA, Félix de.
1809 – *Voyages dans l'Amérique Méridionale* – vol. II – Paris.
1904 – *Geografía física y esférica de las provincias del Paraguay, y misiones guaranies.* An. Mus. Nac. Montevideo, Sec. Hist.-Filo., vol. 1.

BALDUS, Herbert.
1927 – "Os índios Chamacocos e a sua língua" – *Rev. Mus. Paulista* – vol. 15 – p. 5-62.
1931 – "Notas complementares sobre os índios Chamacocos". *Rev. Mus. Paulista*, vol. 17, 2ª parte.
1937 – *Ensaios de Etnologia Brasileira* – Cia. Ed. Nac., Brasiliana – vol. 101.
1945 – "Introdução" a *Os Caduveo*, de Guido Boggiani – S. Paulo, p. 11 a 46.
1946 – *Lendas dos Índios do Brasil* – Ed. Brasiliense – S. Paulo.
1949 – "Etnologia" – in *Manual Bibliográfico de Estudos Brasileiros*, Rio de Janeiro, p. 199 a 255.

BOAS, Franz.
1947 – *El Arte Primitivo*. México. Trad. Esp. Fondo de Cultura Económica.

BALDUS, Herbert e WILLEMS, Emílio.
1939 – *Dicionário de Etnologia e Sociologia* – Cia. Ed. Nac. – S. Paulo.

BOGGIANI, Guido.
1895 – *I Caduvei (Mbayá o Guaycyrú)*. Viaggi d'un artista nell'America Meridionale – com prefácio e um estudo histórico e etnográfico de G. A. Colini. – Roma.
1929 – "Viaje de un artista por la America Meridional. Los Caduveos. Expedición al rio Nabileque, en la region de las grandes cacerías de venados. Mato Grosso (Brasil)" – *Rev. del Inst. de Etnologia de la Univ. Nac. de Tucumán* – Tomo I – Tucumán, p. 495-556.
1945 – Os *Caduveo* – Com prefácio e um estudo histórico e etnográfico de G. A. Colini. Trad. de Amadeu Amaral Jr. – Revisão, Introdução e Notas de Herbert Baldus – Liv. Martins Editora – Bibl. Hist. Brasil. Vol. XIV – S. Paulo.

BOTELHO DE MAGALHÃES, Cel. Amilcar.
1942 – *Impressões da Comissão Rondon* – Col. Brasiliana, vol. 211, 5ª edição, S. Paulo.

CARTAS ÂNUAS
1618 – *Breve Notícia de la Misión de los Guaycurús; y de los trabajos que pasan los Padres de la Comp^a que están a cargo de aquellos Indios. Misión de los Gaycurús, sacada de las Annuas del Año de 1613*. (Copiado por Pedro de Angelis) Manuscrito Bibl. Nacional Rio de Janeiro – Col. de Angelis – Cod. I-29-5-86A.

CASTELNAU, Francis de.
1850 – *Expédition dans les parties centrales de l'Amérique du Sud, de Rio de Janeiro à Lima, et de Lima au Pará*. Vol. 2 – Paris.
1949 – *Expedição às Regiões Centrais da América do Sul* – Trad. de Olivério M. de Oliveira Pinto. – Col. Brasiliana, vols. 266 – 266A – S. Paulo.

COLBACHINI, Pe. Antônio e ALBISETTI, Cesar.
1942 – *Os Boróros Orientais* – Brasiliana Gde. form. Vol. IV – S. Paulo.

COLINI, G. A.
1945 – "Notícia histórica e etnográfica sobre os Guaicuru e Mbayá" in *Os Caduveo*, de Guido Boggiani, p. 47-56 (prefácio) e 249-301 (apêndice).

CRULS, Gastão.
1942 – "Arqueologia Amazônica" in R.S.P.H.A.N., n. 6, p. 169.

FERREIRA, Joaquim Alves.
1848 – "*Relatório de... Diretor Geral dos Índios de Mato Grosso, etc.*" Ms. da Bibl. Nacional, Rio de Janeiro, Cod. I-32-14-17.

FERREIRA, Alexandre Rodrigues.
1971 – *Viagem Filosófica* pelas Capitanias do Grão-Pará, Rio Negro, Mato Grosso e Cuiabá. 1783-1792 Conselho Nacional de Cultura. Rio de Janeiro.

FRIC, Jojtech A.
1913 – "Onoenrgodi – Gott und Idole der Kad'uveo in Mato Grosso" – *Proceedings of the XVIII Session, International Congress of Americanists*, London, vol. II, p. 397-407.

FÚRLONG CÁRDIFF, Guillermo.
1938 – *Entre los Abipones del Chaco* – B. Aires.

GALVÃO, Eduardo, vide WAGLEY, Charles.

GARDNER, G. A.
1919 – "El uso de tejidos en la fabricación de la alfareria prehispanica en la Provincia de Córdoba (República Argentina)". *Rev. del Museo de la Plata*, tomo XXIV, p. 127. Buenos Aires.

HOLLANDA, Sergio Buarque de.
1945 – *Monções* – Ed. Casa do Estudante do Brasil – Rio de Janeiro.

KARSTEIN, Rafael.
1913 – "La Religión de los índios Mataco-Noctenes de Bolivia" – *An. Mus. Hist. Nat.*, Buenos Aires – vol. 24, p. 199-218.

KOPPERS, Wilhelm.
1946 – "El hombre primitivo y la religion primitiva" – *Trabajos del Instituto Bernardino de Sahagún* de Antropologia y Etnologia – Madrid, vol. IV, p. 203-340.

LEHMANN-NITSCHE, Robert.
1923/27 – "Mitologia Sudamericana" – *Rev. Mus. La Plata*. La Astronomia de los Mataco (vol. 27, 1923; p. 253-266). La Astronomia de los Tobas (vol. 27, 1923, p. 267-285; vol. 28, 1924-5, p. 181-209). La Astronomia de los Moscoví (vol. 28, 1924/25, p. 66-79; vol. 30, 1927, p. 145-159). La Astronomia de los Chiriguano (vol. 28, 1924-25, p. 80-102). La Astronomia de los Vilela (vol. 28, 1924/25, p. 210-233). La Constelación de la Osa Mayor y su concepto como huracá o Diós de la tormenta en la esfera del mar Caribe (vol. 28, 1924/25, p. 103-145).

LEONHARD, Carlos.
1927/29 – *Cartas Anuas de la Provincia del Paraguay, (Chile y Tucumán) de la Compañia de Jesús.* Tomo I (1927), Tomo II (1929) in *Documentos para a História Argentina*. Tomos XIX e XX – B. Aires.

LÉVI-STRAUSS, Claude.
1957 – *Tristes Trópicos*. S. Paulo.

LOUKOTKA, Chestmir.
1930 – "Contribuciones a la linguística sudamericana. Vocabulários inéditos o poco conocidos de los idiomas Rankelche, Guahibo, Piaroa, Toba, Pilagá, Tumanahá, Kaduveo, etc." – *Rev. Inst. Etnol. Univ. Nac. Tucumán*, vol. 1, p. 75-106.
1933 – "Nouvelle contribution à l'étude de la vie et du langage des Kaduveo" – *Journ. Soc. Amér. Paris*, n. s., vol. XXV, p. 251-277.

LOZANO, Pedro.
1941 – *Descripción corográfica del Gran Chaco Gualamba*, Publ. Univ. Nac. Tucumán, n. 288.

MAGALHÃES, Couto de.
1940 – *O Selvagem* – Col. Brasiliana, vol. 52 – 4ª edição.

MANIZER, Henri Henrihovitch.
1934 – "Música e instrumentos de música de algumas tribos do Brasil (1. Os Cadiuveos; 2. Terenos; 3. Faias; 4. Caingangs; 5. Guarany; 6. Botocudos)". *Rev. Brasil. de Música*, vol. 1 – Rio de Janeiro – p. 303-327.

MARTIUS, Karl Freidrich Phil. von.
1863 – *Glossaria Linguarum Brasiliensium* – Erlangen.

MENDEZ, Francisco.
1772 – *Carta de Fray Francisco Mendez, Religioso Franciscano y cura que fue dela Reducción del Refugio de Eg.- vilenchingo en Itapucú – Copiado de un autógrafo inédito de Don Félix de Azara*, Manuscrito da Col. de Angelis, Bibl. Nacional, Rio de Janeiro – Cod. I-29-6-26.

MÉTRAUX, Alfréd.
1931 – "Les hommes-dieux chez les Chiriguano e dans l'Amérique du Sud" – *Rev. Inst. Etn. Univ. Nac. Tucumán* – Tomo II, p. 61-91.
1935 – "El Universo y la Naturaleza en las representaciones míticas de dos tribus salvajes de la Repub. Argentina". – *Rev. Inst. Etnol. Univ. Nac. Tucumán* – vol. 3, p. 131-144.
1941 – "Algunos mitos y cuentos de los Pilagá" – *An. Inst. Etnogr. Amer.*, vol. 2, p. 169-180.
1944 – "La Causa y el tratamiento mágico de las enfermedades entre índios de la región tropical Sud-Americana" – *América Indígena, vol. IV* – n. 2 – p. 157-164.
1945 – "Le shamanisme chez les Indiens du Gran Chaco" – *Sociologia* – vol. VII – n. 3 – p. 157-168.
1946 – "El Dios Supremo, los Creadores y Héroes Culturales en la Mitologia Sudamericana" – *América Indígena*, vol. VI, n. 1, p. 9-26.
1946 – "Ethnography of the Chaco" – in *Handbook of South American Indians* – Smithsonian Institution – Bull. 143, vol. I – Washington – p. 197-370.
1947 – "Mourning Rites and Burial Forms of the South American Indians" – *América Indígena,* vol. VII, n. 1, p. 7-44.
1948 – "Ensaios de Mitologia Comparada Sudamericana" – *América Indígena,* vol. VIII, n. 1, p. 9-30.
1950 – *A Religião dos Tubinambá* – Pref., trad. e notas de Estêvão Pinto, col. Brasiliana, vol. 267 – S. Paulo.

NIMUENDAJÚ, Curt.
1914 – "Die Sagen von der Erschaffung und Vernichtung der Welt als Grundlagen der Religion der Apapocúva-Guaraní" – *Zeit. Ethnol*, vol. 46, p. 284-403.

NORDENSKIÖLD, Erland.
1919 – "An Ethno-Geographical analysis of the material culture of two Indians Tribes in the Gran Chaco". *Comp. Ethnogr. Studies*, vol. 2. Goteborg.
1950 – *A Religião dos Tupinambá* – Pref., trad. e notas de Estêvão Pinto, col. Brasiliana, vol. 267 – S. Paulo.

OBERG, Kalervo.
1949 – *The Terena and The Caduveo of Southern Mato Grosso, Brazil* – Smithsonian Institution, Washington.

PALAVECINO, Enrique.
1935 – "Notas sobre la religión de los indios del Chaco". *Rev. Geogr. Amer.*, vol. 1, n. 2, p. 99-110.
1940 – "Takjuaj, un personaje mitológico de los Mataco". *Rev. Mus. La Plata*, n. s. vol. 1, Anthropologia, n. 7, p. 245-270.

PARDAL, Ramón.
1937 – *Medicina Aborigen Americana* – prefácio de J. Imbelloni – B. Aires, s.d.

PAUCKE, Florian – S.J.
1942-3 – *Hacia allá y para acá* (Una estrada entre los indios Mocobies, 1749-1767), Pub. Univ. Nac. Tucumán – 2 vols.

RIBEIRO, Darcy.
1948 – "Sistema Familial Kadiuéu" – *Rev. Mus. Paulista*, n. s., vol. II, p. 175-192.

RIVASSEAU, Emílio.
1941 – *A Vida dos Índios Guaicurus* – "Quinze dias nas suas aldeias" (Sul de Mato Grosso) – Trad. e ilustr. do autor, Pref. do Prof. Pierre Deffontaines – 2ª ed., Cia. Ed. Nac., Brasiliana, vol. 60 – S. Paulo.

RODRIGUES FERREIRA, Alexandre.
1791 – *Memória sobre os gentios Guanãas e Guaicurús* – Manuscrito Biblioteca Nacional, Rio de Janeiro – Cod. I-6-2-52A.

RODRIGUES, João Barbosa.
1890 – *Poranduba Amazonense* – An. Bibl. Nac., vol. 14 – Rio de Janeiro.

RODRIGUES DO PRADO, Francisco.
1839 – "História dos índios cavaleiros ou da nação Guaycuru" – *Rev. Inst. Hist. Geogr. Bras.* – Vol. 1 – p. 25-57.

SÁNCHEZ LABRADOR, José.
1910/17 – *El Paraguay Católico* – 3 vols. B. Aires.

SCHADEN, Egon.
1945 – *Ensaio etno-sociológico sobre a mitologia heroica de algumas tribos indígenas do Brasil* – Sociologia, vol. VII, n. 4.

SCHMIDEL, Ulrich.
1903 – *Viaje al Rio de la Plata* (1534-1554). Notas bibliográficas y biográficas por Bartolomé Mitre – Prólogo, traducción y anotaciones por Samuel A. Lafone Quevedo, B. Aires.

SCHMIDT, Max.
1949 – "Los Payaguá" – *Rev. Mus. Paulista* – vol. III, n.s., p. 129-270.

SMITH, Herbert.
1922 – *Do Rio de Janeiro a Cuiabá* – C. Melhoramentos, S. Paulo.

SOIDO, A. C.
1882 – "Indios Guaycurus, suas lendas", in *Revista da Exposição Antropológica Brasileira* – Rio de Janeiro, p. 92-93.

STEINEN, Karl von den.
1940 – *Entre os Aborígenes do Brasil Central* – Pref. Herbert Baldus – trad. Egon Schaden – Dep. de Cult., S. Paulo.

TAUNAY, Affonso de E.
1949 – *História Geral das Bandeiras Paulistas*, tomo décimo, 3ª parte. Os primeiros anos de Cuiabá – Mato Grosso. Ed. Museu Paulista – S. Paulo.

TAUNAY, Alfred d'Escragnole.
1931 – *Entre os nossos índios: chanés, terenos, kinikinaus, guanás, caiuas, guatós, guaycurus, caingangs*, São Paulo.

WAGLEY, Charles.
1942 – "O estado de êxtase do pajé tupi" – *Sociologia* – vol. IV – n. 3 – p. 285-292.
1943 – "Xamanismo Tapirapé" – *Bol. Mus. Nac.* n. s. Antrop. n. 3.

WAGLEY, Charles e GALVÃO, Eduardo.
1949 – *The Tenetehara Indians of Brazil.* – A Culture in Transition, N. York – Columbia University Press.

WILLEMS, Emilio, vide BALDUS, Herbert.

Conheça outras obras de Darcy Ribeiro publicadas pela Global Editora

América Latina, a Pátria Grande
As Américas e a civilização*
O Brasil como problema
Cândido Mariano da Silva Rondon
Configurações histórico-culturais dos povos americanos
Darcy Ribeiro – crônicas para jovens*
Diálogos latino-americanos – correspondência entre Ángel Rama, Berta e Darcy Ribeiro
Diários índios*
Educação como prioridade
Ensaios insólitos
Gentidades
Os índios e a civilização – a integração das populações indígenas no Brasil moderno
Maíra
Migo
O mulo
O povo brasileiro – a formação e o sentido do Brasil
Tempos de turbilhão – relatos do golpe de 64
Tiradentes
Uirá sai à procura de Deus
Utopia selvagem

*Prelo